U0534510

规约与天性：
幼儿社会规范教育研究

裘指挥 著

中国社会科学出版社

图书在版编目（CIP）数据

规约与天性：幼儿社会规范教育研究／裘指挥著.—北京：中国社会科学出版社，2018.12
ISBN 978-7-5203-3728-1

Ⅰ.①规⋯　Ⅱ.①裘⋯　Ⅲ.①学前儿童—社会教育—研究　Ⅳ.①G611

中国版本图书馆 CIP 数据核字（2018）第285399号

出 版 人	赵剑英
责任编辑	周晓慧
责任校对	无　介
责任印制	戴　宽

出　　版	中国社会科学出版社
社　　址	北京鼓楼西大街甲158号
邮　　编	100720
网　　址	http://www.csspw.cn
发 行 部	010-84083685
门 市 部	010-84029450
经　　销	新华书店及其他书店
印　　刷	北京明恒达印务有限公司
装　　订	廊坊市广阳区广增装订厂
版　　次	2018年12月第1版
印　　次	2018年12月第1次印刷
开　　本	710×1000　1/16
印　　张	19.5
插　　页	2
字　　数	301千字
定　　价	78.00元

凡购买中国社会科学出版社图书，如有质量问题请与本社营销中心联系调换
电话：010-84083683
版权所有　侵权必究

目 录

前言 ··· (1)

第一章 幼儿期：儿童社会化的奠基时期 ······················· (1)
 第一节 幼儿期在儿童社会化中的关键作用 ················· (1)
  一 人的成长历程：从"自然人"到"社会人" ············· (1)
  二 幼儿期：人社会化的奠基时期 ·························· (5)
 第二节 幼儿社会规范教育：问题与视域 ····················· (15)
  一 幼儿社会规范教育问题之透视 ·························· (16)
  二 研究的视域和框架 ·· (19)

第二章 合理的幼儿社会规范教育的理论框架 ················· (25)
 第一节 合理性的内涵及其分析范畴 ··························· (25)
  一 合理性的内涵 ·· (25)
  二 合理性的分析范畴 ·· (32)
 第二节 幼儿班级规范的合理性分析 ··························· (37)
  一 幼儿班级规范的合理性内涵 ···························· (37)
  二 幼儿班级规范的合理性分析框架 ····················· (44)

第三章 基于规范类型的社会规范教育 ·························· (53)
 第一节 幼儿班级规范类型划分的必要性 ···················· (53)
  一 从几则"违规"说起 ······································ (53)
  二 "混淆"规范类型 ·· (55)
  三 "单一化"的反应 ·· (55)

四　规则教育实效低下 ……………………………………… (59)
　第二节　幼儿班级常规的类型划分 …………………………… (60)
　　一　规范类型划分的理论基础 …………………………… (60)
　　二　班级规范的具体划分 ………………………………… (67)
　　三　规范间的相对独立性和关系 ………………………… (74)
　第三节　幼儿与教师对各类规范的理解和反应 ……………… (81)
　　一　幼儿对各类规范的理解和反应 ……………………… (82)
　　二　教师对各类规范的反应 ……………………………… (89)
　第四节　构建与规范类型相适应的教育 ……………………… (91)
　　一　做出与规范类型相适应的反应 ……………………… (93)
　　二　生成与规范类型相适应的课程 ……………………… (97)

第四章　规约的限度与幼儿个人领域的形成 ………………… (100)
　第一节　个人领域的界定及其特性 …………………………… (101)
　　一　个人领域的界定 ……………………………………… (102)
　　二　个人领域的特性 ……………………………………… (104)
　第二节　幼儿个人领域受侵犯现象之透视 …………………… (107)
　　一　幼儿个人领域受侵犯的现象 ………………………… (107)
　　二　幼儿个人领域受侵犯的缘由分析 …………………… (111)
　第三节　幼儿与教师对个人领域的理解和反应 ……………… (113)
　　一　幼儿对个人领域的理解 ……………………………… (113)
　　二　幼儿和教师面对个人事件的反应 …………………… (123)
　第四节　规约的限度与尊重幼儿的个人领域 ………………… (127)
　　一　凸显幼儿的个人领域 ………………………………… (127)
　　二　监督的需要与幼儿个人领域的形成 ………………… (132)

第五章　自由与平等、秩序与效率的价值诉求 ……………… (137)
　第一节　透视规范价值诉求的不合理现象 …………………… (138)
　　一　价值诉求的工具性 …………………………………… (138)
　　二　价值诉求的滞后性 …………………………………… (145)
　第二节　规范价值诉求的理论依据 …………………………… (147)

一　社会层面:"小公民"素养的要求……………………（147）
　　二　幼儿层面:身心需要的满足………………………（152）
　第三节　规范的目的性价值:自由与平等…………………（158）
　　一　目的性价值:自由……………………………………（159）
　　二　目的性价值:平等……………………………………（164）
　第四节　规范的工具性价值:秩序与效率…………………（170）
　　一　工具性价值:秩序……………………………………（170）
　　二　工具性价值:效率……………………………………（173）

第六章　班级常规制定中的幼儿参与……………………………（176）
　第一节　幼儿参与规范制定的前提性分析…………………（176）
　　一　作为生活共同体存在的幼儿班级…………………（177）
　　二　规范生成的建构性本质……………………………（187）
　第二节　幼儿参与班级规范制定的实践探索………………（192）
　　一　三类班级中幼儿参与的分析………………………（192）
　　二　幼儿参与规范制定的指导策略……………………（198）

第七章　规范协商生成的博弈分析………………………………（213）
　第一节　共同参与的博弈……………………………………（213）
　　一　博弈论的视角………………………………………（213）
　　二　博弈论的内涵………………………………………（215）
　第二节　规范协商生成的博弈分析…………………………（223）
　　一　互惠的规范价值定位………………………………（224）
　　二　规范协商生成的前提条件…………………………（227）
　　三　规范协商生成的路径分析…………………………（238）
　第三节　规范博弈生成中的教师指导………………………（246）
　　一　"行为窗"与问题归属………………………………（247）
　　二　规范协商生成中的教师指导策略…………………（254）

第八章　幼儿社会规范教育的随想………………………………（269）
　第一节　爱与自由:幼儿社会规范教育的润滑剂……………（269）

  一　爱孩子，更要会爱孩子 …………………………………（269）
  二　让幼儿在自由与规矩的张力中成长 ……………………（271）
  三　自制力和创造性：规范教育需要呵护"两颗种子"………（274）
 第二节　同伴与集体：幼儿社会规范习得的主场域 ……………（276）
  一　在融入集体中进行规范学习 ……………………………（276）
  二　在同伴交往中进行规范学习 ……………………………（280）

参考文献 ………………………………………………………………（284）

附　录 …………………………………………………………………（296）
 附录1 ………………………………………………………………（296）
 附录2 ………………………………………………………………（298）

前　　言

　　幼儿期是儿童社会化的关键期，社会规范的习得与运用是幼儿社会性发展与社会化的重要组成部分，合理的社会规范教育是保障幼儿社会规范习得的重要路径。但当我投身于幼儿社会规范教育主阵地——幼儿园时才发现，"混淆各类规范的功能和规范范围"，"侵犯幼儿个人领域"，"规范价值诉求的工具性和滞后性"凸显，"忽视规范的建构本质"等不合理现象的存在。"前台"不合理现象的存在，在一定程度上反映了"后台"理论研究的不够深入。对于这一问题的解决，需要从理论根源上进行探寻，从社会学、哲学等多学科中吸取营养。理论分析表明，社会规范的合理存在应是"形式""实质"与"实践"三位一体的合理性存在。这为分析幼儿园规范教育的合理性提供了有机的理论框架，即合理的幼儿园规范应是"形式合理、实质合理和实践合理"三者的有机统一。形式合理、实质合理则关注规范的意识、静态层面，而实践合理则关注规范的实践、动态层面，形式与实质合理在实践合理中达成了有机结合。

　　幼儿园班级规范的形式合理主要体现在类型结构合理、外在形式合理、程序合理上。规范的外在形式合理追求规范表达的清晰性、可理解性和规定的具体性等；规范的程序合理要求规范的制定、生成和实施的程序、方法等符合人道，符合幼儿的身心需要和规范的建构性本质；规范的类型结构合理要求对规范进行类型划分，厘定各类规范的功能和规范范围，弄清规范间的相对独立性和关系。从规范生成路径上，本书把规范分为自发型和自上而下型，并将其进一步拓展为"理性自发型""理性自上而下型"和"非理性型"三类；从规范的属性上，本书把规范分为合群性规范、道德性规范、制度和谨慎性规范。本书对各类规范的相对独立性、功能、规范范围等进行了分析，特别是对道德性规范与合群性规范的关系给予了相当的关注；针对幼儿和教师对不同规范的理解和反应进行了考察，要求教师根据不同规范的属性和幼儿对不同规范的理解做出恰当的反应。

在幼儿园班级规范的价值合理性方面，本书对规范价值诉求的工具性和滞后性进行了反思。工具性主要体现在过分注重规范的约束、秩序功能上，规范成了教师便于管理幼儿和班级的工具；滞后性主要表现为规范的价值诉求没有摆脱传统文化产物的"好孩子"倾向（如"谦让利他、听话服从、安分守己、乐于奉献、循规蹈矩"等），规范的价值追求不符合幼儿教育改革、社会变迁的需求。本书指出，合理的幼儿班级规范的价值诉求以培养当代社会所需的"小公民"为主，规范的规约以不侵犯幼儿的"个人领域"为前提，以培养幼儿的自主、权利、平等、正义、合作、互惠等价值理念为核心，并且公正地平衡主体间的权利与义务、自由与秩序、个性与社会性的关系，强调规范自身内在的教育性价值。

幼儿园班级规范的实践合理性主要体现在如下方面：教师针对不同类型的规范应做出不同的反应和采取不同的措施；教师在规范教育中要坚持建构式的理念，而不是采取行为主义的灌输立场；鼓励幼儿参与班级规范的制定，引导幼儿从他律走向自律；规范产生的方式主要是班级主体间多方的协商、博弈，而不是教师单方的规约；理解幼儿同伴间规范生成的路径，面对幼儿间的冲突应支持幼儿的自主解决，而不是包办一切，等等。

本书研究的许多内容对反思当前早期儿童社会规范教育具有较重要的理论和实践意义：提出了考察幼儿班级规范合理性的分析框架；对幼儿班级规范进行了类型划分，明晰各类规范的功能和规范范围，考察了幼儿和教师对各类规范和个人领域的理解和反应；探讨了规范的规约与幼儿个人领域间的关系；对规范的协商生成进行了博弈分析，对幼儿同伴间规范生成的路径进行了考察，为教师开展规范教育提出了相应的策略，等等。从结构上看，全书共分为九章，具体如下：

第一章——幼儿期：儿童社会化的奠基时期，这是本书的导论部分。本章首先论述了幼儿期是人一生社会化的关键期这一观点，即幼儿通过社会化，学习社会生活技能，了解人们之间的相互关系，初步掌握社会各种制度、习俗传统等行为规范，为其获得社会成员资格，适应社会生活，奠定了坚实的基础。其次，本章分析了幼儿社会规范教育中所存在的问题。在形式层面，规范表述的不合理性；在实质层面，规范价值诉求的工具性；在实践层面，忽视规范生成的协商性等。本章对以往研究进行了述评，明确了研究方法。

第二章——幼儿社会规范教育合理性的理论框架，这是全书的理论框架，以后各章都是对其的展开。本章首先从哲学、社会学的视角，对"理""理性"的概念进行考察，进而推导出"合理性"的内涵及其范畴。事物的合理性是合目的性（主观）、合规律性（客观）和合实践性的统一；合理性的分析框架根据其范畴可分为形式（工具）合理、实质（价值）合理和实践合理。其次，本章以早期幼儿生活的主阵地、小社会——幼儿园为载体，对幼儿班级、规范及规范的本质进行了考察，在分析幼儿班级规范的合理性内涵基础上，形成了幼儿班级规范的合理性分析框架。形式合理、实质合理和实践合理是分析幼儿班级规范合理性的主要方面。

第三章——基于规范类型的社会规范教育，从形式合理性的角度，对幼儿班级规范的类型合理性进行了探讨。本章分析了幼儿班级规范类型划分的必要性，从历史和交往哲学之维探寻规范划分的理论依据，从规范的生成路径和规范的属性两个角度对幼儿班级规范进行了类型划分，对不同类型规范的功能、规范范围、相对独立性和关系进行了分析，最后对构建与规范类型相适应的教育做出探讨。

第四章——规约的限度与幼儿个人领域的形成，开始关注幼儿班级规范的价值合理性问题，即规范合理的价值追求应以不侵犯幼儿个人领域为最低限度。本章首先对个人领域的概念及其特性进行了界定，其次对幼儿班级生活中幼儿个人领域受侵犯的现象和原因进行了透视，最后对如何协调幼儿个人领域与班级规范的规约、教师监督间的关系进行了分析。

第五章——自由与平等、秩序与效率的价值诉求，是对幼儿社会规范价值合理性的进一步考察，它重点关注幼儿社会规范的基本价值问题。本章首先对我国幼儿社会规范的价值追求中所存在的不合理现象，即价值诉求的工具性和滞后性进行了分析；其次，从当代社会所需求的"小公民"素养（如自主、权利、平等、正义、协作、信用等）、幼儿的主体性、幼儿的身心需要等视角探寻了规范价值诉求的依据；最后在此基础上，从目的和工具层面阐述了幼儿社会规范价值的基本诉求，即目的合理性：自由与平等，工具合理性：秩序与效率。

第六章——班级常规制定中的幼儿参与，主要关注幼儿"参与"班级规范的制定问题，这是从师幼关系层面来考察规范的实践合理性，它体现了规范所产生的程序正义性，它有利于幼儿对规范的理解和遵守。本章首先对幼儿参与规范制定的前提性条件，即作为生活共同体存在的班级和规范生成的建构性本质进行了分析；其次，结合实践中的案例，对教师如何引导幼儿参与班级规范的制定进行了探索。

第七章——规范协商生成的博弈分析，是关于规范协商生成的博弈分析，这是从幼儿同伴关系层面来考察班级规范的实践合理性。幼儿班级规范本质上是由主体在交往互动中协商博弈而生成的产物。博弈均衡所追求的从冲突到协作、从自利到互惠符合幼儿的身心发展需求和幼儿规范形成的规律。本书首先对博弈论进行了概述。其次，对规范的互惠价值、规范的生成条件及生成路径等问题进行了分析。运用"行为窗理论"，对教师要不要对幼儿的行为进行干涉进行了考察。最后对教师如何引导幼儿进行协商、博弈提出了相关的策略（见图0-1）。

第八章——幼儿社会规范教育的随想，是关于幼儿社会规范教育的随想，倡导爱与自由是幼儿社会规范教育的润滑剂，让幼儿在自由与规矩的张力中成长，培养其自制力和创造性；规范教育需要呵护"两颗种子"，同伴与集体是幼儿社会规则习得的主场域。

本书在以下方面体现了一定的新颖性：（1）从学理层面提出一个考察我国幼儿园社会规范教育的合理性分析框架，即合理的社会规范应是形式（工具）合理、实质（价值）合理和实践合理三者的有机统一。（2）对社会规范进行了类型划分，厘定了各类规范的功能和规范范围，弄清了规范间的相对独立性和关系。（3）考察了教师与幼儿对各类规范的理解和反应，要求教师针对不同类型的规范事件做出适宜的反应和采取不同的措施。（4）提出了社会规范的价值诉求要从传统文化产物——"好孩子"倾向转向培养当代社会所需的"小公民"的观点，即要在幼儿幼小的心灵中播下自主、权利、平等、正义、协作、互惠、关爱等价值

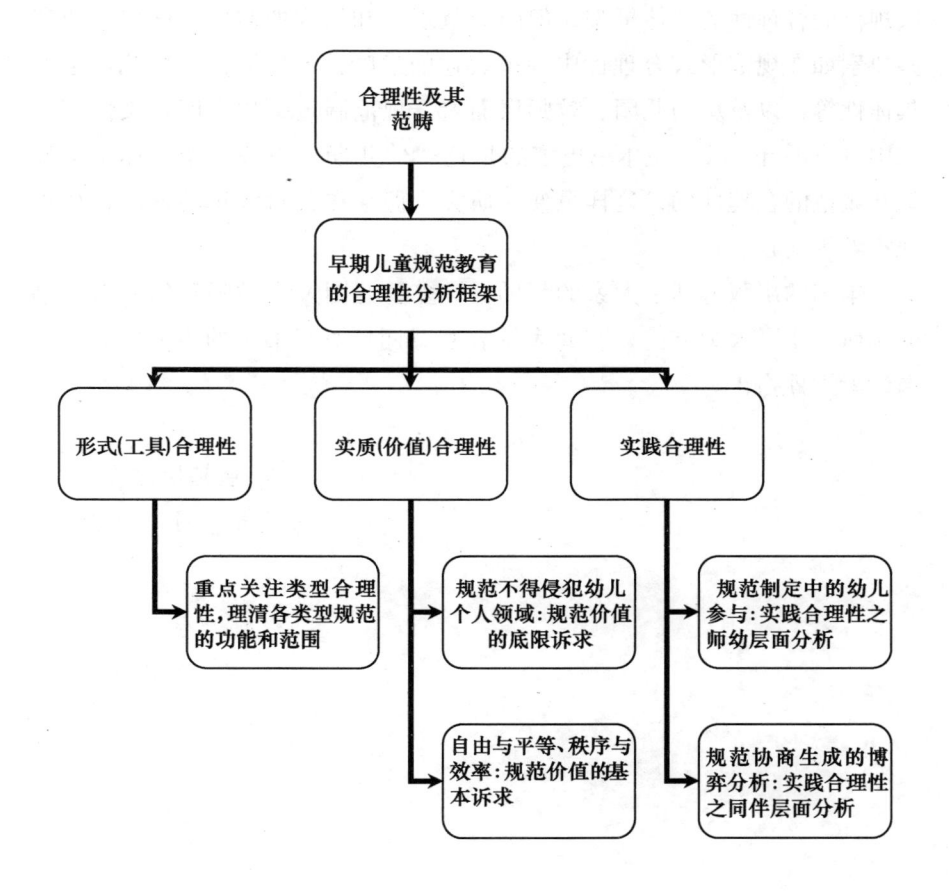

```
                    ┌─────────────┐
                    │ 合理性及其   │
                    │   范畴      │
                    └──────┬──────┘
                           │
                    ┌──────▼──────┐
                    │早期儿童规范教育│
                    │的合理性分析框架│
                    └──────┬──────┘
          ┌────────────────┼────────────────┐
          │                │                │
   ┌──────▼──────┐  ┌──────▼──────┐  ┌──────▼──────┐
   │形式(工具)合理性│  │实质(价值)合理性│  │  实践合理性  │
   └──────┬──────┘  └──────┬──────┘  └──────┬──────┘
          │                │                │
   ┌──────▼──────┐  ┌──────▼──────┐  ┌──────▼──────┐
   │重点关注类型合│  │规范不得侵犯幼│  │规范制定中的幼│
   │理性,理清各类│  │儿个人领域:规│  │儿参与:实践合│
   │型规范的功能和│  │范价值的底限诉│  │理性之师幼层面│
   │范围         │  │求           │  │分析         │
   └─────────────┘  └──────┬──────┘  └──────┬──────┘
                           │                │
                    ┌──────▼──────┐  ┌──────▼──────┐
                    │自由与平等、秩│  │规范协商生成的│
                    │序与效率:规范│  │博弈分析:实践│
                    │价值的基本诉求│  │合理性之同伴层│
                    │             │  │面分析       │
                    └─────────────┘  └─────────────┘
```

图 0-1　幼儿社会规范教育的合理性分析结构

理念的种子。(5)考察了幼儿和教师对个人领域的理解和反应,提出了规范的规约、教师的监督以不侵犯幼儿的个人领域为前提的观点。(6)从博弈论的视角对幼儿同伴间规范的协商生成进行了分析,强调规范制定中的幼儿参与,为教师的规范教育提供了相关的策略。

　　当然,本书研究还存在着许多待完善的地方,这为以后的深化研究指明了方向。首先,本书更多的是站在学理层面,宏观地对幼儿园班级规范合理性进行了考察。虽有较丰富的案例作为支撑,但深入细致的实践分析有待于以后进一步加强。规范教育的生活化、情境性要求我们不仅要从宏观,而且要从微观进行研究。其次,本书虽提出了一个分析班级规范的合理性的整体框架，但因规范现状和研究的需要，框架中的有些要素如在规范形式合理性中规范表述的清晰性、易懂性，规范规定的具体性等，以及从幼儿园、教师层面看，规范制定中的程序正义性等在书中没有展开。最后，本书更多的是把"幼儿期"看成一个整体来考察幼儿规范的合理性的，这样虽便于研究，但存在着对各年龄班的特征重视不够等问题。

  本书的出版得到了大家的帮助，许多幼儿园及其教师和幼儿对本书的调研给予了大力支持，在此表示衷心感谢！对于书中的不妥之处，恳请读者批评指正。

裘指挥

2018年1月于南昌

第一章

幼儿期：儿童社会化的奠基时期

幼儿期是儿童社会化的奠基时期。幼儿社会领域的学习与发展过程是其社会性不断完善并奠定其健全人格基础的过程。人际交往和社会适应是幼儿社会学习与社会化的主要内容，也是其社会性发展的基本途径。幼儿在与成人和同伴交往的过程中，不仅学习如何与人友好相处，也在学习如何看待自己，对待他人，不断发展适应社会生活的能力。学前期良好的社会化对儿童身心健康和其他各方面的发展具有重要影响。

第一节 幼儿期在儿童社会化中的关键作用

社会化是个人得以适应社会，参与社会生活，在社会环境中独立生存的必要前提。幼儿期是人一生社会化的关键期，幼儿通过社会化，学习社会生活技能，了解人们之间的相互关系，初步掌握社会各种制度、习俗传统等行为规范，为其获得社会成员资格，适应社会生活奠定坚实的基础。

一 人的成长历程：从"自然人"到"社会人"

从"自然人"走向"社会人"是一个不断发展、不断完善的过程。刚刚出生的儿童具有很强的生物属性，可以说是一个"自然人"。随着儿童与家庭、同伴、学校和大众传媒等社会群体的互动，儿童逐步社会化，成为"社会人"。

（一）自然人

在社会学中，自然人指脱离母体后，还没有经历社会化过程的人，只具有人的自然属性，而不具有或具有少量的人的社会属性。具有自然属性的早期儿童像原始形态的人，行为没有受到约束，思维没有太多的定性，所思所想所做大都处于一种纯自然的状态。这个时候的人是大自然赋予人类的一种开化起始，自然而来，自然而做，自然而生存……不管生食也好，逐猎也好，蜗居也好，天地与之同行，星月与之同宿，山林与之同眠，河水与之同饮……这就是自然生成的人。

婴儿期儿童的生物属性特别明显。儿童刚出生时主要依靠皮层下中枢来实现非条件反射，以保证他的内部器官和外部条件的最初适应，此时重要的非条件反射有食物反射、防御反射及定向反射。

研究表明，刚出生的婴儿，产生的是原始的情绪反应，如头几天的新生儿或哭或安静，或四肢摆动，等等。原始情绪反应的特点是，它与生理需要是否得到满足直接相关联。身体内部或外部不舒适如饥饿或尿布潮湿等的刺激，会引起婴儿的哭闹等不愉快情绪。当直接引起情绪反应的刺激消失后，这种情绪反应也就停止了，代之以新的情绪反应。例如，换上干净的尿布以后，婴儿会立即停止哭泣，情绪也会变得愉快。原始情绪反应是幼儿与生俱来的。达尔文指出，情绪表现是人类进化与适应的产物。比如，啼哭时嘴角下弯的表情是人类祖先在困难时求援的适应性动作，愤怒时咬牙切齿和鼻孔张大等表情是人类祖先即将进行搏斗时的适应性动作。[1]

从情绪分化来看，儿童最早出现的情绪是与生理需要相联系的。加拿大心理学家布里奇斯（Bridges）认为，初生婴儿只有皱眉和哭的反应。这种反应是未分化的一般性激动，是由强烈刺激引起的内脏和肌肉反应。我国心理学家孟昭兰对婴幼儿情绪进行了实验研究，结果表明，初生婴儿的情绪是笼统不分化的，后来才逐渐分化，两岁左右，儿童已表现出各种基本情绪。

儿童最初出现的情绪是与生理需要相联系的。法国著名心理学家亨利·瓦隆（Henri Wallon）认为，3—14个月是"情绪阶段"，即生理需要在情绪过程中起主要作用的阶段。随着儿童的成长，各种社会性需要不断增多，情绪逐渐与社会性需要相联系。儿童在1岁以内，情绪反应主

---

[1] 陈帼眉：《学前心理学》，人民教育出版社2008年版，第290—298页。

要是由生理需要引起的。如饥饿、疼痛、冷、热等会引起儿童不愉快的情绪反应；温暖、身体舒适、尿布干净、睡眠充足等常是引起愉快情绪的动因。1岁以后，儿童除了生理需要外，还有独立活动和交往等大量的社会需要。美国心理学家爱姆斯用两年时间系统观察了儿童交往中的微笑，结果发现，1.5岁儿童非社交性微笑（对自己笑）所占的比例最大。

(二) 社会人

与"自然人"相对。在社会学中，社会人是指具有自然和社会双重属性的完整意义上的人。社会人是指能较好适应社会环境、参与社会生活、掌握社会规范、履行社会角色、获得社会认可、取得社会成员资格的人。从自然人走向社会人其实是一个社会性发展和社会化的过程。每个人都必须经过社会化才能将外在于自己的社会行为规范、准则内化为自己的行为标准，这是社会交往的基础，而且社会化是人类特有的行为，是只有在人类社会中才能实现的。用弗洛伊德的话说，社会化就是个人学习控制天性的冲动，就是"把野兽关到笼子里"。

儿童从自然人走向社会人，离不开儿童与家庭、同伴、学校和大众传媒这四类社会群体的接触，这种接触有效地促进和保障了儿童与社会的互动和联系。如进入幼儿期，儿童情绪的动因从主要为满足生理需要向主要为满足社会性需要过渡。幼儿总是想得到成人的注意、关心和爱护，他们总是喜欢在父母和教师周围转来转去，愿意与成人进行身体接触。抱一抱和摸一摸幼儿的头，都会满足其安全的需要和爱的需要，从而产生愉快的情绪体验。幼儿也同样喜欢与同伴交往，他们希望小朋友都喜欢和自己玩，而对大家的不理睬则会感到难过。有人认为，爱和赞许的需要，是幼儿最强烈、最重要的情绪体验源泉。法国心理学家列鲁阿·布斯旺对4岁和8岁儿童在看电影时的社交性情感表现进行了比较，他发现：8岁儿童交往次数比4岁儿童交往次数多，4岁儿童主要与教师交往，而8岁儿童的主要交往对象是邻近同伴。研究表明，儿童产生愤怒的原因主要有三种：第一，生理习惯的问题，如不愿意吃饭、洗脸、上床睡觉等。第二，与权威的矛盾问题，如被惩罚，不许参加某种活动，受到不公平待遇等。第三，与人的关系问题，如不被注意，不被认可，不愿和别人分享东西等。2岁以下儿童属于第一种情况的最多，3—4岁儿童属于第三种情况的占45%，4岁以上儿童则属于第三种情况的居多。① 从这一研究结果可以看出，儿童情绪产生的原因，年龄越小越肤浅、简单，主要是生理原因。随着年龄的增长，引发情绪的原因便越来越深刻而复杂。这说明儿童的社会化程度在不断提高。

儿童从自然人走向社会人是一个不断发展的过程，研究表明，在人的不同时期，其社会化的侧重点是不同的。如0—3岁是语言社会化和自我意识发展的重要时期，3—6岁是智力发展和个性形成的重要时期。

据长沙晚报报道，1983年6月，魏某出生于湖南省的一个普通家庭。他自小天资过人，刚两三个月，其母亲曾某就教儿子识字，还经常读唐诗给儿子听。在母亲的倾心教育下，魏某从2岁开始，便创造了一个又一个"东方神童"的故事。只有2岁的魏某就掌握了1000多个汉字。4岁时，他基本学完了初中阶段的课程，小学只读了二年级和六年级。1991年10月，仅8岁的魏某连跳几级进入县属重点中学读书。13岁时，魏某以高分考入湘潭大学物理系。2000年，17岁的魏某大学毕业后考入了中科院高能物理研究所，成为硕博连读研究生。母亲曾某认为，孩子只有专心读书，将来才会有出息。于是，曾某将家中所有的家务活都包下来，包括给儿子洗衣服、端饭、洗澡、洗脸。为了让儿子在吃饭的时候不耽误看书，魏某读高中的时候，曾某还亲自给他喂饭。在魏某读湘潭大学时，曾某也一直跟在儿子的身边"陪读"，照顾儿子的饮食起居。来到北京读书后，魏某认为他已经长大了，便执意不要母亲"陪读"，孤身一人北上求学。身边突然没了母亲的照料，魏某感到很不适应，竟无法安排自己的学习和生活。有一年冬天，他竟然穿着单衣，趿着拖鞋去天安门逛了一圈，周围的游客像看怪物一样使劲地盯着他看。由于生活长期不能自理，并且知识结构不适应中科院高能物理研究所的研究模式，2003年8月，已经读了3年研究生的魏某，被中科院劝退回家。

人是具有生物属性与社会属性的社会化动物。人只有在家庭、学校和社会中参与各种活动，在与人的交往互动中才能走向社会化。魏某在母亲的巨大学习压力下，生活环境非常闭塞，缺乏与人交往的机会，从而导致生活自理能力缺失，社会化程度不够，无法安排自己的学习和

---

① 陈帼眉：《学前心理学》，人民教育出版社2008年版，第290—298页。

生活。

二 幼儿期：人社会化的奠基时期

儿童发展过程中存在着各种关键期，掌握这些关键期并提供适宜的教育，对儿童的健康成长具有重要的作用。

（一）关键期及适时教育

1. 理解关键期

关键期是指个体发展过程中环境影响起着最大作用的时期。在关键期内，在适宜的环境影响下，行为习得特别容易，发展十分迅速。但这时如缺乏适宜的环境影响，也可引起病态反应，甚至阻碍日后的正常发展。在关键期内，机体对环境影响极为敏感，有的研究者因而称其为敏感期。研究者还发现，在关键期的开始及结尾阶段，机体对环境的敏感度较低，在中间阶段最高。但若缺乏某种影响，便会引起发展方面的变异。

奥地利著名生物学家昆拉多·洛伦兹（Konrad Lorenz）发现了著名的"关键期"理论，并因此荣获了诺贝尔奖。1935年，洛伦兹发现，小鹅在刚孵化出来后的几个到十几个小时之内，会有明显的认母行为。它把第一次见到的活动生物认作"母亲"，并紧紧跟随。如果小鹅第一眼见到的是鹅妈妈，它就跟着鹅妈妈走；如果第一眼见到的是洛伦兹，就把她当成母亲，跟着她走。然而，如果在出生后的20个小时内不让小鹅接触到活动物体，那么一两天后，无论是鹅妈妈还是洛伦兹再怎样努力与小鹅接触，它都不会跟随，更不会"认母"。也就是说小鹅的认母行为能力丧失了。这个案例说明，这种能力是与小鹅特定的生理时期密切相关的。儿童的发展也是有关键期的，抓住关键期进行适宜的教育具有重要的意义。

洛伦兹发现，出生的小鸡、小鹅有印刻现象。小鸡或小鹅在出生后不久所遇到的某一对象或刺激，会印入它的感觉中，以致产生一种偏好和追随反应。以后再遇到这个或与这类似的对象或刺激时，就很容易引起它的偏好和追随。小鸟辨认它的母亲和同类，就是通过这个过程实现的。这个现象在其他哺乳类动物身上也有所发现。如小鸡的"母亲印刻"关键期是孵出后10—16小时，小狗的关键期约在出生后的3—7周。过去认为，动物出生后不久就会认识母亲，是由于亲子本能，后来发现，并非如此。因为实验证明，在关键期内，动物不仅对其妈妈可以发生"母亲印刻"，如果其妈妈在小动物出生后就离开了，它也可以对其他类似动物发生"母亲印刻"。

洛伦兹指出，个体印刻现象只能在个体生命中一个短暂的"关键期"发生，个体在这一时期所印刻的对象，可以使该个体对它接近并发生偏好，而且不会被忘却，由此形成了一种对它的永久约束性的依恋。

人也有关键期。人类个体从出生到成熟有一个漫长的过程，在这个过程中，不同年龄阶段的发展水平和速度是不同的。个体在其发展过程中有某个特定时期对某些能力或知识信息的获得特别敏感，如果受到了适当刺激的影响，就会不知不觉、毫无困难地获得这些能力和知识；如果在这个时期未能受到适当刺激的影响，那么，他们以后对这些知识或能力的获得就会事倍功半，得花几倍、几十倍的时间与努力，甚至会永远失去获得这些能力和知识的可能。即使以后花大量的时间和精力去加以弥补，收益也是甚微的，或者说，根本就没有效果。这样一个时期，心理学称之为发展的关键期。例如，有人认为，2—3 岁是儿童学习口头语言的关键年龄，4—5 岁是开始学习书面语言的关键年龄。错过这个时期，效果就会差些，等等。最典型的事例是 1919 年在印度发现的 8 岁狼孩卡玛拉，由于她错过了语言发展和社会化的关键期，虽然牧师辛格精心照料、训练长达 9 年，直到 17 岁病死时，其智力仅达到 3 岁半儿童的水平。

1919 年，在印度一个狼窝里发现了两个人形动物，经鉴定，确定是两个小女孩。小的约 2 岁，大的约 8 岁。人们把她们救回村子，小的不久就死了，大的活了下来，人们给她取名叫卡玛拉。卡玛拉像狼那样用四肢爬行，舔食流质的东西，吃扔在地上的肉。她怕光，怕火，怕水，从不让别人给她洗澡。天冷也不盖被，喜欢和狗偎在一起，蜷缩在角落里。给她穿衣，她就把衣服撕破。如果有人碰了她，她的眼睛就会发出狼眼一样的寒光，抓人，咬人。她白天睡觉，夜间活动，晚上异常敏锐，夜深时经常发出像狼一样的嚎叫。第二年，人们把卡玛拉送进孤儿院。但是，要改变她像狼一样的生活习惯是很难的。教了她两年，她才学会两腿站立，又经过 4 年，才学会独立行走，而快跑时仍要用四肢。经过人们9年的抚养教育，到了17岁，她虽然学会了晚上躺着睡觉，用手拿东西吃，用杯子喝水等，但她的智力只相当于3岁半小孩的水平，而且始终没有学会像成人那样说话，只能听懂几句简单的问话，勉强学会了40几个单词。她终究适应不了人类的生活方式，17岁就病死了。

人的社会化过程存在着不同的关键期，而学前期是儿童社会化的启蒙期和第一个关键期。这就要求我们提供适宜的社会教育，如鼓励儿童走出家庭，走入社区，积极参与各种社会交往与活动。在生活中学会表达，善于交往，掌握各种社会规范，成为能够很好地适应社会的人。

2. 贯彻适时性原则，提高早期教育质量

在早期教育中，适时性原则尤为重要，本着对大脑发育规律的尊重，教育者或父母都不能对孩子的成长操之过急，否则会"揠苗助长"，事倍功半。适时性原则还表现在正确对待大脑发展的关键期上。鉴于它们的复杂性，神经生物科学家们认为，关键期实质上是一个可开可关的"机会之窗"。

儿童早期是突触建立联结的关键时期，而环境和经验又影响了大脑突触的联结和大脑的发育，也就是大脑可塑性神经机制似乎依赖于复杂环境，这种复杂环境下突触的生长可以被称为大脑经验—依赖的可塑性。经验—依赖的可塑性能够使有机体通过与环境的相互作用而获得发展。也就是经验决定了哪些突触会被削减，哪些突触会被保留。这就形成了后来发展所依赖的联结图式，我们大脑有一个神经联结的基线，丰富的环境会增加它们的联结。

所有这些研究似乎都坚定着一个信念：儿童早期是我们学习最多的时期，是大脑对新经验最开放的时期。其实这也指出了脑的发展在最早期是独特的，经验在一定的时间段里起着非常重要的作用，也就是说，它们将会深深地影响以后的发展。[1]

(二) 学前期：儿童社会化的关键时期

1. 学前期是大脑发育的关键期，为儿童社会化打下坚实的物质基础

大脑是儿童社会化的物质前提，学前期是大脑发育的关键期，是儿

---

[1] 陈建华、刘丹:《当代脑科学视野中的儿童学习关键期研究及其启示》,《外国中小学教育》2008年第1期。

童社会化的第一个关键期。儿童脑的重量随着年龄的增长以先快后慢的速度增加,第一年的脑重量增加最快,3岁以后大脑发育速度递减,到20岁时停止增长。

研究表明,成人大脑平均重量为1400g,新生儿大脑重量为360g左右,为成人脑重的25%左右;6个月时为700g,是成人脑重的50%;满1周岁时脑重950g,已经接近成人的60%;2周岁时脑重为1100g,为成人脑重的75%;3周岁时脑重为1250g,已为成人脑重的85%;6周岁时为成人的90%以上。[①]

通过脑成像技术观察不同年龄水平的大脑各个脑区消耗的能量发现,出生后2—3个月,顶叶、颞叶、视觉皮层、基底神经节及小脑半球的血流量都相应增加;3—4个月,由于大脑基底神经节的髓鞘化,婴儿在表达情绪时出现了微笑;6个月,额区的活动开始活跃,大脑左侧颞叶和顶叶之间负责语言理解的维尼克区也发育成熟了,这时的婴儿能够对一些语言进行分辨和归类;8个月,由于额叶活动的增加,其认知能力显著提高,大多数婴儿都具有足够的运动控制能力来与环境中的人和物进行有意义的交流,同时能通过模仿他人的动作进行学习;8—12个月,额叶顶部和中部的活动表现得更为活跃,伴随着发生的是与行为相关的认知活动。到1岁时,婴儿大脑皮层的新陈代谢活动与成人大脑相似;2岁时,大脑内突触数量达到成人的水平;3岁时,幼儿大脑的活动量约为成人大脑的两倍半;[②] 3—8岁儿童的皮层神经元比之前增加一倍,突触继续增加;4岁时大脑中的葡萄糖代谢水平是成人的两倍。[③]

从大脑重量增加的速度可以看出,显然,0—3岁的大脑发育最快,6岁后减缓。因此6岁前是儿童脑发育的关键期,而且前3年特别关键。

研究表明,幼儿的大脑几乎是以能量消耗为主的,对葡萄糖的消耗是成年人的2.25倍,早期学习的效率比较高,学习也比较容易。美国加利福尼亚大学的脑科学专家玛丽安·戴蒙德(Marian Diamond)指出,如

[①] 窦向亲:《儿童脑发育时期的营养补充》,《现代中医药》2004年第6期。
[②] 周相全、唐浩:《大脑研究对教育的启示》,《知识经济》2010年第10期。
[③] 王爱民等:《大脑发展研究及其对儿童教育的意义》,《幼儿教育》(教育科学版)2006年第1期。

果我们使环境丰富起来,我们的大脑将具有更加厚的皮层,生长更多的树突,生长出更多的中心体和更大的细胞体,这意味着大脑细胞之间的交流会更佳。他认为,如果在关键期提供合理的营养和丰富多彩的环境刺激,促进儿童大脑的发育与学习并在适当的时期给予适当的刺激等,那么,学习任何事物几乎都是可能的;但是,如果错过了学习之期,你将会面临与残障儿童打交道的局面。①

从脑科学角度看,神童并不神秘,他们只不过是有幸在大脑发育的各种关键期,得到了丰富而适宜的后天养育,从而形成了比一般儿童更多的神经突触和更发达的神经回路而已。脑科学研究已揭示了儿童大脑内神经元的发展过程:新生儿的神经元之间没有多少联结,大脑皮层的大多数区域也不活跃,当受到外界环境的刺激时,神经元联结的速度会出现惊人的增长,3岁儿童神经元的联结数是成人的2倍,0—3岁儿童脑活跃程度远远超过成人。②

布拉舍(L. Brothers)于1990年提出"社会脑假设"(Social brain hypothesis)理论。该理论指出,包括人类在内的灵长类动物存在着一个认识和理解表情、揣摩意图的神经机制,即"社会脑"。在社会交往过程中,"社会脑"承担着了解或推测他人的目的、意图、信念等信息的处理任务,使人类得以与他人进行有效的沟通和交往,所以说,"社会脑"对人的社会认知发展具有至关重要的作用。"社会脑"的生长与学习时间、大脑新皮层面积以及社会环境有着直接关联。正因为有"社会脑",储存和利用社会信息的能力才通过种系相传而保留了下来,因此,它对种系的生存和发展有着至关重要的生物学意义。同时,"社会脑"处理的信息常被用以应对或适应新环境,因此,"社会脑"大脑皮层的发育保障了人类的生存和环境适应。反过来,也正因为人类需要学习、掌握复杂的社会技能而使"社会脑"的生长发育成为可能。③

1997年,克林顿总统及其夫人主持了题为"早期儿童发展与学习:

---

① 冯扬:《学前期是儿童语言发展及性格形成的关键期》,《考试周刊》2012年第47期。
② 袁爱玲、肖丹:《经脑科学透视的儿童早期教育之误识与误行》,《华南师范大学学报》(社会科学版)2007年第4期。
③ 周念丽:《幼儿社会教育中的"一脑三育"》,《幼儿教育》2012年第4期。

脑研究的新进展告诉我们些什么"的著名"白宫会议",全美顶尖科学家和教育学家倡导全民重视儿童教育。在2009年世界性金融危机席卷全球之际,美国奥巴马政府采取"振兴经济,教育当先"的执政战略,设立总统早期学习委员会,更是优先发展学前教育,每年增加190亿美元联邦教育经费,用于实施"0—5岁教育计划",以兑现其在竞选时"为全美每一个儿童提供世界一流教育"的承诺。[①] 这些做法值得我们关注,因为早期儿童教育不仅对儿童个体具有重要意义,对国家与民族的社会经济发展也具有重大的战略价值。

2. 学前期社会化程度对后期发展起着关键作用

美国哈佛大学教授波顿·L.怀特认为,孩子3岁前那段时期特别重要。语言发展、好奇心、智能和社会化发展这四种教育基础在8个月至2岁时处于关键的时期。幼儿基本的语音能力是在0—1岁形成的,1—2岁是学习口语的关键期,4—5岁为学习文字和掌握数概念的关键期。[②] 抓住关键期进行适宜的教育特别重要,否则会造成终生遗憾。

西方有一个典型的案例:一个名叫金(Ging)的少女,她在两岁时被精神异常的父亲关在黑暗的房间里,一直坐在椅子上,这样经过了13年,在被禁止说任何话语的情况下成长,直到母亲对外通报才被人发现,这个少女虽因此恢复了正常的生活,但她的智力和语言能力几乎无法恢复。

美国心理学家布鲁姆(Benjamin Bloom)对近千人,从幼儿一直追踪到成年,研究其智力发展状况,最终得出结论说:如果个体从出生到17岁的智力水平达到100%,那么0—4岁就获得了50%,4—8岁又获得30%,其余的20%是8—17岁完成的。也就是说,个体智力发展的最初4年是以后13年的总和,其学习成就在很大程度上取决于早期经验。[③] 巴甫洛夫说:"从婴儿降生的第三天开始教育,就迟了两天。"婴幼儿阶段

---

① 闫守轩等:《美国奥巴马政府"0—5岁教育计划"的解析与借鉴》,《辽宁师范大学学报》(社会科学版)2011年第6期。
② 陈建华、刘丹:《当代脑科学视野中的儿童学习关键期研究及其启示》,《外国中小学教育》2008年第1期。
③ Bloom, Benjamin, *Developing Talent in Young People*, New York City: Ballantine Books, 1985, p. 105.

是人的智力开发的最佳期，早期教育有利于开发大脑的潜能。这正是三岁看大，七岁看老。3 岁以前的教育，一年顶 10 年。歌德、莫扎特、贝多芬、爱迪生、爱因斯坦等伟人的成功都得益于早期家庭教育。伦敦精神病学研究所教授卡斯比（2003）曾经做了这样一份报告，报告称，通过 3 岁幼童的言行就可预示他们成年后的性格。这一报告为"三岁看大"的说法提供了有力的证据，曾经引起世界性的轰动。

卡斯比在 1980 年同伦敦国王学院的精神病学家一起对 1000 名 3 岁幼儿进行了面试，把这些幼儿分为充满自信、良好适应、沉默寡言、自我约束和坐立不安几大类。到 2003 年这些孩子 26 岁时，卡斯比团队再次与他们进行了面谈，并且通过这些人的朋友和亲戚做了详细调查，结果是：当年被认为"充满自信"的幼儿占 28%，小时候他们十分活泼，为外向型性格；成年后，他们开朗、坚强、果断，领导欲较强。当年 40% 的幼儿被归为"良好适应"类，这些人表现得自信、自制，不容易心烦意乱；到 26 岁时，他们的性格依然如此。当年被列入"沉默寡言"类的幼儿占 8%，是比例最低的一类；如今他们要比一般人更倾向于隐瞒他们的感情，不愿意影响他人，不敢从事任何可能导致他们受伤的事情。当年 10% 的幼儿被列入"坐立不安"类，主要表现为行为消极，注意力分散；如今这些人更容易感到苦恼和愤怒，熟悉他们的人对其评价多为不现实、心胸狭窄、容易紧张和产生对抗情绪。还有 14% 的"自我约束"型幼儿长大后的性格基本上和小时候一模一样。[①] 生活最重要的时期并非大学时代，而是从出生到 6 岁这一阶段。人类有着无限发展的可能性，教育的作用在于促进这种可能性的发展。6 岁前的大脑就像一块吸水力特强的海绵，尤其是在最早的 3 年里，突触会大量地产生和消失，是每个人最重要的学习阶段，奠定了一个人思考、语言、视力、态度、技巧等能力的基础。

蒙台梭利专门对有性格缺陷的儿童进行了研究和观察，当她将这样的孩子送进"儿童之家"后，孩子们有了自由成长的良好环境，促进了

---

① Caspi, Avshalom, Harrington, HonaLee, Milne, Barry, "Children's Behavioral Styles at Age 3 Are Linked to Their Adult Personality Traits at Age 26", *Journal of Personality*, Volume (2003), 71: 495–514.

心理和性格的健康发展,原有的缺陷逐渐消失。雷米(Craig Ramey)1996年在阿拉巴马大学对一群婴儿做了12年跟踪研究,发现从6个月就进入有着丰富的环境生活(指有小伙伴、营养与学习和游戏的机会)的实验组婴儿明显比未参与实验的婴儿智商高,脑成像技术的结构扫描显示,实验组婴儿的脑在利用能量方面更加有效。可见儿童出生的最初几年十分重要,0—6岁是儿童心理和生理的重要发展阶段,对儿童语言发展与性格形成显得尤为重要,教养环境和方法甚至会改变儿童的一生。①

3. 学前期良好的社会化对提高后续社会适应力具有重要价值

美国俄克拉荷马州实施的一项面向全州所有4岁儿童的早期教育项目研究显示,该项目使低收入家庭儿童的认知技能提升了31%,语言技能提高了18%,非裔儿童测试成绩提升了54%。② 维里(Verry)和唐纳德(Donald)研究表明,学前教育和保育具有重要的潜在效益,它可以促进儿童大脑和社会性的发展,能有效提高儿童未来的阅读水平和生活能力,从而提高其收入水平,促使其成为一个更好的公民;特别是对弱势幼儿进行教育,所产生的效益一般会大于正常儿童。③ 美国的"提前开端计划"和英国的"确保开端计划"等项目的追踪研究均显示,良好的学前教育会使处境不利的儿童比未接受学前教育的儿童在认知、语言和思维操作等各方面发展得更好,一般幼儿的智商分数因此提高了10—15IQ,可以消除他们与其他儿童在入小学前所形成的差异,使他们更有可能完成高中及以上学业并获得工作上的成功,而且会"对这些儿童产生一直持续到其成年期的长期的、积极的影响"。

学前教育具有较好的预防犯罪、保障稳定和节约开支的功能。美国高瞻—佩里幼儿教育项目(The High/Scope Perry Preschool Study)对美国贫困黑人进行长达40年的追踪对比,发现优质的学前教育对贫困儿童早期的认知和社会发展有着重要意义,对他们成年后的学业质量、经济状况、犯罪率减少、家庭生活和健康状况均有积极的影响,但学前教育的

---

① 冯扬:《学前期是儿童语言发展及性格形成的关键期》,《考试周刊》2012年第47期。
② 转引自裴指挥、刘焱《国外学前教育的社会经济效益研究》,《比较教育研究》2011年第6期。
③ 同上。

社会经济收益的88%来源于犯罪率的降低。研究显示，实验组儿童后来的犯罪率远远低于控制组，特别是在成年早期，差别更大（见表1-1）。40岁时，实验组成员入狱总月数为34.6个，而控制组人员入狱总月数为48.8个。在吸毒、滥用药物和大麻等一些易引发社会矛盾与危机、损害家庭社会幸福与和睦的指标上，实验组成员较控制组成员有着更好的表现：40岁时，更少的实验组男性有使用镇静剂、安眠药的记录（17%对43%）、大麻（48%对71%）和海洛因（0%对9%）。另外，接受幼儿教育对其成年后的家庭关系、家庭生活质量、家庭责任履行情况和亲子关系等的帮助较为明显，实验组的男性比控制组的男性更多地养育他们的孩子（57%对30%），这有利于家庭和社会的稳定。[①] 芝加哥亲子中心研究显示，实验组成员被逮捕的比例为17%，控制组成员被逮捕的比例为25%。

表1-1　　　高瞻—佩里幼儿教育项目中实验组与控制组被捕
5次以上的人数比例　　　　　　　　　　　　　　　　（%）

	青少年时期（到19岁）	成年早期（20—27岁）	成年中期（28—40岁）
实验组	3	7	29
控制组	5	29	37

"发展适宜性教育"实践表明，学前期适宜的教育能够有力地促进儿童的社会交往能力、爱心、责任感、自控力、自信心和合作精神等社会性人格品质的发展，在后续的生活中较少出现孤僻、冷淡、退缩、依赖及攻击性等问题，促进了学龄前儿童更好地适应生活，降低青少年的犯罪率。同时研究还显示，高质量的学前教育能有效地提高处境不利的儿童成年后自立、组建家庭并忠实于婚姻生活的比例，减少他们对特殊教育的需求和对社会福利的依赖。

美国芝加哥亲子中心通过追踪研究发现，在考虑通胀因素的情况下，对亲子中心每投入1美元，15—18年后所获得的收益是7.14美元，其中

---

① 转引自裘指挥、刘焱《国外学前教育的社会经济效益研究》，《比较教育研究》2011年第6期。

社会获得的收益是 3.85 美元，幼儿及其家庭所获得的收益是 3.29 美元，社会收益主要来源于犯罪率降低等所带来的行政、司法开支的减少。[①] 在高瞻—佩里幼儿教育项目中，研究者在 123 名低收入贫困黑人中随机抽取了 58 名儿童（实验组），让他们在 3 岁和 4 岁的时候参与接受高质量的学前教育项目，另外 65 名儿童（控制组）没有参与学前教育项目。对实验组和控制组儿童经过约 40 年的追踪研究发现，优质的学前教育对贫困儿童成年后的学业质量、经济状况、犯罪率减少、妇女就业、家庭质量和健康状况均有积极影响，让儿童终身受益，如实验组成员在 40 岁时的被雇佣率显著高于控制组（76% 对 62%），在年收入上也显著高于控制组（27 岁时，12000 美元对 10000 美元；40 岁时，20800 美元对 15300 美元）。在成员 27 岁时，实验组与控制组在接受来自家庭或朋友的定期资助上存在着的显著差异（2% 对 16%）。其成本收益分析显示，在考虑通胀因素的情况下，在实验组被试成员 27 岁时，对学前教育每投入 1 美元能够获得 7.16 美元的收益；到实验组被试成员 40 岁时，对学前教育每投

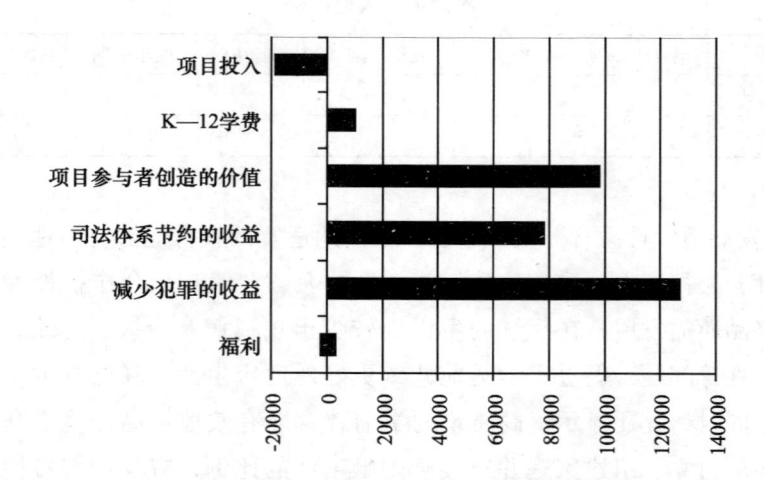

图 1-1　高瞻—佩里幼儿教育研究项目 62 年后的投资回报（美元）

资料来源：高瞻教育研究基金会。

---

① 转引自裘指挥、刘焱《国外学前教育的社会经济效益研究》，《比较教育研究》2011 年第 6 期。

入 1 美元就可获得 17.07 美元的收益,学前教育的投入回报率大幅增长,其中 4.17 美元是对个体成长的回报,12.9 美元是对社会公共的回报,体现在社会福利、补偿教育、预防犯罪方面投入的降低以及纳税的增加上。40 岁时,实验组与控制组成员相比,需要社会救济的记录更少;拥有自己的房子和稳定住所的人更多;更多的人拥有储蓄账户、车辆,男性表现得更明显。图 1-1 显示了高瞻—佩里幼儿教育研究项目 62 年后的投资回报情况。

第二节 幼儿社会规范教育:问题与视域

把学校的规范和道德标准等同起来是错误的,同样把学生对校规的遵守和违抗视为学生的主要道德品格的体现也是不正确的,这是因为制度、道德和个人判断力等在更大的社会系统中所存在的差异也同样存在于学校这个微观社会中。教师和管理者要考虑如何才能更好地创建和维护积极的具有教育意义的学校准则和纪律,他们经常遇到学校和课堂上所存在的道德上、制度上和程序性规范上各种极为不同的特征和功能,以及不同年龄儿童对这些规则极为不同的反应。绝大多数的教师和管理者没有意识到这些规则的系统变化,他们没有认识到其班级中的活动常由这些很大的差异所引导,并且是悄悄进行的。[1]

合理的社会规范教育是促进早期儿童社会性发展,推动早期儿童社会化的重要力量。但考察社会规范教育的合理性,要从"合理性"的内涵及其范畴谈起。合理性首先是科学意义上的合理,它有"合事实、合规律、合逻辑"的意思,这是合理性的客观尺度;其次,合理性是一种价值判断,含有"合目的、合理想、合原则"及"是应该的"意思,这是合理性的主观尺度;最后,合理性有其实践尺度,只有在合理的实践中,事物才是合理的存在。总而言之,合理性是合规律性、合价值性和合实践性三者的有机统一。从合理性的内涵出发,可以推导出分析事物

---

[1] Nucci, L., *Education in the Moral Domain*, Cambridge: Cambridge University Press, 2001, p.136.

是否合理的三个范畴，即形式（工具）合理、实质（价值）合理和实践合理。也就是说，合理的社会规范应是集"形式、实质和实践"三位于一体的。形式是规范内在要素的组成方式和外在表现，它涉及规范的结构组成、类型、表达、产生和实施的程序正义等。规范的实质主要指向规范的内容、价值取向等，如何使规范的要求符合社会的发展，符合幼儿身心的需求，如何使规范的精神与人类的公平、自由、正义、秩序等价值观相一致，这些都是规范的实质所追求的问题。规范的实践通俗地说就是社会规范的生成及其规范要求在生活中得以实现的活动与过程，它使规范的实质与形式有机结合起来，规范实践大致包括两个部分：规范的生成过程和实现过程。

社会规范是"形式、实质和实践"三位一体的有机组合。规范要成为规范，既要有规范的实质内容，又要有规范的外在形式。规范的形式与实质主要是在意识层面对规范所做的静态分析，而规范的实践主要是在实践中对规范所做的动态考察。在规范实践中达成了形式与实质、理论与实践、主观与客观的统一。

当我们用合理性的思想来研究幼儿社会规范的存在形态和实践时，我们是在追问：当前影响幼儿的社会规范是不是合理的、正当的、应当的？社会规范是否体现了合价值性、合规律性和合实践性的统一？我们可以从形式（工具）合理、实质（价值）合理和实践合理几个维度，对我国幼儿常规教育的现状进行考察，从而凸显我国幼儿常规教育方面所存在的问题。

一　幼儿社会规范教育问题之透视

（一）形式层面：规范表述的不合理性

从幼儿社会规范的形式层面看，其合理性主要体现在类型合理性、外在形式合理性、程序合理性上。类型合理性要求对班级规范进行合理的分类，厘定各类规范的规约功能，如把由道德进行规范的东西还给道德，由制度进行规约的东西还给制度。外在形式合理性追求规范表达的清晰性和可理解性、规定的具体性等。而规范的生成、实施的程序、过程、方法等符合人道和规范性的技术要求，则指向规范的程序合理性。类型混淆是幼儿社会规范教育在形式合理性方面所存在的主要问题。

规范类型混淆主要表现为没有对规范进行合理的类型划分，没能对各类规范的功能和规范范围进行合理的界定，出现了道德、制度和其他类型规范相互侵犯的现象。这表现在教师常常用"好孩子"或"坏孩子"的标准来评价幼儿的行为表现，把幼儿的不良表现都纳入所谓的道德品质问题；往往用"谦让"的方式来解决幼儿同伴间的冲突，把本应由同伴间通过协商、轮流、合作等方式解决的问题盲目地纳入道德领域。长期以来，"道德泛化"现象在我国一直存在，它在教育中表现为没有对社会是非的各种不同形式做出区分，也没有为一些行为规范进入道德类还是从道德类中排除提供相应的标准，把道德规范与制度化规范等混淆起来。

学校作为一个小社会，要求具备结构完整的规范体系以适应班级的和谐发展及幼儿的社会化需求。从规范生成的路径来看，规范有自上而下的和自下而上自发生成的；从属性来看，不管是以自律、利他为特征的道德规范，以培养幼儿健康的生活态度，促进幼儿自由、互惠交往的合群性规范，① 还是具有团体组织功能的制度化规范及具有保护功能的谨慎性规范都是必要的。关键的问题是我们要认清它们之间的相对独立性和关系，根据规范的不同属性做出合理的反应。

（二）实质层面：规范价值诉求的工具性

幼儿社会规范价值诉求的工具性是指，规范在价值追求上注重的是规范的外在性、工具性价值，而忽视规范的内在性、目的性价值（或称规范自身的教育性价值）。教师过分地沉迷于规范的秩序、约束等功能或把规范看成是利于自身管理的手段，而忽视规范具有培养幼儿的自主、平等、权利、协作、互惠等价值理念的教育性价值，出现了规范目的性价值的丧失。规范价值诉求的滞后性是指，规范的价值追求在一定程度上是传统文化的产物，它以培养"谦让利他、听话服从、安分守己、乐于奉献、循规蹈矩"的"好孩子"为主，价值追求在一定程度上不能满

---

① 合群性规范是幼儿社会性发展中的基础层面，它以培养幼儿健康的生活态度和能力为主，如学会轮流、合作、分配、表达、分享、协商等。它与道德规范所追求的利他不同，它强调的是一种自由、平等和互惠的交往。

足社会变革和幼儿教育改革的需要。规范价值诉求的工具性和滞后性具体体现在以下几个方面。

1. 重义务轻权利，要求幼儿"盲目利他"现象大量存在。在规范教育中要求"无私"的"谦让""利他"等成为主流的德育价值目标，这不符合幼儿的身心发展需要。因为"以自我为中心"的心理发展水平，客观上决定了幼儿"朴素自利"[①]的合理性存在。我们的目标是引导幼儿从自利走向互惠，重点在于学会分享，而不是要求其"无私谦让"。要求一方的无私利他，其实也是对其应有权利的剥夺。

2. 重约束轻自由，忽视规范的自由属性，没能处理好规范的规约、秩序与规范的自由、平等、权利等价值间的关系。

3. 重规范的规约、教师的监督而轻幼儿的个人领域，常常出现干涉幼儿个人领域的现象。个人领域指的是主要和个体自身有关的，处在社会规范之外的系列涉己行为，个人领域行为一般不涉及"是非"判断，而是个人偏爱和自主选择的问题，如幼儿个人合理的自主选择权、秘密、个人独处的时间与空间、私人物品等。对个人领域的侵犯不利于幼儿自我意识和主体性的发展，不利于幼儿把握自我和社会群体的界限。这些问题的存在要求我们对幼儿社会规范的价值进行反思，重新给予合理的定位。

（三）实践层面：忽视规范生成的协商性

从规范的实践层面看，其合理性主要体现在这些方面：规范产生的方式主要是主体间多方的协商博弈，而不只是成人单方的规约；教师在规范教育中不是坚持行为主义的灌输立场，而是采取社会建构的方式引导幼儿从他律走向自律；教师针对不同类型的规范应做出不同的反应和采取不同的措施；面对幼儿间的冲突是支持幼儿自主解决而不是包办一切等。这些正是幼儿社会规范实践中所缺乏的合理性，这具体体现在两个层面。

1. 从师生交往层面看，不重视幼儿在规范制定中的参与权，没有意识到幼儿班级作为生活共同体存在的属性和规范的建构性。幼儿

---

① 早期幼儿交往中表现出来的自利，主要是因身心发展的有限性而造成的，与成人有时表现出的自私自利不同，故称之为"朴素的自利"。

"参与"权的被剥夺使规范产生的程序正义性受到挑战，它不利于幼儿对规范的理解和遵守，使幼儿失去参与公共事务的一次具有重要意义的尝试。

2. 从幼儿同伴交往层面看，不重视同伴间协商、博弈的价值，没能为幼儿同伴间的互惠协作创设一个平等、自主、有序的环境。缺乏对规范博弈生成路径的分析，重教师人为施加的"赎罪式"约束力，而忽视幼儿同伴交往中自然生成的"交互式"约束力。因此，通过协商、博弈，引导幼儿参与团体规范制定，自主进行冲突解决，在团体生活中生成、理解和运用规范，是幼儿社会规范实践合理性的主要追求。

上述分析表明，我国幼儿社会规范教育在形式合理、实质合理和实践合理方面存在着一定的问题，这要求我们对幼儿社会规范的类型区分、价值定位、生成实践等问题应引起高度的重视。也就是说，幼儿社会规范的合理性问题已成为幼儿教育中的一个显性问题。

二 研究的视域和框架

（一）对以往研究的反思

当然，幼儿园社会规范教育的合理性问题成为教育中的一个显性问题，与该问题的研究现状也是有关的。在我国，严格来说，关于幼儿园社会规范教育合理性的系统研究是不够深入的，我们将通过相关研究的考察来突出本书的重要性。

缺乏对幼儿园社会规范教育的合理性进行整体的分析，是这一主题研究中的主要问题。前面的分析表明，合理的社会规范应是集"形式、实质和实践"三位一体的，"三位一体"的完整性要求我们对其研究的完整性，而现实情况是：第一，有关规范类型合理性的研究甚少。在我国，就笔者所掌握的资料来看，涉及这方面的研究不是很多，主要有张其龙将幼儿园小班常规分为社会性规范、幼儿群体性规范和幼儿个体性规范；[①] 侯莉敏把幼儿规范教育分为公共规范、集体规范、交往规范和道德

---

① 张其龙：《幼儿园小班常规探析》，《学前教育研究》1991年第1期。

规范;① 朱细文把规范分为他律和自律两类;② 国外专家斯麦塔纳等人在香港进行了相关的研究,他们重点关注的是学前幼儿对道德、社会习俗和个人观念的理解。③ 这些都为我们进一步的研究奠定了基础。班级存在着各种不同性质的交往活动,不同属性的交往关系向不同属性规范的存在提出了需求和契机。可是以往大多数的研究没有意识到这一点,规范分类缺乏合理的理论依据,更主要的是没有对各类规范的功能和规范范围进行界定,没有对班级规范的结构组成和各类规范间的相对独立性、关系、地位等进行深入探讨,忽视幼儿和教师对不同类型规范的理解研究,缺乏关于幼儿和教师在面对不同规范事件时反应的考察。因此,开展进一步的研究非常必要。

第二,对规范价值定位的研究不够深入。对于幼儿班级规范价值的研究,代表性的观点有:张其龙认为,常规有培养幼儿良好的行为习惯、意志行为和维持集体教养的秩序的价值。④ 张燕认为,常规一方面是维持正常教育秩序的保证,是有效的教育条件;另一方面,常规本身也被看成是重要的教育手段,它有利于培养幼儿良好的生活习惯,激发良好的情绪,掌握社会生活知识和技能,增强行为的目的性、意识性,发展自理、自律能力,形成群体意识,促进社会性发展和良好的个性品质的形成。⑤ 刘焱认为,常规可以帮助幼儿适应幼儿园环境,帮助幼儿学习在集体中生活,维持班级活动的秩序。⑥

从以上几种观点中可以看出,对幼儿班级规范的价值定位可以从工具性和目的性两个层面进行,这为我们进一步分析规范的价值提供了良好的视角。但美中不足的是,以往研究较为注重的是规范的工具性价值,如规范的秩序、约束、保障班级活动正常开展等功能。对于规范自身的

---

① 侯莉敏:《论幼儿的规范教育》,《教育导刊》(幼儿教育版)1993年第3期。
② 转引自教育部基础教育司《幼儿教育指导纲要(试行)解读》,江苏教育出版社2002年版,第124—125页。
③ Kong Jenny Yau and Judith G. Smetana, "Conceptions of Moral, Social-Conventional, and Personal Events among Chinese Preschoolers", in *Hong Child Development*, May/June 2003, Volume 74, Number 3: 647–658.
④ 张其龙:《幼儿园小班常规探析》,《学前教育研究》1991年第1期。
⑤ 张燕:《幼儿园管理》,北京师范大学出版社1997年版,第131页。
⑥ 刘焱:《幼儿教育概论》,中国劳动社会保障出版社1999年版,第219—220页。

教育（目的）性价值虽有所涉及，但重点强调的是幼儿集体意识、社会生活知识技能的培养，而规范对培养幼儿的自主、平等、互惠、权利、正义等价值理念的功能却受到忽视。同时，以往关于影响幼儿班级规范价值定位的相关因素的研究不够深入，如对规范价值定位的理论依据、幼儿社会性发展所具有的层次性等就没有引起应有的重视，这势必会影响幼儿班级规范的价值定位。因为规范价值定位的理论依据，要求我们从当代社会所需要的"小公民"素养、幼儿的主体性、幼儿的身心需要等视角对规范价值进行思考；而关注幼儿社会性发展的层次性，是因为幼儿利他的道德品质，是幼儿社会性发展中较高的层面，它的发展要以幼儿基础性的合群素质和能力，如轮流、分配、合作、表达、协商等为基础，否则，势必会造成规范价值目标被拔高的现象。又如在讨论幼儿班级规范时，我们不能忽视对幼儿班级的独特性进行研究，因为幼儿班级与正式的社会团体的高度组织性不同，它是一个非科层管理的、注重情感的、强调幼儿参与自治的、保教结合的生活共同体。在共同体中，幼儿同伴间对称的、平等的交往是主导型交往，因此，互惠平等与自由必定成为班级规范价值诉求的主流。再如对幼儿个人领域的相关研究，国内几乎是空白。幼儿个人领域的存在，要求规范的价值诉求必须以不侵犯幼儿个人合理的自主选择、秘密、独处的时空等为前提。我们必须对如何保持班级规范的规约与幼儿个人领域间的合理张力等问题进行深入的研究。

　　第三，规范实践研究中所存在的问题。从规范实践来看，当前的研究积累了一定的经验，它为我们进一步的研究提供了基础，但也存在着一些问题。从幼儿层面看，对幼儿同伴间规范协商生成的相关问题，如影响幼儿规范协商生成的因素，规范协商生成的路径等缺乏深入的研究。从教师层面看，当前的研究没有为教师的规范实践提供指导性框架，如教师要不要对幼儿的行为进行干涉？教师如何引导幼儿以合理的方式参与班级规范的制定和实施？在幼儿同伴规范协商生成中，教师应如何引导？另外，对不同类型规范应如何做出反应，采取不同的教育策略等问题都必须引起我们的重视。

　　总之，我们所关注的主要问题是"从学理层面提出一个考察我国幼儿班级规范的合理性的分析框架"，具体包括如下问题：

社会规范教育的合理性分析
- 形式合理：(1) 幼儿社会规范类型划分的相关问题，涉及规范划分的必要性、依据，如何进行划分？如何理清各类规范的相对独立性、功能和规范范围？如何针对不同类型的规范做出相应的反应？
- 实质合理：(2) 幼儿社会规范的价值诉求问题，涉及：a. 规范价值的底线诉求，即规范的规约、教师的监督以不侵犯幼儿的个人领域为前提，即如何协调监督的需要与尊重幼儿个人领域间的关系？b. 规范价值的基本诉求是什么？如何突出规范的目的性价值（自身的教育性价值）？
- 实践合理：(3) 幼儿社会规范实践中的问题，涉及：a. 从师幼层面看，如何引导幼儿参与规范的制定，引导幼儿从他律走向自律？b. 从幼儿同伴层面看，如何引导同伴进行协商、博弈，在生活中生成、理解和运用规范？

（二）方法和结构

进行幼儿社会规范合理性的研究需要适宜的方法。方法是人为达到一定的目的而必须遵循的原则和行为。教育研究方法是研究的思维方式、行为方式及程序等的综合，是从事研究的计划、策略、工具和过程等的总和。一般来说，研究方法可以从两个层面进行探讨：方法论即指导研究的理论基础；具体的研究方法即具体研究的程序、操作方式等。

在方法论上，我们坚持科学人文主义原则，这是与研究的对象相适宜的。幼儿社会规范是调节主体间的关系，规范幼儿参与社会生活的行为准则。我们既要把握规范及其实践的规律，又要把握规范及其实践的人文意义。因此，对规范及其实践的研究既离不开基于观察、经验总结和直觉思维的主观思辨，又离不开科学研究中的实证化和分析化。教育活动是丰富多彩的、复杂的，充满人文韵味的，若把教育当作客观事实来研究，忽视教育作为一种价值的存在，就如同把教育中的"人"当"物"看待。规范教育既具有客观性、必然性和普遍性等科学特点，又具有主观性、价值性、难以重复性和复杂性等人文特点，是一种科学性与人文性相互融合的培养人的活动。教育研究必须追求一种综合性方法，既承认教育客观现实、规律的存在，又强调对其主观的、情境性的理解，实现实证与人文的有机结合，坚持科学人文主义的方法论思想。

科学人文主义的研究原则，符合幼儿社会规范的特性，因为规范是主体间交互作用的产物，只有在丰富、复杂、流动的自然情境中，规范才是可理解和可解析的。对规范的研究，强调研究者要深入班级生活中，通过亲身体验，收集原始资料。研究者以现场的观察记录、人物的访谈、文件、图片、实物等为主要的资料来源，通过对这些资料的描述，对研究问题做出意义解释与判断。具体地讲，我们主要采用以下几种方法。

1. 文献法

收集与幼儿社会规范相关的文献资料，吸取社会学、哲学等学科中关于"合理性"的理念，借以探讨幼儿社会规范的合理性内涵，形成考察幼儿社会规范合理性的分析框架，为研究幼儿社会规范的合理性打下坚实的理论基础。

2. 访谈法

本书的访谈主要用于从观念层面上考察幼儿、教师对不同类型规范（如道德规范、制度等）及个人领域的理解。对象为某市一级一类幼儿园一所，从中选取6个班（小、中、大班各2个）的120名幼儿和18名教师，其中每班在教师的帮助下各选表达较好的幼儿20人，且性别均分。访谈材料由幼儿熟悉的、在日常生活中常遇到的故事生成（利用图画进行描述），相关概念的操作性定义、幼儿访谈故事内容和幼儿访谈提纲见本书后的附录1。通过访谈了解幼儿、教师对不同类型规范的理解，为进行规范教育提供合理的理论依据。

3. 观察法

本书以早期幼儿生活的主阵地、小社会——幼儿园为载体，研究者融入幼儿园班级生活，通过观察发现有意义的第一手资料。本书的观察法重点在于考察以下几个方面：（1）了解幼儿班级规范教育的现状；（2）了解幼儿、教师在实际班级生活中遇到不同类规范事件（如道德事件、制度事件等）和个人领域事件时的反应和互动方式，从实践层面考察幼儿和教师对不同规范的理解。（3）通过深入的观察，获取丰富的个案，收集相关的文件资料等。观察的对象同上，相关的操作性定义和观察记录见本书后的附录2。

第二章

合理的幼儿社会规范教育的理论框架

> 哲学在其形而上学和黑格尔以后的潮流中,正在朝一种合理性理论的汇聚点奔去。
>
> ——哈贝马斯[①]

幼儿社会规范合理性问题的凸现,体现着教育工作者对长期以来的非合理性班级规范理论和实践及其所造成的负面效应的自觉反省和深思。那么,什么是合理性?什么是社会规范的合理性?我们可以依据哪些要素对规范的合理性进行分析?在结合幼儿身心发展特点的同时,本书将从哲学、社会学等学科领域吸取营养,形成幼儿社会规范的合理性分析框架。本章首先对"理""理性"的概念进行考察,进而推导出"合理性"的内涵及其范畴。其次以学校为主阵地,对幼儿班级、幼儿班级规范的本质进行分析,对幼儿班级规范的合理性内涵及其分析框架进行探讨。本书指出,形式(工具)合理、实质(价值)合理和实践合理是分析幼儿社会规范合理性的主要方面。

第一节 合理性的内涵及其分析范畴

一 合理性的内涵

(一)对于"理"的理解

要探究"理"的内涵,对"理"的释义与范畴进行考察是必要的。

[①] 转引自赫·施奈德巴赫《作为合理性之理论的哲学》,《德国哲学》(第7期),北京大学出版社1989年版,第46页。

"理"是中国哲学最重要、最基本的范畴之一,"理"为形声字,玉为形,表其意,里为声,表其音。"玉"在我国文化背景下常常是美德的拟化物,《说文》云:"玉,王,石之美有五德。润泽以温,仁之方也;理自外,可以知中,义之方也;其声舒扬,事以远闻,智之方也;锐而不技,洁之方也。"角理,就是纹理,也就是说,玉石具有类似羊角那样的纹理,玉以其质色纹理之美而被赋予仁、义、智、勇、洁的美德,成为人类道德品质的对象化载体。"里"有田有土,意为人们可以生息、居住的地方。《说文》曰:"里,聚居也,从田从土。"人们所居住的田邑,即是里。理的意义主要在玉字的基础上衍生而来,它的本义是指玉、石的纹理。"玉之未理者之为,是理为剖析也。玉虽至坚,而治之得其角理以成器不难,谓之理。"自然的玉石质地虽缜密坚刚,却具有其自然的纹理,玉匠可依纹理制作玉器,这就是理玉。由此可知,"理"原意包括两个方面:玉石的纹理和依其纹理而治玉。

随着人类社会活动范围的扩大,理的原始含义被引申发展,其内涵也逐渐丰富起来。天有天理,地有地理,事有事理,除此之外还引申出肌理、修理、管理、治理、料理等内涵。梳理我国哲学思想史,对理的范畴的不同认识大致有:一是理为治理,引申为依规律而治理;二是礼义,即仁义礼智;三是天理,即宇宙自然的最高本体和人伦道德的最高标准;四是心,即心中固有的良知;五是气,理为气之条理;六是公理,即关于自由、平等、博爱等人权的公理。[①]

从以上理的范畴来看,理的内涵主要指向三个方面:第一,伦理意义上的理,具有主观性、价值性;第二,规律意义上的理,具有客观性、工具性;第三,治理,实践意义上的理。当然,在我国,由于长期深受儒学伦理的影响,传统上的"理"更多的是指人伦精神,而缺乏科学精神。只有到了近现代,在西方思想的影响下,理性的民主、自由、平等、博爱等精神才得到充实。关于"理"的这种理解,对我国长期以来行为规范的价值诉求和实践产生了一定的消极影响,比如行为规范教育中的道德泛化、目标偏高现象,忽视幼儿自由、权利、正义等价值理念的培养等就是这种消极影响的反映。

[①] 张立文:《理》,中国人民大学出版社1991年版,第1—4页。

(二)"理性"的释义

"理性"是西方哲学中的一个经典性概念，它在西方经典著作中有多种意义，不同的学科有不同的解释。经济学家一般用"理性"一词表示靠抉择过程而挑选出来的行动方案的属性，心理学家将理性理解为认知过程，伦理学家认为理性是人的智慧，社会学家则认为"理性"是一种行为方式。有人认为，对"理性"一词含义的阐释恐怕需要一部专门词典才能胜任。依本书的需要，我们着重从哲学和社会学的角度来分析"理性"的内涵，理性诸形式主要有本体理性、认知理性、实践理性、价值理性和工具理性。

本体理性是指世界具有合乎理性的本性，它是被一定秩序、逻辑支配着的整体。本体理性将理性视为事物的规律、本质或精神所在，它是客观存在的，决定着事物的运动和发展。本体理性表现的是人类对世界本原的追问，它是伴随着人类认知世界的渴望而出现的。本体理性认为，理性是世界的终极存在，它表现为一种在理智上令人满足的体系或伦理上可接受的观念，这个终极存在是一切的操纵者，它支配着千变万化的现象世界。本体理性的思想有悠久的历史根源，在19世纪以前的西方哲学史上，就把理性视为在宇宙之本原和世界之灵魂的本体论意义上的实体。柏拉图认为，理性是一个由独立于各种事物，代表着各种事物本质的概念所构成的理念体系，它自在于宇宙，也潜在于人的灵魂之中，构成人的灵魂的理性部分，能通过回忆来认知它。本体理性的另一个代表人物黑格尔认为，理性是宇宙的实体，由于有了理性，一切现实才能存在和发展，理性是世界的灵魂，构成世界内在和固有的本性。理性不仅创造了它自己，也创造了自然界和人、人类社会。对于自然界而言，理性就是自然界的内在规律和本质。对于人而言，理性就是自由，对于人类社会来说，理性就是抽象的规则。本体理性的特征有二：一是预设性，预先设定某种神圣的终极存在，以不变应万变。二是超验性，它预先设定一个无法证实的超验实体，因而陷入了唯心论和不可知论。

认知理性是指人们认知和控制自己及客观事物的本质和规律的能力，即指人们的一种独特的认知能力和认知手段。把理性当作人的一种特殊认知能力，是19世纪以前西方许多思想家的共同想法，即使那些持本体理念观的思想家也同时承认理性是人的一种认知能力。如柏拉图在将理性本体化的同时，又确认在人的灵魂的四种状态中，只有理性才有获得知识的能力。在认知领域倡导理性主义的巨擘是笛卡尔，他运用批判的怀疑方法，确立了"我思故我在"的命题，提出思维理性（人的一种理解力、判断力）是人们洞察事物的本质，是获得真理性知识的能力。认知理性既是一种功能又是一种实体，其功能是指，认知理性是人的一种认知能力，人凭借理性来认识世界，探究客体的因果必然性。其实体是指，理性是人的本质属性，人的理性能力是天赋的、与生俱来的，人先天具有一种追求理性的内驱力和动力。认知理性内含实用性和功利性。讲求科学认知的功用效能，特别推崇技术和知识，将科技知识视为人类改造自然的强有力的手段和工具。认知理性表现出两个特征：一是批判性，它怀疑一切和对现实持否定态度；二是非完整性，理性的认知能力是有限的，所把握的对象也是有限的。

实践理性是与人的行为有关的理性，它涉及人的行为的发生、控制机制问题，具有强烈的实践性。它主要指人的行为的自觉性，特别是指行为的选择是在冷静的思考和谨慎的策划下进行的。尽管西方思想家在这一概念上有许多不同的提法，但在实践理性是人对自身行为加以控制的能力这一点上是一致的。如阿奎那将人的理性分为思维的理智和实践的理性两部分，实践理性是控制欲望、选择向善、支配行为的能力。荷兰思想家格劳秀斯认为，理性是人的本性，是自然人性，是区别于其他动物的本质特征，它是鉴别利害，做出正确判断的能力，人们运用这种能力，可以对自身行为加以判断，并形成一些行为规则，这些规则就是自然法。康德既是认知理性的肯定者，也是实践理性的阐述者，在康德看来，在认知领域，纯粹理性一方面为自然立法，确定人的认知的先天形式，另一方面为人的行为原则立法，确定人在思考行为原则时所必须遵循的最高法则，根据这一最高法则，直接支配行为的实践理性选择具体行为准则，指导人们的行为。实践理性的特征，一是强烈的实践性，它与人们改造世界的行为紧密相连；二是它的可选择性，表现为一种选择方向，是控制欲望，支配行为的能力。

价值理性着重从道德理想、正义真理等角度对理性进行规定，把价值取向作为理性的重要内容，强调理性的价值理想目标和价值评价的标准。在古希腊的理性观中，理性与德性是统一的，因为在柏拉图看来，

"善理念"是最高等级的理念，是理念的太阳。西方近代启蒙理性主义的价值理性内涵包括了追求人道、人权的人本位精神，提倡自由、平等、正义等的价值目标，这些都显示了理性的价值取向。价值理性把价值取向和终极理想目标作为理性的基本内容，从道德原则、伦理规范、生活信念、人生目标、正义真理、公正至善等方面加以规定，从价值意义和理想目标判断人的本性和基本权利。价值理性以绝对的普遍理性为基础确立某种普遍性的价值，是人的合目的性活动的意义和目标取向。它认为，人类道德观念的发展是趋于理性的，理性生活本身也是一种道德生活和理想生活。价值理性具有两个特征：一是非功利性，它以人的生存和发展的终极价值目标为导向，讲究伦理的意义、价值取向和目标理想，而不以功利效益为取舍标准。二是抽象性，价值理性表现出对价值的绝对普遍要求，以抽象的形式出现，并赋予它永恒不变的绝对权威。

工具理性强调理性是实现目的的工具和手段，它是对理性思辨的扬弃，它不再把理性当作一种认知功能和终极主体，理性被要求放在事物的实际流程之中进行考察。理性的特性只是为某种行为选择达到目的的最有效的手段，而理性的价值和意义是寻求手段和目的之间的最有效连接。工具主义随着西方科学的发展而突现出来，英国经验主义确立了经验归纳法，欧洲大陆唯理主义确立了演绎法。黑格尔克服了康德的批判方法论先验化倾向，把理性辩证法作为普遍认识方法。工具理性的基本特征是把理性作为方法论意义上的中介性手段，不再把理性视为一种终极存在和认知功能，不强调理性的功利目的和价值目标，只注重方法、工具本身，强调理性的特性和价值在于作为最有效的工具、手段去实现主体所要追求的目的。

上面从本体理性、认知理性、实践理性、价值理性和工具理性等维度对理性的内涵进行了分析，虽各自强调的重点有所不同，但也可抽取出其共性：（1）从本体理性、价值理性来看，它们倾向于把理性看成是人类特有的一种价值标准和评价尺度，体现着人对外部世界的人性、合理性、完善性和平等、正义、人权的要求；（2）从认知理性和工具理性来看，它们强调的是理性作为一种认知方法和工具，它们与规律性、逻辑性、规范性、条理性、系统性等相联系。（3）从实践理性来看，它是指人的行为选择是在冷静的思考和谨慎的策划下进行的，它使工具理性和价值理性在实践中得到有机统一。

（三）合理性的内涵

合理性问题是20世纪后半叶哲学的一大亮点。劳丹认为："二十世纪哲学最棘手的问题之一是合理性问题。"[①] 哈贝马斯则这样写道："哲学在其形而上学和黑格尔以后的潮流中，正在朝向一种合理性理论的汇聚点奔去。"[②] 合理性问题凸现的原因及背景，我们认为，从理论与实践的结合点上可以找到这个问题的答案。

从实践方面看，它体现着当代人类对自身行为及其效应的自觉关注和反思，尤其是对近代以来非合理化实践及其所造成的负面效应的自觉反省和检讨。当代人类在全球范围内所面临的发展困境和生存危机，看起来是"天灾"，实际上是"人灾"，是以"天灾"方式表现的"人灾"。要减弱、克服以至预防这种负面效应就必须回溯造成这种结果的不合理实践和指导这种实践的思想、实践观念，对人类自身的认识、决策和实践行为及其结果的正确性、正当性、正义性等进行全面系统的反思，以使其向着科学化、合理化的方向自觉发展。从理论方面看，合理性意味着对长期以来占统治地位的理性主义传统的反省与重建，表明哲学研究对于价值和意义问题的特殊关注。哲学史上尽管一直存在着希腊理性主义传统与希伯来非理性主义传统的分野与纷争，但从总体上看是理性主义、逻各斯精神占据着主导地位。理性的胜利使对理性的尊崇达到至上的绝对地步。当代人类在实践和理论上所面临的严峻问题暴露出理性的局限，冲击着对理性的无上尊崇，要求重新反思理性，限制理性，引导理性，规范理性，提出对理性主义的质疑与反叛，要求关注人生、人性、人本及其意义，关注世界的价值及其评价，关注人的非理性方面及其功能。在此理论与实践背景下，合理性问题成为大家关注的热点是历史的必然。

人们对"合理性"（德文为Rationalital，英文为Rationality）内涵的探讨比较丰富，总的来看，较有代表性的理解及界定主要有如下几种：

---

① [美] 劳丹：《进步及其问题》，华夏出版社1990年版，第116页。
② [德] 赫·施奈德巴赫：《作为合理性之理论的哲学》，《德国哲学》（第7期），北京大学出版社1989年版，第46页。

有人认为,"合理性"有两种不同的理解方式:一种是科学意义上的合理性,它含有"合事实、合理性、合规律与合逻辑"的意思;另一种其本身就是价值判断,含有"合目的、合理想、合原则"及"是应该的"意思。①

有人认为,"合理性"有三种含义:一是指符合理性和逻辑,即理性原则和逻辑原则的正确性。二是指符合社会共同遵循的思想准则或行为标准。三是指符合社会历史发展的方向和趋势,即"合规律性",这种合理性是最高层次的合理性。②

有人认为,可以从三个方面把握"合理性"这一概念的内涵:首先,它意味着"合乎事实及其规律",这是合理性的客体尺度;其次,是"合乎人愿及目的",这是合理性的主体尺度;最后,是合乎人的理性,这是合理性的实践尺度。③

国外学者 N. 雷谢认为,所谓"合理性"就是合乎理性、合乎道理,或者是有理性、有道理,出于理性、理智,明于事理,乃至适度、适当;其要义是理性(reason)、理智(intelligence,智力、智慧)。并将合理性界说为:它要求人们在认识、行为和评价等一切方面运用其理性智慧估算、谋划出适当的或最佳的选择、目标,并深思熟虑地、尽最大可能地调动其可资利用的手段,达到可以期望的最佳效果。④

就以上所列举的几种合理性概念而言,一致的地方是都强调从科学与价值及二者统一的角度出发,将合规律与合目的作为判断合理性的尺度;不同的是后两种概念在合规律和合目的的基础上,同时强调了实践理性,从规范人们的活动出发,提出了通过理智谋划以达到活动之最佳效果的实践合理性概念。

结合前文关于"理性"概念的论述和这里关于"合理性"概念研究的分析,对合理性的内涵可以这样来把握:合理性是一种对人类行为及其结果进行评价的标准和尺度,即对人的活动及其结果是否"应当""正

---

① 赵士发:《关于合理性问题研究综述》,《人文杂志》2000 年第 2 期。
② 郑文先:《合理性问题讨论综述》,《武汉大学学报》(哲学社会科学版)1995 年第 5 期。
③ 刘传广:《简论合理》,《现代哲学》1999 年第 2 期。
④ 转引自黄振定《当代西方合理性哲学述论》,《湖北大学学报》1996 年第 2 期。

当""可取"所做出的判断和评价,或者说追问评价对象(人类行为及其结果)的正当性、应当性、正常性、可接受性等。作为一种评价标准和尺度,合理性首先是科学意义上的合理,它含有"合事实、合规律、合逻辑"的意思,这是合理性的客体尺度;其次,合理是一种价值判断,含有"合目的、合理想、合原则"及"是应该的"意思,这是合理性的主体尺度;最后,合理性有其实践尺度,即只有在合理的实践中,才能达到合规律性和合价值性的统一。

二　合理性的分析范畴

(一) 合理性范畴的历史考察

哲学上较早研究合理性概念的是黑格尔,他的合理性理论概括起来有两点:一是合理性与合规律性的统一,理性就是事物的规律;二是合理性与现实性的统一,他认为:"凡是合乎理性的东西都是现实的,凡是现实的东西都是合乎理性的。"① 从这一意义上说,合理性就是指合规律性。

马克斯·韦伯是近代对合理性做了更进一步论述的思想家,他把合理性概念当作分析近代社会的叙述工具。韦伯在评价社会行为的合理性时提出了一对合理性的范畴:目的合理性和价值合理性。其价值合理性是指由宗教、伦理、道德、审美一类价值意识所决定的行为;而其目的合理性是指有预期的目的和实现这种目的的工具、手段一类的行为。② 他认为,前者是不可由经验实证的,纯属价值判断问题,而后者是可以达到预期目的的,是可由经验实证的,属于科学理性,因此,韦伯最为关注的是目的合理性。韦伯的目的合理性又可以分为工具合理性和选择合理性。工具合理性仅考虑达到目的的中介或工具手段的有效性,即有意识、有计划地依循经验和反思来使用工具手段以实现既定的目的。选择合理性就是根据价值、利益原则、已有的手段、现实的条件正确地权衡和选择行动目的。个人的行为只有当其不是盲目地受情感、情绪、传统习俗以及技术条件操纵时,才具有选择合理性。韦伯凭借目的合理性这

---

① 黑格尔:《法哲学原理》,商务印书馆1979年版,第11页。
② [德] 马克斯·韦伯:《经济与社会》(上卷),商务印书馆1997年版,第56页。

一概念工具，对西方资本主义的起源和演变进行了解析，并对现代西方社会"合乎理性的内容"加以定位。在韦伯看来，西方社会的现代化表现为特有的合理化、理智化过程。现代西方社会生活的本质特征是一切行为都单纯以目的合理性（尤其是其中的工具合理性）为取向。西方文明的全部成就皆源于对目的合理性的追求。韦伯的价值合理性是指纯粹出于义务、善恶、美、宗教之信念而指引其行动。从合理性的基础（理性）来看，韦伯的价值合理性实际上是非理性的。在韦伯所划分的四种行动的理想类型（传统的行动、情感的行动、价值合理的行动和目的合理的行动）中，只有目的合理的行动才是合乎理性的行动。韦伯确信，在不同的价值系统之间的抉择动机是无根据、无理由可言的，是非理性的。确切地说，从合理性的基础和行动的内容来看，实际上并不存在一个价值命令或信仰力量的合理性。所以韦伯所指涉的价值合理性并不是依靠其实际内涵，而是根据其形式的性质来界定的。凡是不计后果，不择手段，仅仅为了表达某种价值和信念的行为，尽管不是理性的，但在形式上却具有价值合理性。

同时，韦伯在分析社会规范时又提出了另一对合理性范畴——形式合理性（德文为 legatiat；英文为 legility or formal rationality）和实质合理性（德文为 legilitimitat；英文为 legilitimacy or substantive）。形式合理性就是作为规范体系自身应当具有的一些要求，比如逻辑性、内部的协调性、适用性、可操作性和语言明确性。实质合理性则强调从人的生存发展及人性的无限丰富和自由解放出发，对社会规范所追求的目的、信仰和价值进行理性的权衡。① 如果按此范畴来考察韦伯的工具合理性和价值合理性，将会发现形式合理性即工具合理性，而实质合理性主要指向价值合理性。韦伯的合理性范畴为我们分析幼儿园班级规范的合理性提供了新的视角。

哈贝马斯从合理性概念中寻觅克服现代危机的线索或钥匙，他的研究涉及两个不同的合理性范畴，即工具合理性和交往合理性。依哈贝马斯看来，作为晚期资本主义社会的现代社会所面临的危机，简略地说是由工具合理性（或目的合理性）所造成的"生活世界被体系殖

---

① ［德］马克斯·韦伯：《经济与社会》（下卷），商务印书馆1997年版，第113—115页。

民化"①。为克服现代危机，哈贝马斯提出的交往行动领域就是我们为解决问题可以依赖的实践性领域，也就是说，他关注的合理性是实践交往合理性。

究竟如何理解合理性概念？哈贝马斯对此提出了这样的思路：（1）合理性概念重点涉及知识的实践和运用。"合理性很少涉及知识的内容，而主要是涉及具有语言能力和行动能力的主体如何获得和运用知识。"② 他认为，按照知识运用方法的不同，可分为关于工具支配的合理性和关于实践交往理解的合理性。他强调后者，即指知识主体之间通过交往、协商而达到的相互理解、相互协调并走向自愿联合的"共同体经验"。通过吸取这种"共同体经验"，交往参与者就能克服其最初仅仅是主观的见解，而获得某种一致性，即通过社会协作的方式，达成交往合理性。（2）有论据的论断和有效的行动是合理性的标志。合理性是"具有语言能力和行动能力的主体的一种素质"。我们可以把人或人的行动称作"合理的"或"不合理的"，但却没有理由把与人无关的自然现象或自在事件称作"合理的"或"不合理的"。而人及其行动之所以能从"合理性"意义上加以考察、评价，就在于人处在交往联系中。哈贝马斯认为："合理性体现在总是具有充分论据的行动方式中。"③（3）合理性在人的行动中有多种表现形式或论证方式，如认识的合理性（命题的真实性与合目的的行动效率）、实践的合理性（行动规范的正确性）、美学的合理性（价值标准的合适性）、解释的合理性（象征性构思的可理解性和合适性）等。而所有这些合理性的具体形式都体现为一种交往的合理性，即通过主体之间的交往实践，"在一种生活世界的背景下，争取或维持和更新以主体内部所承认的具有可批判性的运用要求为基础的意见一致"④。

不难看出，哈贝马斯对合理性概念的理解，是以对人与人之间交往互动过程的肯定为前提的，即其合理性概念以交往实践为核心，是一种

---

① 傅永军：《哈贝马斯交往行为合理化理论述评》，《山东大学学报》（哲学社会科学版）2003年第3期。
② 哈贝马斯：《交往行动理论》（第1卷），重庆出版社1994年版，第15页。
③ 同上书，第34页。
④ 同上书，第40页。

实践合理性。而人际交往实践是一种基于生活世界的合理性。因此，交往实践的合理性是一切形式的合理性之源、之本。只有在人的实际交往活动中，而不是在客体世界或人的主观意识领域，才能发现合理性之所以可能的内在秘密，也才能揭示人的行动及人的行动为人所打开的整个世界的合理性的丰富内涵。

哈贝马斯实践交往合理性的提出具有很大的意义，因为他把合理性视为主体的一种能力，把主体的活动主要视为一种主体之间运用语言等进行协商、互动的交往实践，这实现了对韦伯以意识哲学为基础的工具—目的合理性（形式合理性）理论的批判、改造与超越，[①] 从而拓展了合理性的范畴，合理性不仅是意识上的形式合理性和实质合理性，而且是一种实践合理性，实践合理性的核心要素是主体间的协商、合作、交往互动。

制度法学的代表人物麦考密克（Neil MacComick）对合理性做了系统的阐述。麦考密克把合理性区分为思想的合理性和实践的合理性，他着重于后一种合理性。他认为，"合理性"不等于正确性，"正确性"讲的是真，不包括对事物的评价；"合理性"正好与之相异，其侧重点是评价问题，讲的是好，而且是诸种理由中最好的理由。他说：

> 对行动的合理性的最根本的要求是：每一项行为或对行为的抑制都应当是根据某种行动的理由证明是合理的。这个要求可以用以下两种一目了然的方式予以满足：或者一项行为或对行为的抑制可被认为其本身是对的或其本身是好的（在这种情况下它就是价值上合理的），而不考虑任何进一步的目标；或者一项行为或对行为的抑制可以被认为倾向于达到某种期待的目的或后果（在这种情况下它就是目的合理性的）。[②]

这样他就对合理性做了进一步的区分，即价值合理性和目的合理性。

---

① 陆自荣：《哈贝马斯与韦伯合理化理论之比较》，《海南大学学报》（人文社会科学版）2004年第1期。

② ［英］麦考密克：《制度法论》，中国政法大学出版社1994年版，第229页。

在论述了"合理性"的一般含义后，麦考密克进一步论述了社会制度的合理性，即形式合理性与实质合理性。他认为，形式合理性对于一个真正合理的制度体系而言是必要条件。同时他认为，不能仅仅追求形式上的合理性，还必须追求实质合理性。"我们必须从特殊目的的领域而进入那些普遍化的价值领域"，即进入道德领域，用智慧、同情和正义感等来判断它是否真的合理，否则仅有形式上的"合理性就是可能让我们有理由去做真正无理的事"①。

马克思的合理性是实践合理性，因为马克思主义哲学的实践唯物论决定了它必然把其合理性观念建立在它全面深刻的实践观基础上。马克思主义的实践合理性包含三个层次的意思：② 一是目的合理性问题。合理性的目的决不能只包含个人的意图、意志、情感、偏好等因素，而应当具有社会存在的内涵，或者说必然采取社会化的形式。因为只有这样才能自觉地避免很多单个目的之间的冲突，而使某目的与他人或社会的目的保持协调性和兼容性，而且这还直接事关目的的可实现性。二是工具合理性问题。个人应当根据与社会保持着协调性和兼容性的目的，选择和运用客观条件所许可的最简单、最有效、最经济的手段，即满足工具最优化的要求。三是价值合理性问题。个人社会化的实践决定了个人实践不能以个人的价值为导向，因为社会价值取向一方面时刻会通过各种方式来引导、规范和制约个人价值，另一方面社会价值的现实力量会影响和制约个人实践的目的形成、手段选择和结果预期，促使个人价值与社会价值的有机统一。因此，追求个人价值与社会价值的有机统一是价值合理性的一个重要方面，因为个人价值和社会价值的矛盾与冲突势必会造成价值的损失或消解。

(二) 合理性分析范畴的呈现

通过以上对韦伯、哈贝马斯、麦考密克、马克思的合理性范畴的考察，我们对合理性的范畴有了整体的认识（见表2－1）。

---

① ［英］麦考密克：《制度法论》，中国政法大学出版社1994年版，第248页。
② 张以明：《合理性与实践：启蒙理性批判和马克思主义哲学的当代价值》，《学术月刊》2004年第9期。

表 2-1　　　　　　　　合理性的分析范畴考察

人名	考察的对象	合理性范畴
韦伯	行为	目的合理性、价值合理性
	社会规范	形式合理性、实质合理性
哈贝马斯	行为和社会规范	目的合理性、交往实践合理性
麦考密克	行为	目的合理性、价值合理性
	社会规范	形式合理性、实质合理性
马克思	实践和社会规范	工具合理性、价值合理性、目的合理性

从表 2-1 中我们可以看出，不同的学者在分析合理性范畴时存在着很大的相似性，对"行为"的合理性进行考察时，他们共同关注的是目的合理性和价值合理性；对"社会规范"的合理性进行分析时，他们的关注点是形式合理性和实质合理性。同时不管是对行为还是对社会规范合理性的考察，他们都强调对象的实践合理性，特别是哈贝马斯和马克思的合理性，其实质就是实践合理性。本书对幼儿园班级规范的合理性讨论将依循形式合理性、实质合理性和实践合理性范畴展开（见图 2-1）。

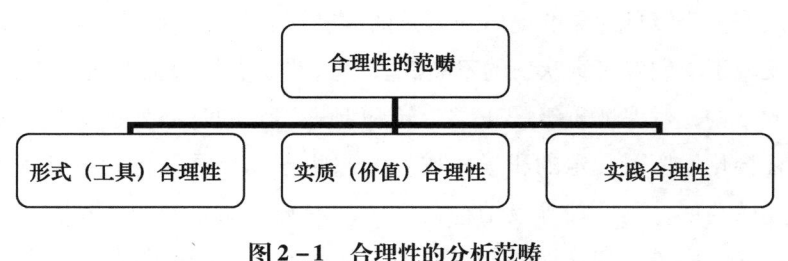

图 2-1　合理性的分析范畴

第二节　幼儿班级规范的合理性分析

一　幼儿班级规范的合理性内涵

（一）对幼儿班级的合理认识

毫无疑问，幼儿班级规范的存在是以幼儿班级的存在为前提的，对幼儿班级的不同认识，在一定程度上会影响对幼儿班级规范的认识，因此，对幼儿班级做简要的分析是必要的。

率先使用"班级"一词的是文艺复兴时期的著名教育家埃拉斯莫斯。他在1519年的一份书简中描述了伦敦保罗大教堂学校的情形：在一间圆形的教室里，将幼儿分成几个部分，分别安排在阶梯式座位上。① 不过，人们比较一致地认为，17世纪捷克教育家夸美纽斯是"班级授课制"的真正奠基者，他把班级看成是学校教学的基本单位。十八九世纪，班级授课制在欧美国家逐步发展成熟起来。20世纪20年代，苏联教育家克鲁普斯卡亚等人从集体的角度界定班级，认为班级集体是具有相同价值、共同的活动目的与任务且有凝聚力的高度组织起来的群体。② 而教育家马卡连柯认为，"那些组织起来的，拥有集体机构，以责任关系彼此联结在一起的个人有目的的综合体"就是班级，他认为，班级具有高度的社会倾向性、组织性和社会主体性。③ 西方学者帕森斯（T. Parsons）等人则从系统论、组织行为学等角度对班级进行论述，把班级看成是一个社会系统。我国学者吴康宁认为："班级具备明确的组织目标、正式的组织机构、清楚的组织规范，因而是一种社会组织，并且是一种特殊的社会组织，即是自功能性和半自治性组织。"④

从夸氏班级授课制的提出到后来的"集体说""系统说""组织说"等，反映了人们对班级认识的不断深入。这些观点一般强调班级正式的、稳定的结构，对保证班级的正常运转和促进幼儿的身心发展，特别是幼儿的社会化发挥了一定的积极作用。但这些班级观重视权利分工和规章对幼儿的约束，受这种等级结构与文化的影响，幼儿间的互动在一定程度上出现了形式化和表面化，具有非人格化和非道德性等特征。强调服从，重视共性而抑制个性，这不符合幼儿的身心发展和幼儿教育改革的需要。

幼儿班级因幼儿身心发展的特点而具有一定的独特性。第一，非科

---

① 金含芬：《学校教育管理系统分析》，陕西人民出版社1993年版，第300—301页。
② 赵蒙成：《交往视野中的班级理念》，《教学与管理》2003年第12期。
③ 吴式颖主编：《马卡连柯教育文集》，人民教育出版社1985年版，第67页。
④ 吴康宁：《教育社会学》，人民教育出版社2001年版，第276页。

层管理性,幼儿园班级一般没有班委会、班长、组长等管理角色,不存在科层管理,幼儿间的交往表现出平等、自然、真诚和丰富等特性。第二,初级社会群体性,相对于家庭来说,幼儿班级具有一定的组织性,但相对于中小学班级或一般的正式团体来说,它又表现出弱组织性。同时,由于幼儿身心发展水平的限制,幼儿的集体归属感、班级规范的认同感等较弱。幼儿班级在某种程度上是一种处于家庭与正式团体间的、具有家庭属性的、初级的社会群体。第三,生活共同体属性,[①] 如果用"学习共同体"来形容中小学班级的话,那么,幼儿班级就是一个"生活共同体"。中小学班级的组成,在很大程度上是出于大面积地传授知识和开展集体教学的需要;而幼儿班级则集保育和教育于一体,它不仅是幼儿学习的场所,而且是幼儿生活、游戏的乐园,在幼儿班级里,幼儿的生活、学习和游戏融为一体。

认识幼儿班级的这些特性是科学理解幼儿班级规范的本质,是合理开展规范教育的前提。如把幼儿班级看成是幼儿的生活共同体,其实是在提倡一种理念:幼儿班级规范是同伴间交往协商的产物,是教师在生活中引导幼儿从他律走向自律的过程。教师要鼓励幼儿参与班级规范的制定和班级事务的民主决策,让幼儿成为班级自治管理的主人,培养幼儿自我规范的精神、归属感、责任感、公正、自由、权利和关爱的意识。这就要求规范的价值定位、规范的实践等符合这一理念。

(二)规范的定义

在词义上,《现代汉语大词典》对规范是这样解释的:(1)供大家共同遵守的规章制度或某些具体的规定;(2)规律、法则;(3)整齐、合乎一定的方式。[②]《辞海》对规范是这样界定的:(1)规范;(2)就某一或某些事项所制定的书面文件;(3)整齐、合乎一定的方式。[③] 从这些界定里可以看出,规范包括行为规范、规章制度、规律法则等,同时使人的行为或事物以一定的方式表现出来。

当然,本书中规范指的是社会规范,关于社会规范的定义,众说纷

[①] 关于这一点,本书第六章有详细的论述,这里不做展开。
[②] 阮智富、郭忠新:《现代汉语大词典》,上海辞书出版社2000年版,第2277页。
[③] 夏征农:《辞海》,上海辞书出版社2002年版,第591页。

纭，通过文献分析，可以发现有四种代表性的观点。（1）哲学家的观点：规范指团体成员共有的一整套规定，它决定着团体成员的共有信念和价值标准，即他们的自然观、世界观及价值观。① （2）社会学家的观点：社会规范是历史形成或规定的行为与活动的标准。社会规范执行一系列的功能，即调节的、选择的、系统的、评价的、稳定的与过滤的功能。社会规范规定着人与人之间的关系。② 郑杭生认为，社会规范是"人们参与社会生活的行为准则"③。（3）行为科学家的观点：社会规范指一个社会诸成员共有的行为规范和标准。规范可以内化为个人意识，即使没有外来的奖励，他也会遵从；规范可以因外部的正面裁决或反面裁决而发生作用。④ （4）心理学家的观点：社会规范是一种社会行为规范，它是组成社会群体成员可接受或不可接受行为的各项文化价值标准。⑤

从这些可以看出，哲学、社会学主要从起源、功能及存在形式等角度来研究规范，而心理学则研究社会规范的内化及人们在社会规范下所表现出来的行为方式及行为特点等问题。结合上述观点，可以对社会规范进行这样的界定：它是调节人与人之间的关系，规范人们参与社会生活的行为准则，具体来说，社会规范包括整个社会和各个社会团体及其成员所应有的行为规范、规章制度、风俗习惯、道德法律和价值标准。对于社会规范有一点要意识到，它是社会主体交往的产物，它既是交往的结果，又是交往的保障。这一点可以从马克思的实践交往理论、米德的符号互动规范形成论和哈贝马斯的主体间性规范形成论中得到证实。

（三）幼儿班级规范的本质

在对幼儿班级规范的本质进行分析之前，先对以往的相关研究做一个简要的分析。有学者将幼儿班级常规视为规定，具体认为其包括三个

---

① P. Eduards, *The Encyclopedia of Philosophy*, New York: Macmilan Inc., 1967, pp. 382 - 329.

② F. N. Maill, *International Encyclopedia of Sociology*, Salem Press Inc., 1995, pp. 1328 - 1329.

③ 郑杭生：《社会学概论新修》，中国人民大学出版社1994年版，第321页。

④ R. P. Gwin, P. B. Norton, *The New Encyclopedia*, Britannica, Encyclopedia Britannica Inc., 1993, p. 765.

⑤ R J. Corsin, *Encyclopedia of Psychology*, John Wiley & Sons Inc., 1994, p. 287.

方面的含义：遵守各种活动和休息的时间及其顺序的规定，遵守一日生活各环节具体制度的规定，遵守关于幼儿的一般行为规范的规定。[①] 大多数学者认为，常规就是需要幼儿经常遵守的规范与规定，或常规是幼儿在幼儿园一日的各种活动中应该遵守的基本行为规范。这里对班级规范的界定要么从内容角度进行了描述，要么对班级规范的界定存在着语义重复的现象，即是说常规就是规范，经常遵守的规范就是常规，而没有揭示出班级规范的实质内涵。

从前面关于幼儿班级的探讨中我们认识到，一方面，幼儿班级是幼儿生活的共同体，同时又是一种初级的社会群体。生活共同体体现出班级活动和幼儿个体需要的多样性，而初级社会群体要求班级具有一定的群体性、组织性、制度性等特征。因此，作为初级社会群体存在的幼儿班级具有源于正式组织层面的特性与源于个人属性层面的特性，这向班级规范的存在提出了要求。所谓正式组织层面，是把幼儿班级视为在开展教育活动的社会制度中某一单位的性质而来的概念。这一层面可用下列环节加以描述：

社会价值→幼儿园教育制度→教师的教育目标、方法→班级的教育活动。

幼儿教师作为社会的代表为了实现幼儿园教育的目标而被分配到各个班里，而为了实现教育目标，就得进行以幼儿学习为主的种种教育活动。为了确保众多教育活动的顺利进行，实现社会意志和促进幼儿的发展，教师不得不为班级制定一定的规范。从这一角度来看，班级规范在某种程度上是社会价值观的体现，它给我们的启示是班级规范应体现社会价值观的需求，否则班级规范的价值合理性就存在着问题，这一点将在后面的章节里详细论述。

另一方面，凭借强制性和偶然性而组成班级的幼儿，拥有各种需求、能力和性格。他们常常在班级团体中以他们自身的方式满足其需求，从而寻觅自由的、非组织性的、多样化的活动。正像涂尔干所言："早期幼儿行为常常不具备常规性的特点。幼儿能够以异乎寻常的速度从一种印象转到另一种印象，从一种活动转向另一种活动，从一种情感转向另一

[①] 张其龙：《幼儿园小班常规探析》，《学前教育研究》1991 年第 1 期。

种情感。他的性情绝对是不稳定的。"① 当然，正是这种不稳定性，这种转瞬即逝的品性，支配着幼儿的好奇心。但这也要求班级中存在合理的规范和教师的恰当规约，否则班级会处于分散、混乱的状态。这种主要源于个人属性的班级团体性质，就是个人属性层面，这一层面也可用下列环节加以描述：

偶然和强制性的团体归属→幼儿多样的需要、能力和性格→多样的个人目标→多样性的活动。

从正式组织层面对幼儿提出的要求，与幼儿作为个人属性需求之间因各自强调的重点不同，便产生了一定的张力。一方面，教师作用于幼儿行为常常以实现教育目标为目的，这种作用是引导幼儿的心理与行为朝理想方向发展，因此可以将它视为一种力；另一方面，置个人需要于首位的幼儿常常会出现偏离教育目标的需求，对班级团体产生消极影响，这便产生了另一种力。另外，除教师与幼儿间的这种张力外，幼儿同伴间也会因各种利益追求而产生冲突，形成一定的张力。各种张力的相互作用，在向班级规范的存在提出要求的同时，也为规范的产生提供了契机（如图2-2所示）。

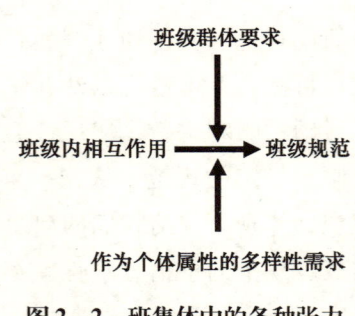

```
            班级群体要求
                ↓
班级内相互作用 →  班级规范
                ↑
        作为个体属性的多样性需求
```

图2-2 班集体中的各种张力

为此，我们把幼儿班级规范界定为：调节班级主体间的关系，规范幼儿参与班级生活的行为准则。幼儿班级规范是幼儿掌握社会规范，进行社会化的内容及手段，是确保幼儿班级教育活动正常运转的重要保证。对这一概念我们要强调两点：

---

① 涂尔干：《道德教育》，上海人民出版社2001年版，第127—128页。

一是班级主体间的交往互动在规范的协商生成或促进幼儿规范内化中的作用。从师幼交往层面看，幼儿对规范的掌握有一个从他律到自律，从外化到内化，甚至从灌输到主动建构的过程；从同伴交往层面看，同伴间一连串的人际互动、协商博弈、冲突解决所积累的经验和结果的固定化、形式化使班级规范得以生成。

二是摆正班级团体作为正式组织的要求与幼儿个人需求，在规范生成和实践中的合理地位，班级规范的性质常常取决于这两种力量的关系。正式团体要求的力量强了，规范便成了遵循团体要求的标准；倘若源于幼儿个人需求的力量加强了，规范便成了个人需求的标准。在幼儿班级团体中由于幼儿身心发展水平的不成熟，常常会出现重团体要求而轻幼儿个人需求的状况，因此合理协调二者的关系非常有必要。如作为团体要求代表的教师常常忽视幼儿年龄特点而一味地提出"发言要举手""吃饭不能说话"，甚至"上厕所也要经过教师的同意"等僵硬的要求，势必会造成对幼儿个体合理需求和权利的损害。过分强调团体的要求会压制幼儿的主体性，逐渐形成幼儿对教师某种要求"面从心不从"的心态，这种规范缺乏民主性，其存在的合理性值得怀疑。班级规范赋予幼儿认知、情感和行为的同步性，给幼儿带来安全、秩序感，但我们要认识到规范的价值主要在于使幼儿的自主性得到充分发展，因为当规范确定了应当禁止的行为时，自由的行为也就明确了。

（四）幼儿班级规范的合理性内涵

如前文所述，合理性是对人的活动及其结果是否"应当""正当""可取"所做出的判断和评价，或者说追问评价对象（人类行为及其结果）的正当性、应当性、正常性、可接受性等，因而幼儿班级规范的合理性是指对规范自身（作为规范实践的结果而存在的规范）及幼儿班级规范的实践（如规范的生成、执行等）是否"应当""正当""可取"所做出的判断和评价，而评价的标准是班级规范的合规律性、合目的性和合实践性。因此，幼儿班级规范的合理性是指幼儿班级规范的合规律性、合目的性和合实践性的有机统一。

决定班级规范合理性存在的主要因素有价值需要、客观必然、可行性程度、主观意志等。规范是实践人的价值需要的工具，幼儿班级规范对主体需要的满足，最突出地表现为幼儿对自主、权利、平等、合作和秩序的需要，形成幼儿健康的生活态度和能力。作为主体存在的幼儿有两重属性，即个性和社会性。幼儿的个性使需求更易指向自由、自主、权利，因为有了自由，个性才能充分表达。幼儿的社会性使需求更易指向协作、平等、秩序，只有这样，才能使社会性得以整合。从班级规范对满足幼儿自主、权利、平等、合作和秩序的需要中，我们可以看到，班级规范是否满足幼儿的需要，是决定规范的合理性的首要因素。因此幼儿班级规范合理性的第一个相关因素是幼儿的价值需要。

幼儿班级规范同时也是幼儿身心发展、幼儿班级客观需要的必然写照。幼儿班级作为一种客观的存在，有其自身的特性和存在方式，如幼儿班级主体主要是3—6岁的幼儿，幼儿班级团体与中小学班级相比，是一种初级的生活群体等。幼儿班级规范应是幼儿班级客观属性的反映。只有当幼儿班级规范反映幼儿身心和幼儿班级活动的客观规律时，才能真正规范幼儿的行为，如若用中小学的班级规范来约束幼儿的行为，是违背幼儿身心发展需要的。因此可以说，班级规范的合理性在于其合乎客观必然性，背离客观必然性的规范，不可能是合理的规范。

规范的合理性还取决于规范的可行程度，这主要涉及班级规范的可预见性、可计算性和可操作性。规范的可预见性是指主体对规范可能产生的各种效果可以提出一种有根据的、比较合理的预见；规范的可计算性是指行为主体可以根据违背规范的后果计算其得失，从而确定规范行为；规范的可操作性是指规范在形式上是具体明确的，在结构类型上是完整和清晰的，班级规范的表达方式必须符合幼儿的身心发展水平，同时必须对各种规范类型进行合理的区分，逻辑类型混乱的规范是不合理的。另外，教师的主观意志也是影响幼儿班级规范合理性的主要因素之一，因为从规范生成到规范实践的任何环节都离不开教师。这就是不同的教师在面对相同的班级团体或事件时所产生和运用的规范可能是不同的原因之所在。

二 幼儿班级规范的合理性分析框架

合理性是相对的，只有更合理的班级规范而没有绝对合理的班级规范，因此说，幼儿班级规范的发展过程本身就是一个逐步合理化的过程。对幼儿班级规范合理性进行研究具有一定的必要性，这大致是由以下几个因素决定的：（1）人类自身认识能力不断增强的需要。人的未完成性始终决定了人是一个立足于现实世界而走向可能生活的存在物。人是一个充满潜力的实体，作为人之本质力量对象化之结果的班级规范，在其建立之初，就包含着扬弃自身于他物的种子。人类不断寻找着人与人、人与物之间被指称为更有价值的结合方式，亦即建构新的规范体系。比如随着心理学、脑科学、人类学等的发展，人们从不同的学科领域对早期幼儿进行解读，这势必会影响我们的幼儿观和教育观。当我们确认幼儿是一个拥有独立人格的，充满灵性、个性的主体时，我们对那种以约束、控制为主的规范的合理性就必须进行重新审视。（2）班级规范体系是由班级活动间的张力决定的。任何一个规范体系与其所约束的主体行为之间都存在着一定的张力，也就是说两者间保持着相当的容纳程度。在合理的张力和容纳域限内，规范体系为幼儿的交往和生活提供着秩序保证和意义支撑。然而，作为人类秩序意识之外产物的规范体系一经产生，其客观有效性就成为有限的了。而相对于规范的稳定性而言，班级活动则表现出动态性、活跃性、超前性。一旦班级规范体系与班级的教育活动之间失去必要的、合理的张力，班级规范体系不再容纳新的行为，变革旧的规范体系，建构新的规范的"革命"也就到来了。在当前的幼儿教育改革中，"游戏是幼儿园的基本活动"这一理念已深入人心，但是要很好地贯彻这一理念，就必须对班级规范重新进行合理的定位。班级规范在保障幼儿有序开展游戏的前提下，应少而精，应更具弹性和灵活性。过分强调秩序、约束的规范应给予取缔。（3）由班级规范的文化价值属性所决定。班级规范在某种程度上是人们的一种文化价值追求，而这种价值追求来源于社会和幼儿个体的价值需求。社会的文化价值需求是变化的，它是社会变革的体现与产物。社会文化价值观的变化要求规范的价值观也应发生变化。长期以来，我国以儒家礼教为核心的传统文化价值观缺乏现代社会所追求的民主、平等、权利等理性精神，因此在社会主义市场经济条件下，我们就必须用现代的理性精神来重新审视幼儿园的班级规范。另外，幼儿园班级规范的社会价值属性不应损害幼儿个体的合理需求，这也要求对幼儿班级规范的价值合理性进行考察。

那么如何对幼儿班级规范的合理性进行考察呢？依前文关于合理性范畴的讨论，结合幼儿班级规范自身的特点，我们可以从形式合理、实质合理和实践合理几个范畴对幼儿班级规范的合理性进行分析。

(一) 实质合理

实质合理，有人也称之为内容合理、价值合理。幼儿班级规范实质合理是指幼儿班级规范在倡导、实现特定的价值目标上的合理性，它主要关注的是班级规范要表达一种什么样的价值观，强调对班级规范自身价值属性的反思和评价。幼儿班级规范的直接目的表现为规范和匡正班级主体的交往互动，维持班级秩序，确保班级教育活动的顺利进行。但是，在这个直接目的的背后隐藏着诸如培养幼儿的自由、权利、平等、正义等价值理念问题，这必须引起我们的高度重视。关于实质合理在规范中的地位，不同的学者有不同的看法。马克斯·韦伯作为倡导"价值中立"的社会学家，对形式合理推崇备至，他认为，价值合理是不可由经验实证的，纯属价值判断问题，不属于科学理性。① 而我们认为形式合理固然重要，但实质合理更为重要，后者构成了前者的思想基础、价值目标和评价尺度等，因为作为实质合理基本要素的主体自由、平等和权利要求，是人的价值和尊严的确证与表现。

在分析了幼儿班级规范实质合理的内涵及其地位后，我们将对其实质合理的内在要求做一阐述，以深化对实质合理的理解。我们认为，幼儿班级规范实质合理的内在要求主要有正当性、科学性和变革性。

1. 正当性

幼儿班级规范的正当性，即要求在幼儿幼小的心灵中播下自主、权利、平等、正义等价值理念的种子，并且公正地平衡主体间的权利与义务、自由与秩序、个性与社会性的关系。"正当"一词同"应当"或"不应当"不同，"正当"作为一种评价性意见是表示"同意"的意思，而不带有像"应当""不应当"那样通常所具有的"命令"含义。② 正当性是人的行为本身的性质，它是指人的行为符合人类最基本的道德属性，即当一个人在行使权利时，不管这种行为是利己还是利他，只要它不损害他人的利益，就具有正当性。为此我们强调，应从"正当"而不是从

---

① 陆自荣：《哈贝马斯与韦伯合理化理论之比较》，《海南大学学报》（人文社会科学版）2004年第1期。

② 王海明：《新伦理学》，商务印书馆2003年版，第379页。

"应当"的视角来观照班级规范。幼儿班级规范本质上是班级中各主体间利益关系正当化的体现,通俗地说,幼儿班级规范的价值取向是以不侵犯幼儿正当权利为前提的,否则就是不合理的规范、不人道的规范。幼儿班级规范的正当性要体现于规范生成和实践的各个环节里,不仅教师在运用规范对幼儿进行约束时,要尊重幼儿的正当权利,而且教师在处理幼儿间的冲突时也要遵循正当性原则。如,当小朋友间为一玩具而争吵时,教师一味地要求先拿到玩具的小朋友盲目地谦让是不合理的,因为它违背了规范的正当性原则,即在要求一个孩子利他的同时,也剥夺了这个孩子应享有的权利。规范的正当性所追求的核心价值是自由与平等,它是幼儿班级规范实质合理的根本属性,是派生其他属性的基础。

2. 科学性

幼儿班级规范的科学性包括两方面的内容:一是规范的合规律性,二是规范所追求的秩序和效率。合规律性是指幼儿班级规范要符合幼儿班级的客观必然性,要符合班级主体——幼儿的身心发展需求。比如说,当前许多幼儿园没有贯彻"以游戏为基本活动"的教育宗旨,以"小学化"的形式开展教育活动,这必然会出现小学化的班级规范管理模式,这是忽视幼儿班级客观必然的体现。秩序和效率是班级规范所直接追求的价值。对幼儿规范所追求的效率可以从两个层面加以理解:一是规范的自身效率即规范本身的设置与运作以最小的成本获得最大化的收益,即通过降低或减少规范制度的安排及实施过程的成本(如所花费的时间、人力、物力和财力等)来获得最大的实际效果(如幼儿对规范的普遍认同和遵守等);二是规范的社会效率,它主要指向班级目标的整体达成程度,核心是幼儿个体的发展状况。当然,这种划分是相对的,且两者是有机统一的,规范的社会效率引导规范的自身效率,而规范的自身效率又制约规范的社会效率。班级中的秩序是指班级活动进程中所存在的某种一致性、连续性和确定性。它是班级主体间相互作用、相互制约、遵循规范而形成的一个稳定的、连续的、有机的统一状态。如果没有规范的存在,幼儿班级的秩序就无法产生,幼儿的生活、学习也就无从谈起,幼儿的秩序意识和社会性的发展也会受到严重的影响。作为一种价值,班级的秩序不仅是一种约束,也是对幼儿自主、自由的发展,彰显人性的一种肯定。

3. 变革性

变革性是指班级规范的价值追求必须与幼儿教育改革、社会变迁的需求相适应。社会总是不断发展变化的，随之带动的是教育的改革和发展变化，但是规范却具有相对稳定性。这样，反映和维持原有关系和秩序的班级规范就会成为处于变革中的教育发展和进步的阻力。原来合理的班级规范因而会逐渐丧失其合理性，需要进行调整和变革。在早期教育改革中，人本的关怀，自主建构的学习，支架式教学，多元价值观的倡导，开放性、发展性、过程性评价等理念不断深入人心。以游戏活动为主，活动与交往、对话与沟通诸方法不断涌现，教师、幼儿和课程之间发生了参与式、浸入式、融入式的体验关系。这些深刻的变革要求幼儿班级制度发生质的变化，因为班级常规管理是顺利开展班级教育活动的根本保障。假若过分注重规范的静态有序和约束管理，势必会把幼儿管得太死，这不符合幼儿身心发展和新时期教育改革的需求。当前的幼儿教育改革要求出现弹性化、人本化、生成化的幼儿班级规范。

（二）形式合理

形式合理（即工具合理）是指有预期目的和实现这种目的的工具、手段一类的行为。幼儿班级规范的形式合理是指为了实现既定的价值目的而对工具、技术手段和程序进行选择和确定的合理性。正如韦伯所说："当目的、手段和与之伴随的后果一起被合理性地加以考虑和估量时，行动就是工具合理的。这包括合理地考虑针对目的而选择的手段、目的对伴随结果的关系，最后是合理地考虑各种不同可能目的的相对重要性。"[①]形式合理与实质合理所关注的价值判断不同，它具有事实的性质，它是关于不同事实之间的因果关系判断，主要被归结为手段和程序的可计算性，是一种客观的合理性。幼儿班级规范的形式合理具体可以从三个方面进行分析。

第一，类型结构合理性。幼儿园班级是一种初级的社会群体，这就决定了班级和社会一样存在着各种类型的人际互动关系。班级规范作为一种调节班级主体间关系，规范幼儿参与班级生活的行为准则，也要求

---

① 苏国勋：《理性化及其限制——韦伯思想研究》，上海人民出版社1998年版，第87页。

其在结构上的完整性，同时要针对班级中不同的人际互动关系选择不同的规范类型进行调整，因此这就存在着班级规范类型结构的合理性问题。韦伯在谈及社会规范形式的合理性时提出："每一种社会规范都有其自身的独立性和自我完善性，即它是区别于其他规范的合理地、有逻辑地组合在一起的一套自成系统的规范。"[1]

第二，外在形式合理性，其中涉及规范表达的清晰性、内容的易懂性、规定的具体性等。

第三，程序的合理性，指规范的生成、实施的程序、过程、方法等符合人道和规范性的技术要求，通常人们也称之为程序正义，主要涉及班级规范的实际操作与功能的发挥问题。对于程序合理性的意义，罗尔斯给予了充分的肯定："存在一种正确的或公平的程序，这种程序若被人们恰当地遵守，其结果也会是正确的或公平的，无论它们可能会是一些什么样的结果。"[2]

幼儿班级规范的实质合理与形式合理之间在现实中往往存在着一定的张力，因为实质合理是以主体的利益和需要为基础的；而规范的形式合理则以规范能够得到普遍的实施和执行为基础，往往忽视规范所关乎的主体目的与价值问题，因而它具有人格化和价值中立的特点。因此协调两者的关系十分必要，否则规范会发生"异化"，对幼儿的发展则会带来深刻的影响。而协调二者关系的最好场所是"规范的实践"，因为不管实质合理还是形式合理，它们在某种程度上都是人们对规范的一种意识、一份追求。班级规范实质合理是一份价值期望和渴求；而班级规范的形式合理是一种程序正义的企求。它们作为人们意识的合理性，只有在实践合理中才能得到真正体现。

（三）实践合理

从有关国内外的研究成果来看，人们在谈到社会规范的合理性时，大多数是从实质合理和形式合理来加以界定的。但是实质合理和形式合理不能概括规范合理的全部。因为规范的实质合理和形式合理的分类是思维抽象的结果，是人们从"意识"角度对规范进行认识的产物，是人

---

[1] 马克斯·韦伯：《经济与社会》（下卷），商务印书馆1997年版，第15—18页。
[2] 罗尔斯：《正义论》，中国社会科学出版社1988年版，第55页。

们对规范的一种静态的理论认知。而完整的合理性是意识和实践的有机统一，因此对幼儿班级规范的实践合理进行考察是非常有必要的。

幼儿班级规范实践是规范在班级社会生活中的运动形式，或称之为"行动中的规范"（rule in action）、"活规范"（living rule），幼儿班级规范实践可以被理解为"幼儿班级主体的规范性的生活"。幼儿班级规范实践通俗地说就是班级规范的生成及规范的要求在班级生活中得以实现的活动与过程，它使实质合理与形式合理有机结合起来。从这里我们可以看出，幼儿规范实践大致包括两个部分：一是规范的生成过程，它是从班级社会关系上升为规范，是把具体的人际互动要求转变为抽象的、一般的规范过程，是一个物质变精神的过程。二是规范的实现过程，是将规范的要求转化成幼儿的行为，将规范的抽象规定具体化，是由可能转化为现实的过程，是一个由抽象到具体、从精神变物质的过程。

幼儿班级规范实践合理是指幼儿班级规范生成和运作过程中的合理性，它将规范的生成、规范活动的手段与目的、活动与结果、理论与实践统一起来。根据规范实践的两个方面，我们可以从幼儿班级规范的生成合理性和实现过程合理性对其进行考察。规范的生成合理性主要涉及规范的产生方式，它是班级主体间的多方协商，还是教师单方的规约？其核心问题是幼儿作为班级生活的主体，在制定规范和参与班级相关事务的决策中到底发挥了什么作用？规范实现过程合理性涉及教师针对不同类型的规范是否做出不同的反应和采取不同的措施？教师在规范教育中是坚持行为主义的灌输立场还是采取社会建构式的协商博弈？面对幼儿间的冲突是支持幼儿自主解决还是包办一切？当然，对于幼儿来说，规范的生成、规范的理解和规范的实现等是一个不可分割的有机整体，幼儿的班级规范生成于班级生活，理解于班级生活，实践于班级生活。我们认为，幼儿班级规范实践合理的核心在于主体间通过协商博弈的方式，引导幼儿参与班级规范的制定，自主地进行冲突的解决，在班级生活实践中生成规范、理解规范和运用规范，促进幼儿从他律走向自律。

（四）分析框架的呈现

至此，幼儿班级规范的合理性分析框架已逐渐呈现。我们的逻辑思路是：在厘定理性、合理性概念和思想的基础上，分析合理性范畴；结合幼儿班级的特性，对幼儿班级规范及其合理性的本质进行考察；运用合理性范畴（形式合理、实质合理和实践合理）对幼儿园班级规范的合理性进行分析（见表2-2）。

幼儿班级规范的合理分析框架的提出，为我们进一步研究和考察幼儿园班级规范提供了新的视野。根据我国幼儿园班级规范教育现状的要求，接下来的各章将从以下角度对幼儿园班级规范做深入的分析：(1) 在形式合理方面，主要考察类型结构的合理性，对班级规范进行类型划分，厘清各类规范的功能和规范范围；(2) 在实质合理方面，以幼教改革、社会转型为背景，以规范的正当性为核心，对规范的基本价值——自由与互惠、平等，秩序与效率进行剖析，同时处理好班级规范与幼儿个人领域间的关系；(3) 在实践合理方面，主要探究如何引导幼儿通过协商博弈，参与规范制定，自主进行冲突解决，在班级生活中生成、理解和运用规范。

表2-2　　　　　　早期幼儿班级规范的合理性分析框架

合理性类型		评价标准	应考察的重点
形式合理	类型结构合理性	对班级规范进行合理的分类，厘清各类规范的功能和规范范围，如把由道德规范进行规范的东西还给道德，由制度进行规约的东西还给制度	在分析幼儿班级规范构成的基础上，对幼儿班级规范进行合理的类型划分，厘清各类规范的功能和规范范围
	外在形式合理性	规范表达的清晰性、内容的易懂性、规定的具体性等	
	程序合理性	规范的制定，实施的程序、过程、方法等符合人道和规范性的技术要求	
实质合理	规范的正当性	在幼小心灵中播下自主、权利、平等、正义等价值理念的种子，并且公正地平衡主体间的权利与义务、自由与秩序、个性与社会性的关系，规范的规约不应侵犯幼儿的个人领域	弄清班级规范与幼儿个人领域间的关系，合理定位规范的基本价值：自由与平等，秩序与效率。突出规范自身的教育性价值
	规范的科学性	一是规范的合规律性，即规范符合幼儿班级的客观要求和幼儿的身心发展规律；二是规范所追求的秩序性和效率性	
	规范的变革性	规范的价值追求必须与幼儿教育改革、社会变迁的需求相适应	

续表

合理性类型		评价标准	应考察的重点
实践合理	生成合理性	规范产生的方式,是由班级主体间多方协商博弈生成,或是在教师引导下从他律到自律的主动建构	引导幼儿参与班级规范制定,关注幼儿同伴间的协商、博弈,自主进行冲突的解决,在班级生活中生成、理解和运用规范
	实现过程合理性	教师针对不同类型的规范做出相应的反应,采取不同的措施;教师在规范教育中不是坚持行为主义的灌输立场而是提供建构性的支持;面对幼儿间的冲突支持幼儿自主解决而不是包办一切等	

第 三 章

基于规范类型的社会规范教育

每一种社会规范都有其自身的独立性和自我完善性，即它是区别于其他规范的合理地、有逻辑地组合在一起的一套自成系统的规范。

——韦伯[1]

对幼儿班级规范进行类型划分，明晰各类规范的功能和规范范围（如把由道德领域进行规范的东西还给道德，由制度进行规约的东西还给制度等）是幼儿班级规范形式合理的重要组成部分，然而，这一问题一直受到人们的忽视，这不利于教师的规范教育和幼儿的规范建构。本章分析幼儿班级规范类型划分的必要性，从历史和交往哲学之维探寻规范划分的理论论据，从规范的生成路径和属性两个维度对幼儿班级规范进行类型划分，对规范间的相对独立性和关系进行分析，最后对构建与规范类型相适应的规范教育做出探讨。

第一节 幼儿班级规范类型划分的必要性

一 从几则"违规"说起

事件A：大班的许多小朋友在户外活动，其中有五个小朋友在放风筝。小朋友A荡完秋千后，看到风筝都被别的小朋友拿走了，便跑到瘦

---

[1] 马克斯·韦伯：《经济与社会》（下卷），商务印书馆1997年版，第15—18页。

小的小朋友 B 处，威胁 B 把风筝给他玩。B 不肯，A 便打 B，同时把他推倒在地。B 哭着求助于老师，老师答应 B 会批评 A。在回到教室后的团体分享时间里，老师批评 A 说："A 今天不乖，因为他刚才打人了，还抢别人的风筝，这是违反咱们班的规定的，大家记住了，幼儿园里是不许打人的。"

事件 B：小班的小朋友 C 未收拾积木便想跑出积木区，被老师发现了，老师告诉 C 说："用完积木后要收拾，这是我们班的规定。"

事件 C：大班的小朋友 E 在用力地荡秋千，秋千荡得很高，老师看见后说："E 小朋友注意安全，别太用力了，否则会摔下来的！"

以上几个来自幼儿园实际生活中的案例在一定程度上代表着幼儿规范教育中的不同类型，它们在性质上存在着一定的差异。事件 A 涉及的是与幼儿同伴的关系，小朋友间抢东西，打人，对这类行为的判断往往根据行为的内在特征进行，如打人会引起疼痛感，受害者会有强烈的情绪反应等，它们常常与道德有关；事件 B 直接涉及的是教师与幼儿的关系，因为小朋友未收拾玩具，这违背了班里的制度规定，对这类行为的判断主要取决于支配性的制度存在与否；事件 C 指向幼儿的安全健康问题，对它的判断依行为是否会对幼儿的安全、舒适和健康等造成伤害而定。

然而，在这几个案例中，教师对幼儿"违规"的反应是差不多的，基本上都指向"你（你们）违反了班级规定了"，教师缺乏区分不同类型规范的意识和能力，没有意识到不同类型规范的功能和规范范围，更多的是从自身权威的角度对幼儿的违背行为做出相同的反应。就拿事件 A 来说，教师的反应"幼儿园里是不许打人的"，似乎也在说，"在家或在别处是可以打人的，不应打人只是幼儿园的规定"，而忽视了打人会对幼儿造成伤害和疼痛、悲伤和难过等内在的行为属性，忽视了道德规范的普适性。[①] 教师这种单一性的反应是盲目的，更是令人担忧的，因为这不利于幼儿对各种形式的社会规范的理解和建构，它反映出我国幼儿规范教育和研究中的盲点。

---

① 这里的普适性与道德泛化不同，它是指道德对特定的行为在不同文化或情境中所具有的相同约束力。如在幼儿园，在家中，甚或在别的国家里都不能打人，这就是一种普适性。

二 "混淆"规范类型

造成以上现象的主要原因在于,教师混淆了班级规范的不同类型。"混淆"规范类型是指没有对班级规范进行合理的类型区分,对各类规范的相对独立性和关系缺乏应有的认识,从而出现不同类型规范的功能和范围互相干涉的现象。比如,在幼儿班级规范教育中,以利他为特征的道德规范对其他规范的侵犯就是规范类型"混淆"的一种体现。这表现在教师常常用"好孩子"或"坏孩子"的标准来评价幼儿的行为表现,把幼儿的不良表现都纳入所谓的道德品质问题中;往往用"谦让"的方式来解决幼儿同伴间的冲突,把本应由同伴间通过协商、轮流、合作等方式解决的问题盲目地纳入道德领域。道德规范是幼儿社会性发展的较高层面,道德发展以幼儿掌握轮流、协商、分享、合作等基础性的社会规范为前提。长期以来,"道德泛化"现象在我国一直存在着,它集中表现为没有对社会是非的各种不同形式做出区分,也没有为一些行为规范应进入道德类还是从道德类中排除提供相应的标准,把道德规范与制度等混淆起来。道德规范是人类内在生活世界秩序的表征,而制度化规范是人类外在生活世界秩序的筹划,忽视或轻视任何一方都会造成"规范失衡"。正如纳希所言,把制度性规范和道德标准等同起来是错误的,同样,把幼儿对校规的遵守或违背视为幼儿的主要道德品格的体现也是不正确的。这是因为制度、道德和个人判断力等在更大的社会系统中所存在的差异也同样存在于学校这个微观社会中。①

三 "单一化"的反应②

对规范缺乏合理的划分,忽视不同类型规范的特质和相对独立性,这在实践中的反应便是教师常常不能对不同领域规范的违背做出合理的反应,从而影响规范教育的效果和幼儿各类价值观的建构。这与纳希所

---

① L. Nucci, *Education in the Moral Domain*, Cambridge: Cambridge University Press, 2001, p.136.

② 对这一点,本章的后面还有考察。总体来说,教师对不同类型规范的反应是盲目性的、非协商性的。

提出的观点是一致的:

> 教师和管理者经常遇到学校和课堂中存在的道德上、制度上和程序性规范的各种极为不同的特征和功能,以及不同年龄幼儿对这些规范的极为不同的反应。绝大多数的教师和管理者没有意识到这些规范的系统变化,他们没有认识到自己班级中的活动常由这些很大的差异所引导,并且是悄悄进行的。[①]

在观察中我们发现,教师对幼儿不同违规行为所做出的反应大致是雷同的,大多是采取直接命令的方式,不能根据不同违规行为的属性给予恰当的解释。在与教师的交谈中,大多数教师表明,他们的反应是模糊的,没有意识到他们的反应方式应与不同类型事件的属性相一致。当我询问一位有10年教龄的教师,你们班上的规范有没有区别时,她是这样说的:

> 区别好像有吧,应该是有的,但模模糊糊的,说不上来。班上的常规很多,要区分它们比较困难。我们一两个老师要对付班上几十个小朋友,他们一会儿打架、吵闹,一会儿乱扔玩具、乱跑,还要组织游戏活动等,说真的,只要不出什么大问题(安全),也就顾不上什么区分不区分了。对我而言,大多数时候,我必须迅速地对他们的违规行为加以制止,否则全班活动就没法进行了。也许是我缺乏这方面的意识或对这方面的知识了解不多吧。但是,我们好像也发现,关于这方面的知识不是很多,多做些这方面的研究看来是必要的。

手段和目的、方法与对象的统一,是有效开展规范教育的前提。正如柯尔伯格所指出的:"能认为教育他们服从权威与教育他们形成主体性道德观是一样的吗? 教育他们利他的方式与教育他们竞争的方式雷同吗? 培养一个好的风雪骑兵与培养一个哲人是一样的过程吗?"[②] 班级如同一

[①] L. Nucci, *Education in the Moral Domain*, Cambridge: Cambridge University Press, 2001, p. 136.
[②] Ibid., p. 1.

个小社会，不同的交往活动会产生不同的规范需求，不同类型的规范是一种客观存在。因此，必须对不同规范的属性和获得方式做出恰当的理解。

长期以来，在我们的幼儿规则教育中存在着低估幼儿对不同规则进行推理、判断的能力的倾向。造成这一现象的主要原因是没有意识到不同类型规则的存在，同时受到皮亚杰、柯尔伯格关于"早期儿童不具备区分各种形式规则的能力"这一观点的影响。在皮亚杰看来，幼儿是一个"道德实在论"者，幼儿对规则的判断更多的是从成人权威的角度进行的，因而还没有能力区分具有内在属性的道德规则和其他规则。柯尔伯格则认为，早期儿童处于道德发展的前习俗水平，只有在道德发展的最高阶段，儿童才能对道德与习俗进行区分。国内著名学者檀传宝对道德发展上的"年龄歧视论"（也称"进步偏见""年龄主义"）倾向进行了阐述，即"假定：道德发展有一个逐步上升的等级性的顺序，从一个水平向另一个水平不断进步，每一个高一级的阶段都代表一种较高的能力。这一假定实际上是说，在道德水平上，年长者可能高于或优越于年轻人"[①]。这一现象在幼儿园的规则教育中也存在着。这可能导致的不良后果至少有两个："第一，优越感或居高临下的关系会恶化年长者和幼儿之间的关系，对教育来说就是恶化师幼之间、亲子之间的关系，从而影响规则教育的效果；第二，由于假定某一年龄段的儿童不能胜任某种规则义务，我们往往会非常主观地抑制或放弃了某些重要的规则教育的机会。"然而，经过对所看到的实际生活中违规事件的幼儿（旁观者）进行访谈发现，幼儿已能对一些不同形式的规则进行一定程度的推理判断。下面一个例子来自与一个大班女孩的谈话，以考察她对幼儿园里自然发生的违规事件的看法（C代表幼儿，R代表研究者）。

道德性问题：

  R：你看见发生的事了吗？
  C：看见了，他们在打架，吴翰把他打得太重了。
  R：你会不会这么做？

---

① 檀传宝：《对道德发展理论的三点理解》，《教育发展研究》1999年第12期。

C：不会那么做。
R：班里有这方面的规定吗？
C：有。
R：规定怎么说的？
C：不应该打人呀。
R：如果班里没有不准打人的规定，打人可以吗？
C：不行。
R：那在家和在别的幼儿园小朋友可以打人吗？
C：那也不行！
R：为什么不行？
C：因为别人可能会哭，会受伤的。

制度性问题：

R：刚刚你看见发生什么事了吗？
C：看见了，他们太吵了。
R：你会不会这么做？
C：不会。
R：班里有不能太吵的规定吗？
C：有，老师也经常说我们要安静。
R：如果没有这样的规定，吵闹可以吗？
C：可以。
R：为什么？
C：因为没有规定不许吵闹。
R：在家里可以吵闹吗？
C：可以。
R：为什么可以？
C：因为我家里没有规定不许吵闹。

以上表明这一大班小朋友已能对道德问题与制度问题进行一定程度的区分，她认为"不应打人"这一道德规则具有普遍性，即使没有"不应打人"的规定也不能打人,她是根据打人行为的内在属性如"别人可能会哭,会受伤的"来建构其规则的。而她对"不许吵闹"这一规则的判断则体现出更具相对性的特征,她认为,在幼儿园不能吵闹是因为幼儿园有不许吵闹的规定,而在家中没有这一规定就可以吵闹,即对社会制度、社会习俗而言,行为的状态取决于支配性的规则存在与否。

国外许多研究者如斯麦塔纳(Smetana)的研究发现,2岁半的儿童就出现了最初的区分道德规则和社会习俗规则的能力。2岁半的小朋友认为,无论在家还是在幼儿园无故打人都是不对的;而关于扔玩具的问题,大多数小朋友认为,在幼儿园是不可以的,而有些小朋友则认为在家里可以随便扔。[1] 这表明2岁半的小朋友已把道德问题看成是具有普适性的问题,从幼儿园泛化到家中,而对于制度化问题的泛化程度则低些。到了4岁,儿童就能对在家里和幼儿园里所遇到的相似的道德和习俗问题做出相当一致的稳定区分。因此,对幼儿班级规则进行合理的划分,依幼儿对不同规则的理解进行教育是非常必要的。

四 规则教育实效低下

缺乏对班级规则进行合理领域划分的研究,没能为幼儿园班级规则教育实践提供合理的理论依据,忽视不同规则领域的特质和相对独立性,这势必会影响规则教育的效果和幼儿规则的建构。手段和目的、方法与对象的统一,是有效开展规则教育的前提。人们常常期望心理学家提供有效的教育教学方法,然而,我们在不知道所教所学内容性质的情况下,是不可能确定合适的方法的。柯尔伯格给我们的启示是要提高规则教育的实效,就必须认清班级规则的本质,必须依班级规则各种领域的属性选择合理的教育方式。社会活动决定社会意识,班级如同一个小社会,不同的活动交往会产生不同的规则需求,因此,不同类型的规则是一种客观存在。这样,就必须对不同规则的获得方式和不同方式之间的关系,做出恰当的理解。道德规则具有内在化、普遍性,制度化规则具有外在性、相对性,契约规则具有协商性,与幼儿安全有关的谨慎规则具有强制性,规则教育应根据不同规则的性质来展开。比如在面对幼儿的道德

---

[1] L. Nucci, *Education in the Moral Domain*, Cambridge: Cambridge University Press, 2001, p.56.

违规时，教师应做出内在的反应；而面对幼儿同伴间的冲突时，教师不一定要做出反应，可以让幼儿自行解决冲突。心理学角度的分析表明，在我国幼儿园班级规则教育中，行为主义的观点还是普遍存在的。因为从行为主义学习理论来看，所有的知识和类型之间没有区别，认为知识仅仅是通过外界的强化或惩罚而获得的内容或程序。从这个角度上说，教育者要求摆脱行为主义的束缚，不仅要看道德规则等社会知识与其他非社会性知识（如数学）的区别，还要意识到不同社会知识各领域（如道德规则与制度化规则等）之间的区别。近期，受"认知革命""建构主义"等的影响，关于知识的一个新认识是，知识是主体在与环境的双向互动中主动建构的产物。也就是说，幼儿在生活中经验不同质的社会事件从而形成不同类型的规则，这既表明了不同类型规则的社会起源，也指出了规则学习和教育的有效途径。

第二节 幼儿班级常规的类型划分

上面分析了对幼儿班级规范进行划分的必要性，接下来我们将要探讨的是如何对其进行划分的问题。首先我们探讨规范划分的理论论据，然后从幼儿班级规范的来源和性质两个角度对其进行类型划分。

一 规范类型划分的理论基础

（一）历史之鉴

对社会规范进行类型划分，古已有之。早在古希腊时期，亚里士多德就把社会规范分为自然的和约定的两类，他指出：

> 自然的公正在任何地方，对任何人都是有效力的，不论人们承认与否。约定的公正最初是这样定还是那样定并不重要，但一旦定下来了，如囚徒的赎金是一个姆那，献祭时要献一只山羊而不是两只山羊，就变得十分重要了。而且，约定的公正都是为具体的事情，例如布拉西斯的祭礼以及法令的颁布。[1]

---

[1] 亚里士多德：《尼各马可伦理学》，商务印书馆2003年版，第149页。

在这里，亚里士多德其实指出了两类不同的社会规范，即道德规范和约定规范。道德规范具有内在性、文化普适性（用亚里士多德的话说，即对任何人都是有效力的，不论人们承认与否）；而约定性规范指向某一社会系统的约定俗成的惯例、风俗、常规和法令等，具有外在性、相对性。

涂尔干将社会规范的手段分为两种：一种是建立在痛苦之上，或至少给违反者带来一定的损失，它的目的就是要损害违反者的财产、名誉、生命和自由，或者剥夺违反者所享用的某些事物；另一种则并不一定会给违反者带来痛苦，它的目的只在于拨乱反正，即把已经变得混乱不堪的关系重新恢复到正常状态。前者是一种压制性手段，后者是一种恢复性手段。一般来说，在没有突破法律底线的情况下，不宜采用压制性手段。

康德把规范分为技术规范、实用规范和道德规范。① 技术规范实际上涉及目的和手段之间的关系，技术规范的命题是"分析的"，在技术规范那里，要实现的目的各种各样，而在实用规范那里，要实现的目的就是幸福。但技术规范和实用规范都是有条件的规范，如果你要实现什么样的目的，你就应当采取怎样的行动，在这一点上它们都区别于道德规范。道德规范是无条件的规范，它所规定的是作为有限理性主体的人无条件地应当做的事情，这就是康德著名的"绝对命令"。

哈贝马斯在康德的基础上把规范分为三类：道德规范（原则）、伦理规范（准则）和技术（策略）规范。② 道德规范原则上可依据正义的标准或利益的可普遍化而加以合理的决定；伦理规范属于有关"好的生活"问题这个大类，并且只有在一个具体的历史的生活形式之中或在一个个体的生活形式之中才可能进行合理的讨论。道德问题的形式是：什么是对所有人同等地好的？伦理问题（就特定个人而不是一个特定团体而言）的形式是：我是谁？我要成为什么样的人？哈贝马斯所讲的实用规范，相当于康德的技术规范所涉及的问题。

---

① 童世骏：《没有"主体间性"就没有"规范"——论哈贝马斯的规范》，《复旦学报》（社会科学版）2002年第5期。

② 同上。

美国著名法学家哈特（H. L. A. Hart）承认道德规则与其他社会规则之间的区别与联系。哈特指出，法律是外在的东西，道德是内在的东西。道德区别于其他社会规则的特征在于：道德适用的范围广，适用的层次要求高，道德规范的改变是无意识的，不像法律的改变那样须通过一定的立法程序；在法律上，不能因某人没能遵守法律而解除其法律责任，但在道德上，"我不能帮助"却是一个可免责的理由，道德压力的形式需诉诸对于道德规范的尊重。[①]

罗纳德·德沃金（Ronald Dworkin）是继哈特之后在英美法学界最负盛名的法理学大师。德沃金关注的一个中心问题是法院在处理法律并未提供明显解决办法的疑难案件时，法官如何做出正确判决。为此他提出了对法律的"道德解读"方法，以探讨法律制度与道德规则间的关系。

在罗尔斯那里，个人行动所要遵守的社会规范可分为三类：[②] 自然义务（natural duties）、建制性要求（institutional requirements）和职责（obligations），它们之间的区别可以概括为自然义务具有道德意义，但不与社会建制发生必然联系；建制性要求与社会建制具有必然联系，但不具有道德意义；职责可以说是介于自然义务和建制性要求之间的，它们一方面与社会建制具有内在联系，另一方面又具有道德意义。罗尔斯尤其强调不能把自然义务、建制性要求与职责混淆起来。建制性要求可以说是纯粹的约定（convention），它不同于道德义务和职责。比如，适用于某游戏活动的那些规范，是参与该游戏的人所约定的，相对于道德义务和职责来说却是另一个问题。

从以上的历史考察中我们可以看出，长期以来著名学者对社会规范类型的划分给予了相当的关注，学者的观点虽各有异同，但他们都认为社会规范是一个规范系统，各类规范是可区分的，比如他们强调道德具有内在性、文化普遍性，而法规、制度具有约定性、相对性等。幼儿班级是一个小社会，对社会规范划分的历史考察，为我们对幼儿班级规范进行类型划分提供了可能性和参照依据。

---

① 哈特：《法律的概念》，中国大百科全书出版社1996年版，第181—183页。
② John Rawls, *A Theory of Justice*, The Belkna Press of Harvard University Press, 2000, pp. 306 – 307.

（二）交往哲学之维

班级规则是一种关系范畴，在交往哲学意义上，它是调整班级交往活动主体之间以及教育关系的准则，因此，从交往视角分析、考察班级规则是一种必然。

交往，在汉语语境中，即互相来往之意。在英语中相应的词汇是 Communication 或 Intercourse，前者有沟通、传达之意，后者有交流、交往之意。在哈贝马斯看来，交往行为是一种主体之间通过符号协调的互动，它以语言为媒介，通过对话达到人与人之间的相互理解和一致。① 刘奔认为："交往是人与人之间的物质的和精神的变换过程，是人与人之间交换其活动、能力及其成果的过程，是人与人之间以一定的物质或精神的手段为媒介的互为主客体的相互作用过程。"② 衣俊卿认为，交往就是共在的主体之间的相互作用、相互接触、相互交流、相互沟通、相互理解。③ 规范的产生、理解离不开主体间的交往互动。哈贝马斯强调，没有主体间性就没有规范。规范或规则……是根据一种主体间承认的意义［Bedeutung］而有效的。④ 维特根斯坦曾指出："规范是不可能'私下地'遵守的：否则的话，以为自己在遵守一条规范，就会与遵守规范是同一回事了。"⑤

当马克思讲人的本质"在其现实上是一切社会关系的总和"时，就奠定了交往在人获取其本质规定中的基础作用。就年幼儿童来说，首先，交往是个人取得本质规定的基本条件，因为交往是年幼儿童取得社会性的基础，也是个体生命存在的基本方式。其次，从心理学的角度讲，人本身就有一种渴求交往的需要，年幼儿童更是如此。罗杰斯说："如果我能将自己的内心实在传达给别人，从而与对方建立更密切的'余—汝关系'，我就感到非常高兴。"⑥ 再次，交往是年幼儿童主体意识形成的重要

---

① 艾四林：《哈贝马斯交往理论评析》，《清华大学学报》（哲学社会科学版）1995 年第 3 期。
② 刘奔：《交往与文化》，《中国社会科学》1996 年第 2 期。
③ 衣俊卿：《现代化与日常生活批判》，黑龙江教育出版社 1994 年版，第 13 页。
④ 转引自童世骏《没有"主体间性"就没有"规范"——论哈贝马斯的规范》，《复旦学报》（社会科学版）2002 年第 5 期。
⑤ Ludwig Wittgenstein, *Philosophical Investigation*, translate by G. E. M. Anscombe, The Macmillam Company, 1964, p. 82.
⑥ 马斯洛：《人的潜能和价值》，华夏出版社 1987 年版，第 147 页。

条件。"人起初是以别人来反映自己。名叫彼得的人把自己当作人，只是由于他把名叫保罗的人当作是和自己相同的。因此，对彼得来说，这整个保罗以他保罗的肉体作为人这个物种的表现形式。"① 儿童只有在与同伴的交往中，才会把他自己的观点与别人的观点进行相互比较，从而认识到自己的观点与他人有别，对他人的观点提出疑问或修改意见。只有在与同伴的交往中，儿童才能摆脱权威的束缚，互相尊重，互相协作，发展其独立的评判能力。

总之，交往使年幼儿童主体性的确立、弘扬和凸显成为可能，交往过程是年幼儿童社会化、文化化的实现过程。但为了保证交往的有效进行，交往主体不希望他自己的活动杂乱而无序，必须使交往活动按照一定的模式来进行，基于这种原因，规则建构就成为必然。"制度只不过是个人之间迄今所存在的交往的产物。"② 交往发挥着儿童相互结合的作用，并在交往过程中相互承认、理解，达成共识，形成人际相互影响与相互作用时的行为准则。

尤根·哈贝马斯认为，规则观涉及三个理论问题：遵守规则的条件、规则意识的产生和规则正当性的辩护，而这三个问题都必须以主体间的交往为基础。在交往基础上形成的班级规则必定如哈贝马斯所说：一是"为了满足每个人的利益而共同遵守的某项规范，其引起的后果与副作用可以被所有受到该项规范影响的人所接受"。二是"只有全部参与实际对话并受其影响的人都认可的规范，才可以宣称为有效的规范"③。这种普遍性的规则不是外在于人，强加于人的，而是来自于交往。哈贝马斯曾指出：

> 作为一种规范话语论证的参与者，每一个人都立足于自身，但同时又植根于一种普遍的关联之中……通过话语活动取得的共识既有赖于每一个个体不可替代的"是"或"否"，又取决于个体自我中心立场的克服。没有对可批评的有效性要求表明态度的绝对个人自

---

① 《马克思恩格斯全集》（第23卷），人民出版社1972年版，第67页。
② 《马克思恩格斯选集》（第1卷），人民出版社1955年版，第78页。
③ 哈贝马斯：《交往与行为理论》，洪佩郁等译，重庆出版社1994年版，第179—180页。

由，实际达成的共识便不具有真正的普遍性；而没有人人为他人着想的态度，要达成一种获得普遍赞同的解决办法亦是不可能的。①

然而，人类的交往活动具有多样性、丰富性，幼儿班级也存在着各种类型的交往互动和不同的参与生活的方式。不同性质、多种类型的交往关系和参与班级生活的方式，为不同性质、多种类型规范的存在提供了需要和契机。因为幼儿班级规范是调节班级主体间关系，规范幼儿参与班级生活的行为准则，所以，分析班级中交往的类型是考察班级规范类型的基础。

1. 从纵向来看，幼儿班级主体交往的路径主要有两条：一是同伴自发性的交往；二是教师主动发起的交往。当然，也有幼儿主动向教师发起的交往，但与前面两者相比，其数量是较少的。交往的两条路径为我们区分规范的不同来源提供了实践基础，即自发性的规范与自上而下的规范。

2. 从横向来看，幼儿在班级生活中经历了不同性质与功能的交往，这要求不同性质与功能的规范与之相适应。以幼儿为基点，他或她在班级生活中必然要与人（同伴、教师和他自己）和物（游戏材料等）发生相互作用，从而产生同伴间、师幼间、幼儿与团体（小组或整个班级）间、幼儿与"物"间及幼儿与其自身间的各种交互关系。

同伴关系　首先，我们可以肯定的是同伴关系是幼儿班级生活中的主导型关系，这是由同伴交往的数量众多（每班都有二三十个小朋友），能满足幼儿多种需要（如交往、学习、游戏等）诸多因素所决定的。从性质上看，同伴间的关系主要有两种类型：一是以满足自身各种需要，养成幼儿基本的生活态度与能力，具有互惠性为特征的占主导地位的交往关系；二是以利他为特征的处于辅助地位的交往关系。这两种不同性质的交往关系要求不同属性的规范与之相适应，即一种是以发展幼儿平等、权利、自主、协作、互惠等价值理念为主的规范；另一种是以发展幼儿利他、关爱等品质为主的规范。

师幼关系　相对于同伴关系来说，师幼关系表现得简单些，因为一

---

① 哈贝马斯：《交往与行为理论》，洪佩郁等译，重庆出版社1994年版，第55页。

个班中一般只有2—4个老师。师幼互动对幼儿发展具有重要作用，但其作用发挥的条件性很强，也就是高质量的师幼互动才能很好地促进幼儿的身心发展。师幼关系主要围绕下面的内容展开：开展教育教学活动，维护秩序，保障幼儿安全与健康，情感交流，学会尊老爱幼等。这要求教师或幼儿园制定各种制度以确保班级教育活动的顺利进行，保障幼儿的身心安全与健康。

幼儿与团体的关系　它在本质上反映的也是幼儿与同伴、幼儿与教师间的关系，因为当一个幼儿与多个幼儿，或多个幼儿与多个幼儿发生关系时，就会表现出幼儿与团体间的关系。幼儿与团体发生关系，是幼儿参与团体活动的表现，在参与中多种需要得到满足。但为了确保幼儿更好地参与团体活动，培养幼儿关爱集体的意识，必须制定相关的团体参与的规章制度。

幼儿与"物"的关系　幼儿与"物"的相互作用也可看成是一种交往关系。我们这样假定是有依据的，因为根据皮亚杰的理论，幼儿心理具有泛灵论的倾向，在幼儿看来，万物都是富有生命力的，并且以人的方式和它们交往。为了协调好幼儿与物的关系，增强幼儿认识"物"的能力和爱"物"的品格，班级中必须存在如何操作"物"，如何爱"物"等的各种规范。

幼儿与自身的关系　幼儿与自身的关系在一定程度上也可以看成是一种交往关系，这里体现的是主格"我"与宾格"我"之间的交往。如，当幼儿说"我要洗洗我的小手"时，幼儿其实是在与他自己进行交往。一般地说，成人在处理仅与自身有关的事务时，不需要别人的干涉，因为这往往属于他（她）们的个人领域。但由于幼儿身心发展水平的限制，成人对涉及幼儿自身的有些事务必须进行引导，如幼儿个人安全健康的保障、良好生活习惯的养成等，这些都要求班级中存在相应的制度为幼儿的行为提供规范。至于幼儿个人应有的自主选择、秘密、独处空间和时空、私人物品等则不应受到干涉，不需要班级规范进行规约。

以上分析表明，不同类型交往关系具有不同的功能和属性，这为不同功能和属性规范的存在提供了需要和契机，为我们从规范的属性角度对规范进行划分提供了依据（见图3-1）。

```
                    ┌─────────────────────────────────┐
                    │  幼儿在班级中发生的交往关系类型分析  │
                    └─────────────────────────────────┘
                          ↓                    ↓
                ┌──────────────┐      ┌──────────────┐
                │ 幼儿与人的关系 │      │ 幼儿与物的关系 │
                └──────────────┘      └──────────────┘
           ↓         ↓         ↓          ↓            ↓
      ┌────────┐ ┌────────┐ ┌────────┐ ┌────────┐ ┌──────────┐
      │ 同伴关系│ │ 师幼关系│ │幼儿与团 │ │幼儿与自 │ │幼儿与玩具│
      │        │ │        │ │体的关系 │ │己的关系 │ │材料的关系│
      └────────┘ └────────┘ └────────┘ └────────┘ └──────────┘
```

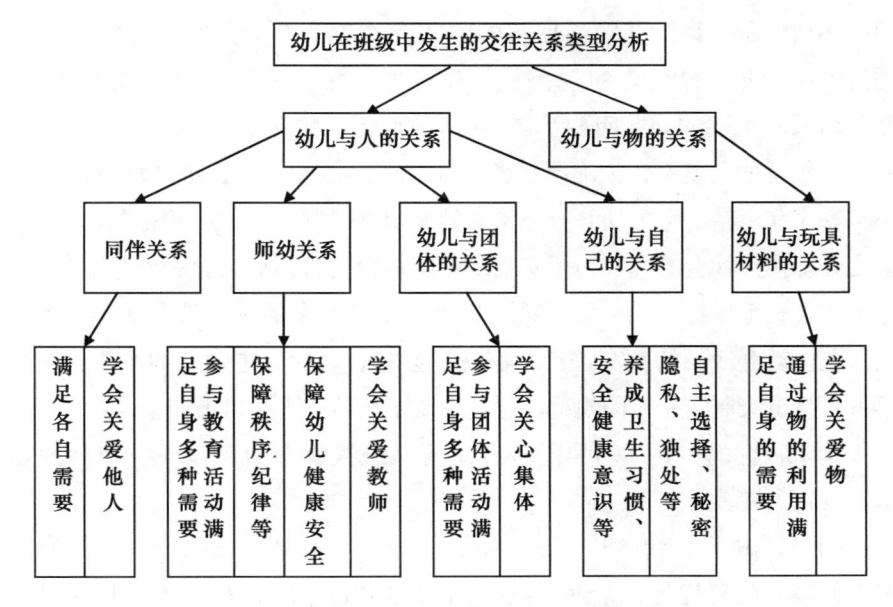

图 3-1　幼儿在班级中发生的交往关系类型

各框下内容：
- 同伴关系：满足各自需要／学会关爱他人
- 师幼关系：参与教育活动多种需要满足／保障秩序纪律等／保障幼儿健康安全
- 幼儿与团体的关系：学会关爱教师／参与团体活动多种需要满足／学会关心集体
- 幼儿与自己的关系：养成卫生习惯、安全健康意识等／自主选择、隐私、独处等
- 幼儿与玩具材料的关系：满足自身的需要／通过物的利用满足自身的需要／学会关爱物

二　班级规范的具体划分

（一）从规范来源角度划分

幼儿的班级生活是在两种主要的张力中进行的：一是为满足幼儿个体多样性的需要而展开的自主交往、选择等；二是班级作为一个群体，它必然会以正式组织的形式向幼儿提出达成教育目标、遵守团体规范的要求。这为幼儿规范的来源提供了两个路径：一是在同伴交往中自发生成的规范，另一是由幼儿园或教师制定的、自上而下的规范。

为满足幼儿个体自身的各种需要，每个幼儿都必须展开主动的交往，交往向"秩序"提出需要的同时，也为其形成提供了前提条件。在交往中幼儿逐渐了解到完全自利的行为会遭到同伴的反对，在交往中幼儿会进行"去中心化"，学会从自利走向互利互惠等，幼儿交往经验的重复化和固定化便是交往规范的形成。这里，规范既是在同伴间的碰撞、冲突、协商、交换、合作、博弈等行为之后生成的，又是在交往活动中不断调整着的。这些规范不是预先就明确地存在着的，也不是预先就制约着同伴的交往与实践。相反，它们暗含在交往和实践活动之中，只有具有了交往和实践才会出现规范。这种规范是自发产生的，而且往往是非正式的、不成文的,以幼儿能够理解的方式存在着。总之,幼儿有追求秩序的天性,幼儿世界呈现的规范性、秩序性,并非都是成人干预的产物,而是由天真无邪的幼儿间相互作用产生的。

从教师的角度看,为确保班级教育目标的达成,维护班级教育活动的正常秩序和运转,考虑幼儿身心发展的有限性,制定相关的规范是必要的。幼儿教师作为社会的代表为了实现幼儿园教育的目标而被分配到各个班里,为了实现教育目标,他们就得进行以幼儿学习为主的种种教育活动。为了确保众多教育活动的顺利进行,实现社会的意志和促进幼儿的发展,他们不得不为班级制定一定的规范。这就反映了规范产生的自上而下性:

国家社会的需要→幼儿园教育需要→班级教育活动需要→教师的要求→规范的制定

同时,由于早期幼儿身心发展水平低,自我保护意识弱,判断能力差,而成人具有优越性,处于社会结构的中心,他们有引导幼儿发展和保护幼儿的义务。因此,教师要科学地运用他们所掌握的权威和尺度,告诉幼儿什么是好的和坏的,什么是必需的,什么是允许的,什么是被禁止的。这要求教师制定相应的规范以确保幼儿的安全与健康发展。相对于幼儿同伴自发生成的规范而言,自上而下的规范具有一定的他律性和正式性,它常常以书面文字的形式呈现,规范的存在是早期幼儿发展有限性的需要,与我们现有的社会结构相呼应。

以上的分析表明,秩序不仅是由自上而下的等级制产生的,秩序的产生也可以通过其他各种各样的方式,从等级制式的集权种类到完全分散的个人自发的相互作用类。图3-2说明了此种规范的连续体。[①]

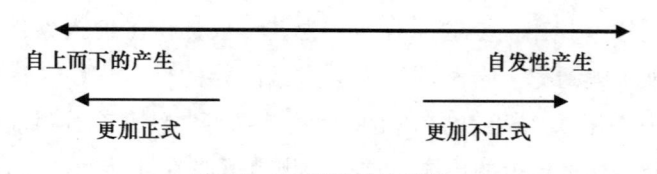

自上而下的产生　　　　　　　　自发性产生
更加正式　　　　　　　　　　　更加不正式

图3-2　规范的连续体

[①] 根据弗朗西斯·福山的思想改造而成,可参见其著《大分裂——人类本性与社会秩序的重建》,中国社会科学出版社2002年版,第184—189页。

除了按照从自上而下到自发产生班级规范这一连续体排列，我们还可以附上另外一种连续体，即通过理性选择而产生的和那些最初并不合理但被继承下来的规范连续体。把这两个坐标轴结合起来，便可以得出一个有着四个象限的矩阵，说明班级规范产生的几种可能类型（如图3-3）。①

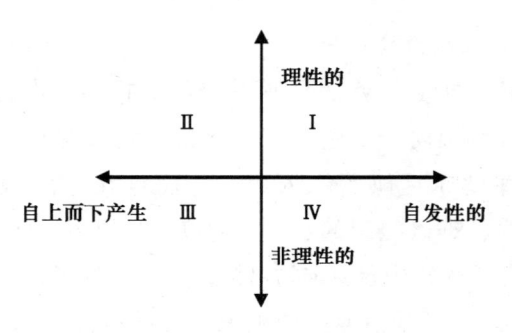

```
                    理性的
                 ↑
             Ⅱ   |   Ⅰ
                 |
自上而下产生 ←————+————→ 自发性的
                 |
             Ⅲ   |   Ⅳ
                 |
                 ↓
                非理性的
```

图3-3　规范产生的象限图

这里的"理性"是指这样一种情况：规范的产生经过了人们的讨论、比较等。从这个意义上看，不仅教师制定的规范大多数是理性的产物，幼儿同伴自发生成的一些规范也是理性的。如幼儿在游戏中达成的规范是经过多次磨合、讨论和协商的，它虽说是自发生成的，但却维护着交往的顺利进行。当然，非理性的行为规范也发挥着相当的作用，如班级生活的氛围、行为习惯等。根据图3-3我们对规范所产生的几种可能性进行归纳：

Ⅰ 理性自发型：主要指幼儿通过交往协作、冲突博弈而生成的规范。我们可以从团体动力学、经济学的视角对其进行研究，即在这一类型里幼儿进行着各种不同的交换，以获取自身需要的满足，在博弈中学会从冲突到协作，从自利到互惠。

Ⅱ 理性自上而下型：主要指由幼儿园和教师制定的、正式的规章制度。我们可以从社会学的视角对其进行研究。这些规范的产生要求制定者进行理性思考和讨论，既要符合社会的价值需求，又要反映幼儿的身

---

① 根据弗朗西斯·福山的思想改造而成，可参见其著《大分裂——人类本性与社会秩序的重建》，中国社会科学出版社2002年版，第184—189页。

心发展。

Ⅲ、Ⅳ区间反映的是非理性行为规范：它主要指向班级的文化氛围及所倡导的习俗、行为习惯等。它的形成主要受到社会传统、文化、风俗、习惯等的影响，因此，从人类学、历史传统等角度进行研究是合适的。

(二) 从规范性质角度划分

和谐与稳定一直是人类社会所追求的目标。"我们社会中的大多数成年者，一般都倾向于安全的、有序的、可预见的、合法的和有组织的世界；这种世界是他所能依赖的，而且在他所倾向的这种世界里，出乎意料的、难以控制的、混乱的以及其他诸如此类的危险事情都不会发生。"[①] 为了达到社会稳定的目标，人类想尽了各种办法。"历史表明，凡是在人类建立了政治或社会组织单位的地方，他们都曾力图防止出现不可控制的混乱现象，也曾试图确立某种适于生存的秩序形式。"[②] 细细分析一下，作为初级社会群体存在的幼儿园班级达到稳定和发展所依靠的秩序规则无非可以分为三个领域：一是道德领域，二是契约性领域，三是强制性领域。前面对幼儿在班级生活中所发生的各种类型的交往关系进行了分析，它为划分班级规范类型提供了可能性和依据。根据规范性质的不同可以把幼儿班级规范分为合群性规范、道德性规范、制度和谨慎性规范。

1. 合群性规范

合群性规范适用于幼儿与同伴交往的大多数时候，根据研究的需要，这里对"合群性规范"进行这样的界定：指除道德规范之外，以培养幼儿健康生活态度和能力为主要目标的规范，如轮流、协商、合作、分享、表达等。合群性规范与道德性规范都是幼儿社会性发展的重要组成部分，但合群性是幼儿社会性发展中的基础成分。幼儿只有学会这些基础性规范，交往才能顺利进行，互惠才能达成。合群性是人的基本属性，它的主要功能是让幼儿学会交往，让幼儿养成基础性的生活态度，适应群体

---

① Abraham H. Maslow, *Motivation and Personality*, 2ed., CN. K., 1970, p.40.
② [美] 埃德加·博登海默：《法理学——法律哲学和方法》，邓正来译，中国政法大学出版社1999年版，第220页。

生活，促进幼儿从"生物人"向"社会人"的转化。合群性规范中的轮流、协商、合作、分享等诉求的是平等、权利、自主、互惠等价值理念。合群性是幼儿社会性中的基础性成分，是发展较高水平的社会性成分（如利他、谦让等）的基础，只有发展好幼儿的合群性，较高水平的社会性成分才有可能生成和发展。这里强调的是，既然平等互惠的交往占主导地位，那么，"合群性规范"在规范中也占主导地位（这一点，后面有仔细的论述）。认识这一点具有重要意义，因为它为幼儿的社会性教育指明了重点，即重点在于培养幼儿基础性的生活态度与技能，让幼儿学会交往，适应群体生活，让幼儿学会轮流、协商、合作、分享、表达等，而不能把"无私的谦让"作为幼儿教育的主要目标，因为这不符合幼儿的身心发展规律。

2. 道德性规范

幼儿对同伴、教师、团体和玩具材料等的关爱必然会衍生出道德规范。道德作为一种内源性的软控制方式有时是幼儿班级活动的必然需求和反映。道德性规范首先是一种自律力量，即要求一个人对他自己进行自我约束，道德行为应是一种自主、自愿的行为；其次，道德要求人们具有一种利他的思想，强调的是"我为人人"。相对于幼儿的身心发展来说，要求其纯粹利他或自觉地为别人提供某种服务是比较困难的，要求幼儿像成人一样遵守道德性规范是不可能的。即这种以"利他""谦让"为特征的规范只能处于辅助地位，因为平等、对称性才是幼儿同伴关系的主流。根据纳希的观点，判断某一规范是否属于道德性规范，往往根据下列标准进行：[①]

规范的一致性：某一行为之所以错误是因为支配性的规范或社会准则的存在吗？

规范的可变性：废除或改变现有的标准，对不对？

规范的普遍性：在别的社会或文化中没有相应的规范或准则，行不行？

行为的普遍性：若某一社会或文化中没有关于某种行为的准则，其成员做了这种行为，对不对？

---

① 纳希：《道德领域中的教育》，黑龙江人民出版社2000年版，第141页。

行为的严重性：某种行为在多大程度上是不对的？

道德性规范具有普适性、一致性、行为严重性等特征，不必依靠约定俗成的规范和权威。"不应打人""不能抢别人的玩具"等道德性规范的普适性、一致性表现在如下方面：在幼儿园不能打人，抢东西，在家或在别的幼儿园也不能打人，抢东西，它们在任何民族和文化背景下都是成立的。以下是对大班幼儿关于"抢占玩具"违规事件的访谈，可以加深我们对道德性规范这种特性的理解（R 为研究者，A 为幼儿）：

R：他在做什么？（出示有故事情节的图片）
A：他在抢她的玩具。
R：那他抢她的玩具对不对？
A：不对。
R：为什么？
A：因为她在玩。
R：你们班里有这方面的规定吗？
A：有。
R：规定怎么说的？
A：不能抢东西。
R：如果班里没有这种规定，可不可以抢别人的东西？
A：不可以。
R：为什么？
A：别人会不高兴的。
R：那在别的幼儿园，小朋友可不可以抢东西？
A：那也不可以。
R：为什么？
A：别的幼儿园也一样。

道德性规范往往指向行为的内在本质属性。幼儿在经历道德事件时，常常与内在的"热"情感联系在一起。如幼儿会说："打人是不对的，因为当你打伤人时，会痛，而且人家会哭的。"幼儿基于行为的特殊性质提取不同的"情感—事件"的连接，不同事件中对类似情绪的后果的重复体验，使幼儿形成了泛化的脚本（scripts）。对熟悉事件或对相似事件的自动反应来自于对这些脚本和习惯的情感性激发。这样，我们就能明白道德事件中内源性的情感在道德性规范中的基本联系。

道德性规范往往与人们的福利、权利、公平、分配资源、信任等问题有关。对于早期幼儿来说，最早的道德问题集中于对他自己或别人的伤害上。学前幼儿非常关心自身的安全，也能理解伤害别人在客观上是错误的。小班的小朋友就能理解打人是不对的，甚至没有相关的规定时也是如此，因为他们会说："当你被人打伤时，会痛，而且你会哭。"早期幼儿的道德性违规主要表现在这些方面：身体上的伤害（如推人、挤人、打人），心理上的伤害（如取笑别人、骂别人或伤害别人的情感），公平和权利（如独占玩具、破坏财物、偷窃等）等，同时道德领域也涉及一些积极的行为，如帮助有需要的人，合理的分享、谦让等。

当然，对于幼儿来说，道德性概念来自于对道德行为效果的直接体验，且对于他们来说，公平或公正的表达通常出于个人或出于没有得到所应得的感觉。"这不公平"通常意味着"我没有得到我想要的东西"，或"他人的行为让我觉得受到了伤害"。

3. 制度

制度的产生与保障教师开展教育活动，幼儿参与班级团体活动，幼儿运用物质材料开展游戏活动等有关。制度有利于班级生活的秩序化，班级教育活动的正常运转。当幼儿的行为对班级或团体整体利益造成危害，影响整体教育目标的达成时，教师要利用制度对幼儿的违规行为进行规约。制度常常在特定组织系统内对社会互动起结构性的作用。相对于道德性规范来说，它具有可改变性、情景性、相对性，它涉及秩序、一日活动安排等，以发展幼儿的社会组织观、集体观为核心。在制度领域，幼儿行为的状态取决于支配性的规范存在与否。从功能上看，制度规范为某一群体中成员的行为方式提供了共同的期望模式，并由此而调整幼儿的社会互动。如"睡午觉"是幼儿园中的一项制度，但在家中小朋友可能不会睡午觉，因为家中可能没有这一项支配性的约定。至于不同文化背景下，人们不同的说话、穿着、性别角色、行为态度等模式更体现了制度习俗规范的相对性。

4. 谨慎性规范

谨慎性规范与幼儿的安全与健康等有关。所谓谨慎性规范主要是指由幼儿园或教师制定出来的一系列调节幼儿安全与健康的行为准则。班级或教师通过强制力量来禁止某些行为，从而保证了班级生活的和谐及幼儿的健康与安全。谨慎性规范的基本特征是对幼儿的一种外在约束力量，只要幼儿违反了谨慎性规范，教师必须对其做出迅速的反应，以确保幼儿的安全与健康，它具有效用性、普适性等特征。我们用图3-4来说明班级交往关系和班级规范的结构类型。

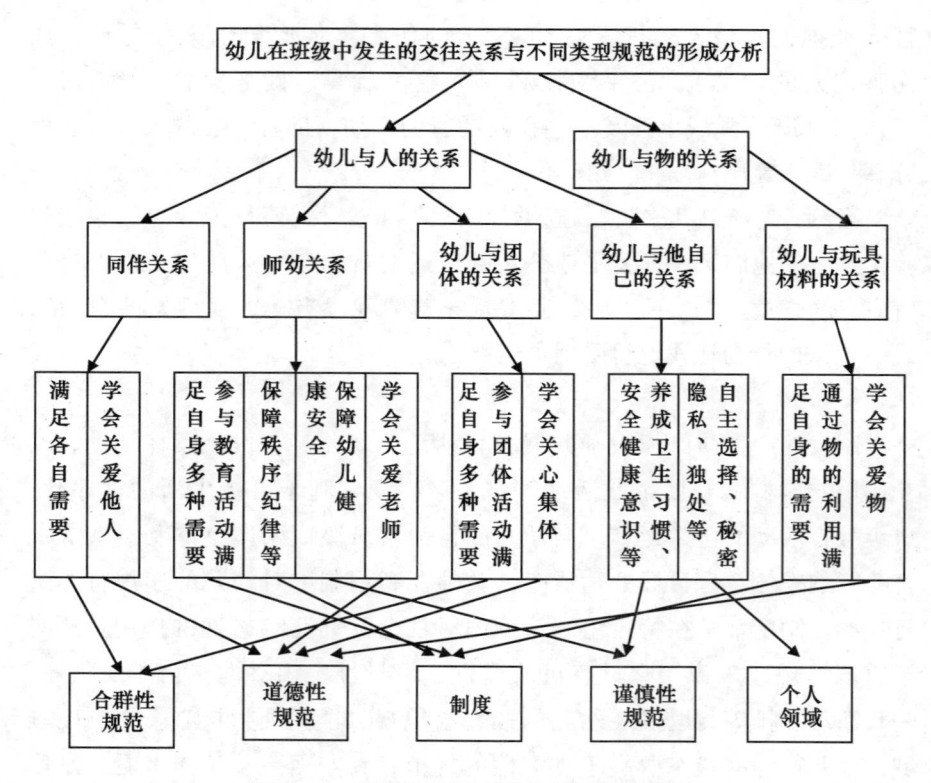

图3-4 交往关系与不同类型规范的形成

三 规范间的相对独立性和关系

就达到幼儿班级和谐与发展这一目的而言，道德性规范、合群性规范、制度性和谨慎性规范这四种规范都是不可或缺的，关键是要处理好这四种规范间的关系。因为道德性、制度性规范①过多，幼儿受压抑多，班级气氛就会显得死气沉沉，不利于培养幼儿的主体性；反之，道德性、制度性规范过少，幼儿松散、放任，就会不利于幼儿的安全、健康，不利于班级目标的达成。但就幼儿园班级规范教育的现状、幼儿的身心发展水平和社会的政治经济文化发展的需要来看，幼儿规范教育中应大力提倡合群性规范。接下来我们要对各类规范的相对独立性和关系进行分析，从而使我们对各类规范的功能和范围有着清楚的认识。

（一）相对独立性

就控制的范围而言，因幼儿身心发展的特殊性，道德性规范不应发挥主导作用，它往往表现为同伴间的打架，对玩具材料的争夺等，其控制的范围应最小。道德的核心成分是有意识的、自愿的利他，若一味要求幼儿利他、盲目的谦让，会造成前面所提到的逻辑怪圈。制度性规范的控制范围次之，它指向对那些严重涉及幼儿安全与健康，影响班级活动正常运转的行为进行控制。合群性规范在幼儿班级生活中的运用应占主导地位，因为从班级交往类型来看，幼儿同伴间平等的、对称性的交往占据了主导地位，同伴间的交往更多地表现在幼儿同伴间的利益冲突上，这既为合群性规范的生成提供了基础，也对合群性规范提出了需求。幼儿在生活中学会交往，养成生活的基本态度与技能，学会轮流、协作、分享等。

就控制的形式和强度而言，道德性规范属于"自律"性质的内在的软控制；制度性规范属于"他律"性质的外在的硬控制；而合群性规范介于二者之间，是既有内在性又有外在性的控制方式。

就利益的导向而言，道德性规范的指向是"利他"；合群性规范的指向是与"利他"相连接的"利己"，或曰通过"利他"的行为达到"利己"的目的，即主张互利互惠；而制度性规范是运用条文和规章的形式将"他"和"己"的关系明确、理顺；谨慎性规范具有价值中立性。概言之，道德性规范、合群性规范、制度性和谨慎性规范的区分如表3–1所示。

---

① 相对于道德性和合群性规范，制度和谨慎性规范更具强制性。

表3-1　　　　　　　　　不同类型规范的区分

名称	道德性规范	合群性规范	制度性规范	谨慎性规范
建构成分	利他、关爱、明辨是非	权利、自主、平等、协作等理念，养成基本的生活态度，学会交往	社会组织观、集体观、秩序等	安全、健康的概念
特征	具有内在性、普适性、一致性	具有协商性、可改变性、相对性	具有可改变性、相对性、一定的强制性	具有效用性、普适性
控制形式	"自律"性的内在软控制	内在兼外在性质的控制方式	大多是"他律"性的外在控制	"他律"性的外在硬控制
适用范围	在幼儿班级生活中适用范围最窄	是幼儿班级生活中主导型的调整方式	在幼儿班级生活中适用范围次之	在幼儿班级生活中适用范围较窄
利益导向	以利他为主	强调互利互惠	具有防范性，将"他"和"己"的关系明确、理顺	价值导向为中性
例证	身心伤害、关爱、合理的谦让、利他等	轮流、分享、合作、协商、表达等	秩序、一日活动安排等	安全、舒适、健康等行为

（二）规范间的融合与关系

1. 规范间的融合

当然，完整意义上的类型区分是不可能的，因为各规范在保持自身相对独立性的同时也有融合覆盖的趋势。规范间的融合是指某一规范具有多元化的性质，它除主要符合某一类型规范的属性外还符合另一类型规范的要求。比如"要求小朋友收拾玩具"是班级中一种统一的制度，但不收拾玩具也可能会造成别的小朋友摔跤或影响别的小朋友下次使用该玩具，这就具有道德性规范的性质。在研究中，我们要求大班幼儿对

"未举手就发言"这一违规行为进行判断,下面是三个小朋友的原话:

  A:那是不对的,因为老师说了要举手,等老师叫到我们时才能说话的。
  B:别人想说话,都会举手,他不举手,那不行!
  C:举手的小朋友都没说话,他就说了,老师会说他的。

  从这里我们可以看出,幼儿 A 的判断是基于班级制度的,即认为这是维持班级秩序的重要手段;而幼儿 B 和 C 的判断则侧重于这种违背所导致的不公平,注重的是其道德意义。
  同时我们又以"叫别的小朋友的绰号"为故事内容对幼儿进行访谈,结果发现,幼儿对这一违规行为的反应是不同的:

  A:你叫他大笨熊,他会伤心的。
  B:那太没礼貌了。
  C:不能叫他大笨熊,老师说了不能骂人的。
  D:他可能会哭的。
  E:这违反班里的规定了。

  我们可以把以上五位大班幼儿对这一违规事件的反应分为两类:一类指向文明礼貌和班级制度规定,如 B、C、E 的反应;而另一类则涉及心理伤害,如 A 和 D,可纳入道德领域。
  又如在违反社会习俗规则时可能会引起道德上的身心伤害(如在举行葬礼时,有人穿红衣服)。它一般表现为违反根深蒂固的习俗规定会给习俗遵守者带来心理上的伤害。斯麦塔纳(Smetana)要求儿童对未举手就发言这一违规行为进行判断,结果显示,有些儿童的判断是基于班级制度的,即认为这是维持班级秩序的重要手段;而有些儿童认为,这种违背行为导致了不公平,也就是说,儿童在进行判断时,把道德违规作为第二秩序的判断。这也反映出不同规范领域间的交叉与融合。
  根据我们的观察,教师往往有意把一些制度、合群性事件强调成道德事件,以获得幼儿的更大顺从。教师可能会对一些制度违背行为强调其道德后果，而对一些道德违背行为却做出违背制度时的反应。如教师常常会说："在幼儿园是不能打人的。"这里教师做出的其实是幼儿违背制度时的反应，因为这里教师似乎也在说："在别处是可以打人的，打人只有在幼儿园是不对的"，而忽视了道德违规事件的内在属性，教师应该说"打人是会伤害别人的，会引起别人的疼痛和伤心的"，这样的反应更适宜些。

2. 道德性规范与合群性规范间的关系

除认识不同规范间可能具有重叠融合的现象外，关注规范间的关系也是非常有必要的。就拿道德性规范与制度来说，它们虽是两类不同的社会秩序的整合方式，但它们之间具有深刻的相互作用关系。制度系统的构建总需要一定的价值作为铺垫，而这种价值通常来自于一个社会所公认的道德价值信念，这些价值信念不仅是制度系统合理性的根据，而且是其规范社会行为的基本价值标准。而道德又必须以确定的制度化结构为现实背景，离开制度化结构的正义性谈论个人道德的完善，对个人提出各种严格的道德要求，不仅无济于事，而且是不合理的、有害的，造成的是道德扭曲。

这里我们对道德性规范与合群性规范间的关系做一个重点考察。之所以要合理认识这两类规范间的关系，是因为我国对幼儿德育目标的定位偏高。由于受传统文化和"大德育"的影响，我国幼儿德育把"谦让""利他""乐于助人"等作为主要目标，这不符合幼儿的身心发展水平，没能反映出幼儿德育自身的独特性。我们不是反对培养幼儿关爱他人的品质，几千年来，"谦恭礼让""乐于奉献"一直是我国的优良传统。但我们不应盲目培养，要符合幼儿的身心发展水平。道德性规范追求的是自律和利他，它要求人人都能"毫不利己、专门利人"，要求社会中的每个个体都将这一规范当作处理一切人与人之间关系的行为准则，这势必会造成逻辑上的怪圈。这种定位严重违背了幼儿的身心发展需要。依皮亚杰的观点，幼儿常常处于自我中心的状态，幼儿的交往必须以满足其自身合法利益为前提，只有在满足其合理需要的基础上逐渐地帮助幼儿走出自我中心的状态。要求幼儿"盲目利他"势必会造成幼儿行为的"表里不一"和教育行为的"强制灌输"。幼儿不能理解"谦让"的意义，反之，所谓的谦让却成为他们压制别人，获取自利的工具。让我们看看发生在幼儿园中的这些现象吧。

案例一

幼儿 A 是中班的小朋友,性格内向,个子矮小,不大说话,但也能与小朋友友好相处。在平时的游戏活动中总是比较被动,在争争抢抢的场合总是后退一步。有一天,他刚从玩具架上取下一套插塑玩具,正高兴地玩着。突然幼儿 B 走过来说我也要玩。幼儿 A 不给,于是两人争夺起来。老师看见了就说:"我看谁谦让,谁就是好孩子!"幼儿 A 极不情愿地把插塑让给了幼儿 B,幼儿 B 以胜利者的姿态玩起了插塑。幼儿 A 则失望地离去。

案例二

幼儿 C 与幼儿 F 在荡秋千时发生了冲突,找老师解决。老师说:"你们都是大班的小朋友了,该学会自己解决问题了。今天老师不管你们,你们自己去解决吧。"不一会儿,幼儿 C 跑来告诉老师:"老师,我们解决了,我让他谦让给我玩。"老师无言以对。

谦让是一种良好的品德行为,但是不是应当发自内心呢?幼儿年龄尚小,要求其进行无私谦让是不符合其身心发展水平的。在上面的两个案例中,谦让都成了一种达成目的的工具。在第一个例子中,谦让成了老师解决幼儿冲突的工具;而在第二个案例中,谦让成了幼儿 C 获取私利的工具。

对于幼儿德育有两点要认识到:第一,幼儿德育应是一种以发展幼儿合群性为主的基础性教育,而不应把"谦让""利他"等视为其主要目标。幼儿德育注重的是幼儿基本的生活态度与能力的培养,让幼儿在生活中学会协商、合作、轮流、分享、表达等交往技能,学会互利互惠的交往是其主要目标。第二,要处理好合群性教育与道德性教育的关系,要在发展好幼儿合群性的基础上进行"谦让""利他"等道德教育。

不管是合群性教育还是道德性教育都属于幼儿的社会性教育,但我们要强调的是幼儿的社会性发展是有层次的,是一个逐渐生成的过程。一个幼儿只有具备合群性的基本态度和能力,才有可能形成"谦让""利他"的高层次道德品质。合群性发展是品德发展的基础,没有合群性发展,品德发展就不可能形成。合群性是人的基本属性,合群性预示着从"生物人"向"社会人"的转化。合群性是在幼儿与群体、个体与个体相互作用的过程中实现的,反过来,它又促进幼儿参与社会实践,吸取社会经验,掌握交往技能,形成积极的生活态度。合群性有利于幼儿进行自我控制,学会察觉与体会他人情感,走出"自我中心"的心理水平,而这些都是幼儿品德形成的条件。

学者刘焱指出,道德教育与社会性发展之间的关系可以用图3-5来概括。

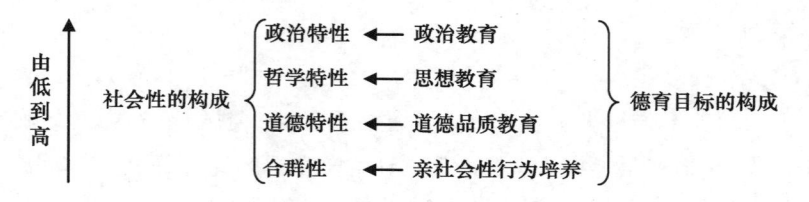

```
           ┌ 政治特性 ← 政治教育 ┐
由   社会性 │ 哲学特性 ← 思想教育 │ 德育目标
低到  的构成 │ 道德特性 ← 道德品质教育 │ 的构成
高          │ 合群性   ← 亲社会性行为培养 ┘
```

图3-5 道德教育与社会性发展之间的关系

资料来源:刘焱《幼儿教育概论》,中国劳动社会保障出版社1999年版,第134页。

从图3-5可以看出,人的社会性发展的本身是有层次的。最底层的是"合群性",即指在人群中生活的基本态度与能力。虽然一个人合群性的强弱,往往不具有道德评价意义,但是,培养在人群中应有的健康态度和能力,可以更好地帮助幼儿适应社会生活,保障幼儿的心理健康。因此,合群性是社会性的低级的但却是必不可少的基础部分。低级层面的社会性发展内容,是高级层面的社会性发展内容的基础。而目前的德育跨越基础层面,直接进入了高级层面,对幼儿进行谦让、利他等道德品质甚至是思想政治教育,这犹如造楼房不打地基,营造空中楼阁一样。德育目标的拔高,导致了幼儿德育中的盲目灌输和低效,严重违背了幼儿身心发展的特点。

因此,幼儿德育应主要在社会性发展的基础层面上发挥作用,主要培养幼儿在人群中生活所应有的健康态度和能力。幼儿的德育与成人的德育不同，它主要是在下列互惠区间展开的（见图3-6）。

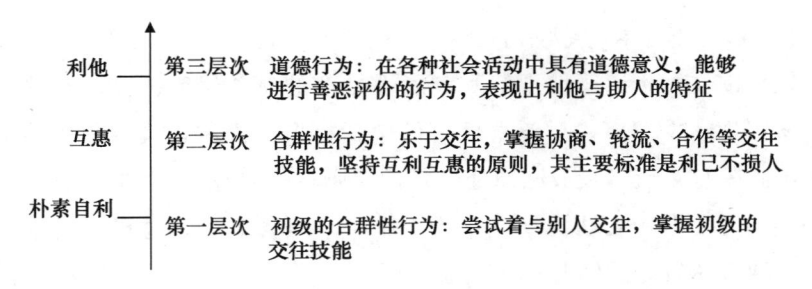

```
利他 ────   第三层次  道德行为：在各种社会活动中具有道德意义，能够
                      进行善恶评价的行为，表现出利他与助人的特征
互惠 ────   第二层次  合群性行为：乐于交往，掌握协商、轮流、合作等交往
                      技能，坚持利己互惠的原则，其主要标准是利己不损人
朴素自利 ──  第一层次  初级的合群性行为：尝试着与别人交往，掌握初级的
                      交往技能
```

图3-6 社会性发展层次

因此可以得出的结论是：在幼儿班级规范教育中，合群性规范占据了重要的地位，这是由同伴关系——幼儿班级交往中的主导关系和幼儿身心发展所决定的，也是我国政治、经济、文化发展的要求。互惠性的规范是基于每个人自身利益而形成的，倡导互惠性规范是一种必然的选择。就我国的情况而言，要打破道德性规范中"羞于言利，耻于言利"的习惯，大力倡导契约性、互惠性规范，这就要求教师充分发挥合群性规范在班级中的核心作用。当然，幼儿的发展、班级的稳定与和谐还应当以道德性规范为基础，要求幼儿开始学习对他自己的行为进行控制，使幼儿在社会化的过程中，逐渐把社会的道德观内化于他自己的人格结构中；同时，制度性、谨慎性规范的作用也是不可忽视的，否则幼儿的安全、健康，班级整体目标的达成就会受到影响。制度是班级稳定的、最坚强的保障，它保证了道德性规范、合群性规范正常效力的发挥。

第三节 幼儿与教师对各类规范的理解和反应

在分析了各类规范的相对独立性和关系后，接下来将考察教师和幼儿对各类规范的理解情况（因时间的关系，重点关注了道德性规范与制度性规范），以为更好地开展规范性教育打下基础。对规范的理解不仅体现于幼儿和教师对不同规范的观念上，更主要的还体现于他们面对不同规范事件时的相互作用模式和反应上。

一 幼儿对各类规范的理解和反应

（一）幼儿对不同规范的理解

根据前文关于道德性规范和制度性规范的有关研究，我们选取来自幼儿班级生活中的事件。道德性事件包括打人，抢占玩具；制度性事件包括不睡午觉，玩具没放回原处（借用图画进行描述）。我们对某市某一级一类幼儿园 120 名幼儿（其中大、中、小班各 2 个，每班在老师的协助下选取表达较好的幼儿各 20 名）进行个人访谈，要求幼儿从行为的严重性、一致性①、普适性②等维度进行判断，并尽量要求幼儿说出判断的理由，对违规者的惩罚量做出选择。相关的操作性定义、故事访谈内容、提纲等见本书后面的附录 1。

1. 幼儿在一定程度上能对道德与制度进行区分

这主要表现在大多数幼儿认为，道德性规范比制度性规范更具有普适性、一致性，道德违规更具严重性，应受更大的惩罚。同时，对于道德性违规（如打人），幼儿认为，即使没有规定（假如幼儿园里没有不能打人的规定）也是错误的（见图 3－7）。

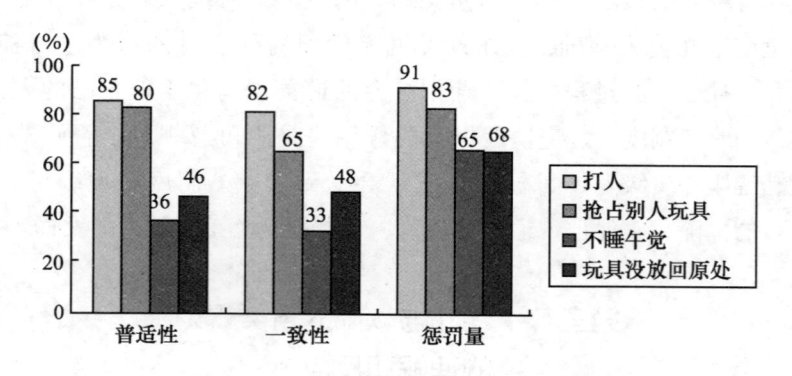

	普适性	一致性	惩罚量
打人	85	82	91
抢占别人玩具	80	65	83
不睡午觉	36	33	65
玩具没放回原处	46	48	68

图 3－7 幼儿对各类违规事件的区分

---

① 一致性是指某种行为是否合理，并不是由于某种外在规范的存在。如我们发现，即使告诉幼儿班里没有"不能打人"的规定，大多数幼儿还是认为"不能打人"，这就说明了道德性规范具有一致性。

② 普适性是指某种规范在不同的文化和情境下都具有相同的约束力。如"不能打人"在幼儿园、在家里、在我国、在别国都是不行的，这就说明道德性规范具有普适性。

从图 3-7 中可以看出，幼儿对打人，抢占别人玩具和不睡午觉，玩具用完没放回原处等违规事件进行了一定的区分。大多数小朋友认为，"不能打人""不能抢别人的玩具"等道德性规范具有普适性和一致性。如 85% 的幼儿认为，在任何地方都"不能打人"（普适性）；82% 的幼儿认为，即使班里没有"不能打人"的规定，也不能打人（一致性）。而大多数幼儿认为，"要睡午觉""玩具要放回原处"等制度性规范具有相对性、偶然性。如幼儿认为"要睡午觉"这一制度是幼儿园里的规定，而在家中他（她）们可以"不睡午觉"（相对性）；如果幼儿园里没有"睡午觉"的规定，他（她）们认为可以"不睡午觉"（一致性）。当然，从惩罚角度看，图 3-7 表明，大多数幼儿要求对任何违规都要给予惩罚，但道德性违规与制度性违规在惩罚量上还是有差异的，即对道德性违规者要给予重惩罚。如 91% 的幼儿认为，要对"打人者"给予重重的惩罚；而只有 65% 的幼儿认为，要对"不睡午觉"者给予重重的惩罚。我们通过以下两则访谈来进一步说明我们的观点（R：研究者，C：访谈一、二中的幼儿为同一个中班的）。

访谈一：打人。

小朋友 A 不小心撞倒了 B 所搭的积木，B 很生气，B 狠狠地打了 A 一下，A 哭了。（借用图片描述）

R：你认为 B 打 A 的行为好、有点坏，还是很坏？（严重性）

C：很坏。

R：为什么？

C：打人会痛的，会哭的。

R：如果班里没有"不能打人"的规定，那么 B 可以打人么？（行为的一致性）

C：那也不可以。

R：假如在家里或在别的幼儿园，B 打人是对的么？（规范的普遍性）

C：不对。

R：为什么？

C：人家会哭的。
R：你认为老师要不要惩罚 B？
C：要。
R：是给一点点，还是给重重的惩罚？（惩罚量）
C：重重的。

这里，幼儿 C 认为，"打人"是具有严重后果的行为，"不能打人"不仅在自己的幼儿园，在别的幼儿园或家里也是不行的，这一规范具有普适性。因为幼儿认为"打人"别人会痛，会哭，这说明幼儿是根据行为的内在属性对这一规范进行判断的。同时幼儿要求给予打人者重重的惩罚。

访谈二：用完胶水没放回原处。

美工区的小朋友 A 用完胶水后没放回原处。（借用图片描述）
R：你认为 A 的行为好、有点坏，还是很坏？（严重性）
C：坏蛋。
R：为什么？
C：用完胶水要放回去的，有规定的。
R：谁的规定？
C：班里的规定，老师说过的。
R：如果班里没有规定，那么 A 可以不把胶水放回原处？（行为的一致性）
C：不知道，嗯，不行，不行。
R：假如在家里，A 可以不把胶水放回原处么？（规范的普遍性）
C：可以，我家里的玩具一会儿放这，一会儿放那的。
R：为什么？
C：家里没有规定。
R：你认为老师要不要惩罚 B？
C：要。
R：是给一点点，还是给重重的惩罚？（惩罚量）

C：给一点点吧。

这里，幼儿C认为"用完胶水没放回原处"是具有一定后果的违规行为，"用完胶水放回原处"在自己的幼儿园适用，在家里可能就不适用了，这一规范具有相对性。因为幼儿认为"用完胶水放回原处"是幼儿园班级中大家的规定。同时幼儿要求对违规者给予一点点的惩罚。这表明，这一幼儿对"不能打人"和"用完胶水放回原处"这两条规范已进行了一定的区分。

2. 不同的理由判断

对幼儿判断的理由（幼儿把某行为纳入道德类或制度类的原因）进行分析后，我们把它们归为五种情况：

内在定向：幼儿认为采取某一行为会给别人带来身心伤害或不公等，如"打他，他会哭的，好痛的""抢他的玩具，他会伤心的"。

权威定向：幼儿认为从事某一行为是由于外在的权威存在，如班里或老师的规定。如幼儿会说："老师说的，中午要睡觉。""班里有规定，不能乱扔玩具。"

惩罚定向：幼儿认为，采取某一行为可能会受到成人的惩罚。如幼儿会说："不睡觉，老师会骂的。"除以上的分类外，还有一些判断的理由是模糊的或是不符合逻辑的。

由于权威定向与惩罚定向都具有外在的属性，因此，我们把它们归为外在定向。图3-8反映了幼儿进行理由判断的情况。

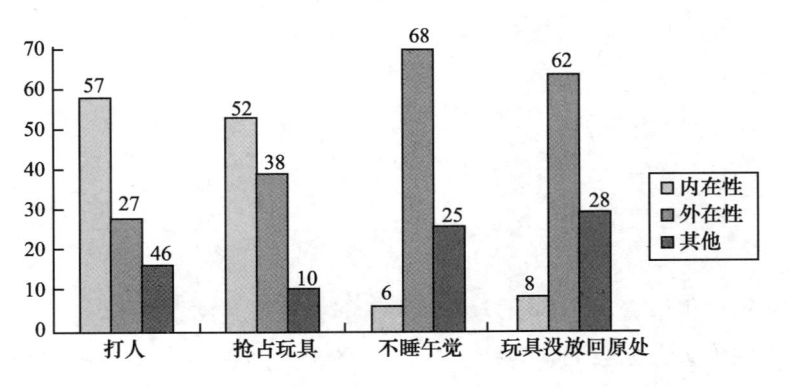

事件	内在性	外在性	其他
打人	57	27	46
抢占玩具	52	38	10
不睡午觉	6	68	25
玩具没放回原处	8	62	28

图3-8　幼儿对各类事件进行区分的理由判断

从图 3-8 中可以看出，幼儿对道德和制度进行区分的理由是不同的。有 57% 和 52% 的幼儿分别对"打人"和"抢占玩具"采取的是内在性的理由判断。而 68% 和 62% 的幼儿分别对"不睡午觉"、"玩具没放回原处"采取的是外在性的理由判断。对道德性行为进行判断时，幼儿关心的是别人的情感、伤害、公平、福利等内在属性；相反，在对制度性行为进行判断时，幼儿感兴趣的是权威、避免惩罚、注重风俗习惯等，具有外在性。我们可以看看下面的理由解释：

打人
  R：为什么不能打人？
  C：老师说的，不能打人。
  R：噢，老师说的，还有其他原因？
  C：他（别的小朋友）会哭的，好痛的。
  ……
  R：为什么在别的幼儿园也不能打人？
  C：会生气的、会哭的。

午睡
  R：可以不午睡么？
  C：不可以。
  R：为什么？
  C：老师要求的。
  R：噢，老师要求的，你不睡，老师会对你怎样？
  C：会凶我的。
  R：那在家里可以不睡么？
  C：可以。
  R：为什么？
  C：妈妈同意我不睡。
  R：好的。

从这里可以看出，小朋友认为"不能打人"主要是因为打人会造成对别人的伤害，如会哭、会痛、会伤心等，虽然也会出于教师权威的考虑，但重点在于行为的内在属性；而"午睡"在小朋友看来，这是教师的权威在发挥作用，因为他（她）们认为，在家里由于没有老师或成人的要求，就可以不睡午觉。同时，研究表明，学前幼儿对保护身体安全的谨慎性规范已有一些认识，但认为这些规范的重要性差一些，违背这些规范要比违反道德性规范在严重性上低一些。

这与前文关于类型划分的理论假设相一致，成人和幼儿都是根据规范的普适性、行为的一致性和违规的严重性等标准来区分道德性规范和制度性规范的。道德性规范被认为是不依赖于特定情境的，是可以推广到不同的社会和文化的。而制度、习俗等则是依赖于某一团体认可的规范，它们的规范性力量只在准则得以建立的团体或社会体系里起作用。人们进行规范类型区分判断的理由是不同的，道德性问题的判断是依据行为会不会引起伤害或有不公的后果，而制度性问题的判断是依据规范或权威的期望。戴维森指出："幼儿在道德领域内推理的发展是从注重自己的福利发展到注重个体权利之间的互惠观，而制度规范的发展，则是从注重权威的期望和避免惩罚发展到注重其在协调社会互动中的功能。"[①]

（二）幼儿对不同规范事件的反应

在班级生活实践中考察幼儿对各类规范的理解，主要在于考察幼儿面对真实的各类违规事件时，是否有不同的相互作用模式和反应。对于这一点，我们用的是观察法，相关的操作性定义和观察记录见本书附录2。

分析观察结果发现，受害者或其他同伴对道德违规行为做出的反应，往往集中在行为的内在结果上，且这些行为具有高度的情绪性：第一，表达行为的伤害，如"你打疼我了"；第二，出现哭、悲伤、难过等情感的表达，如"你取笑我，我心里好难过！"第三，陈述权利和公平等，如"你们这样不公平，现在应该轮到我玩了！"较小的幼儿还会求助于老师，幼儿时常会进行相应的报复。而道德性违规者则可能会采取各种方式来修复与同伴的关系，如直接道歉、努力赔偿或简单地停止某种行为等。也可能寻找借口来开脱自身的行为，如宣称不是故意的；辩解说只是对

---

① J. G. Smetana, "Understanding of Social Rules," M. Bennnett (ed.), *The Child as Psychologist: An Introduction to the Development of Social Cognition*, New York: Harvester Wheatsheaf, 1993, p. 116.

先前的伤害进行反击（"是他先打我的"）；宣称他自己的行为没有造成实质性的伤害或不公（"哦，真是的，我只是轻轻地踩你一下"）等。

观察发现，在幼儿的班级日常交往中，从量上来看，道德性事件比其他类型事件出现得少。制度违规所引起的同伴的情绪相对要少一些，主要集中于行为的外在标准上。幼儿常常会发布指令，直接要求停止某一行为，而不给出理由或对规范进行陈述，如"不要那样做"。同伴对违规者（如男孩穿女孩的衣服，用手吃饭）的反应集中于社会准则和社会期待上，且时常带有嘲笑的意味。而违规者常常会通过服从准则或对准则进行挑战（"是谁制定这死板的规矩的，我们不一定要遵守"）来对同伴的行为做出反应。有时，违规者也可能会对支持或制定准则的权威者进行挑战（"你又不是我的老师"）或甚至对别人的反应视而不见，继续做他自己的事情。有关违反道德性规范和制度性规范的同伴间的相互作用模式，在以下的事件中得到了解释，这些事件是在幼儿自由玩耍时观察获得的。在每个例子中，违规行为都以斜体字加以标识。

道德性违规

事件1：四个小朋友在积木区做游戏，*A 和B 在朝一个更小的小朋友C 扔积木区中的辅助材料（如小汽车、小动物等）*。C："坏蛋，你们打痛我了，我会对你们不客气的！告诉王老师。"A 对B 说："听到了吗？他会对我们不客气，还要告诉老师。"然后，他们大笑起来，并继续向C 抛东西，C 跺着脚向 A 和 B 说道："坏蛋"，便跑开了。

事件2：*小朋友A 从小朋友B 手里抢来皮球*，正在玩。一个小女孩看到了这一现象，朝 A 喊道："嗨，又抢他的皮球，真是的，老是欺负人。"然后，小女孩把皮球从 A 手里夺过来，并推了 A 一下，把皮球还给了 B。B 接过皮球又玩了起来。

制度性违规

事件3：大班的小朋友*A 在草场上踢足球*，女孩B 对女孩C 说："他就喜欢在草地上踢球，经常这样。"C 说："不要踢了"，

B说："老师说过的，不能在草地上踢球的。"A看看B和C，抱着球走开了。

事件4：*小朋友A在吮吸手指，小朋友B对C说："他又在咬手指了。"C说："脏死了。"B说："不要吃了，还流口水。"A听到后，就不吮吸手指了。*

从这里可以看出，在不同的规范事件中，幼儿有不同的社会体验。同伴对违背道德的行为所做出的反应集中在行为的内在结果上，而对违反制度习俗行为的反应主要是依据外在的规范。在道德违规中，幼儿作为受害者对这些问题的体验与作为第三者（如观察者或是解释者）是一样的。如在事件2中，正是小女孩体验到了小朋友B的感受，她才站出来保护B的合法权利。幼儿对另一个孩子的违规行为的反应，也被认为是修护社会结构和处理社会责任的努力。

二 教师对各类规范的反应

关于教师对各类规范的理解，我们重点考察的是教师面对班级生活中真实的不同规范事件的反应。我们用的是观察法，相关的操作性定义和观察记录表见本书附录2。

（一）*教师更多地关注制度违规，幼儿更多地关注道德违规*

观察发现，教师对幼儿道德违规行为的反应从量上看少于同伴对它的反应，相反，对幼儿制度违规的反应却多于幼儿同伴对它的反应。早期幼儿与同伴的冲突，常常是因为争夺玩具和游戏活动等资源而引起的，而且更多的是来自同伴的反馈而不是来自成人的反馈；而他们的制度违规行为更多地发生在教师与幼儿之间，如礼貌问题、违反团体的规范等，这些常常会引起教师的关注。随着幼儿的成长，幼儿比教师更多地对其他幼儿的道德违背行为做出反应，而教师则主要对违背幼儿园制度的行为做出反应。这些观点除表明教师和幼儿对不同类型的越轨行为的反应是不同的外，还暗示了幼儿的道德理解主要来自于同伴间的相互作用，幼儿间的道德冲突似乎是在教师或成人之外，更多的是他们自己解决的。

（二）教师反应的非协商化

观察发现，教师对幼儿的违规行为所做出的反应大致有三种情况：教师的内在反应，教师的规范维护和教师的直接指令。发人深思的是，教师没能对不同类型的规范事件做出相应的反应，这主要表现在如下方面：教师在面对幼儿的不同违规现象时，大多数时候采取的是直接发布指令的方式，即命令幼儿停止或做某事（如"你别玩了！""你打人是不对的！"），而不给予合理的解释；教师对规范的维护，是直接宣称某一特定的规范来约束幼儿的行为（如"积木只能放在积木区，这是我们的规定"）。对道德违规行为的内在属性缺乏合理的解释（如"因为你打了他，他受到伤害，会感到疼痛，他还哭了"），没能帮助受害者表达出内心的感受（"你看，她伤心透了"），或没有对受害者的权利和公正要求进行陈述（如"你拿了他的玩具，这不公平！"）。

从教师对违规事件反应的性质来看，可以分为直接式的和间接式的；协商式的与非协商式的。直接式的涉及发出指令、对某一规范的宣称、理论陈述或直接运用某种手势等（"你伤害了别人"，"你不应用手吃饭"）；间接式的指向对所期望的行为的提醒，涉及暗示、建议、提供选择、提问或非言语的手势提醒等（"你喜欢玩什么游戏？""你还要再加点饭么？"）；协商式的是指教师基于幼儿的愿望来开展互动，要求教师放弃专制控制，表现出一定的妥协（"你现在不能玩这玩具了，但等户外活动回来后，你可以继续玩"）；非协商式的是指教师忽视幼儿的愿望，往往对幼儿表现出专制的方式（"没什么好选择的，就到美工区去"）。观察表明，教师对幼儿不同的违规行为的反应基本上都是直接式和非协商式的。

当然，不是说教师不能发布指令或进行规范维护，这里强调的是要根据事件的性质做出恰当的反应。如当幼儿的行为对他自己或别人可能带来安全、健康等方面的危害时，教师必须及时制止幼儿的行为；而当幼儿因同伴间的冲突，引发带有道德性质的问题时，教师则应采取间接式的、协商式的方式，引导幼儿理解行为的内在后果，甚或让幼儿自己解决同伴间的冲突。

幼儿关于不同类型规范的观念来源于和建构于不同类型的社会互动。斯麦塔纳（Smetana）提出："社会制度习俗的最初观念来源于婴儿早期的各种交流性游戏及婴儿与照管者的互动；而道德观念来源于早期幼社会互动中的分享、伤害等事件。"① 其中成人对不同违规事件的反应，成为影响早期幼儿进行规范建构的主要因素之一。

第四节 构建与规范类型相适应的教育

从上面的分析中可以看出，教师没能很好地针对不同规范的属性做出恰当的反应，这不利于幼儿的规范建构，因为早期幼儿对于社会规范各领域的认知起源于幼儿时期所经历的各种社会事件，而其中重要的一环是成人对他（她）们应有的不同反应。

皮亚杰指出，知识既不是客观的东西——经验论，也不是主观的东西——活力论，而是个体在与周围环境的双向互动中建构起来的，这是皮亚杰的认识论，也就是所谓的发生认识论（genetic epistemology）的核心思想，它涉及认识的结构、发生、发展过程以及心理起源的学说。皮亚杰发生认识论的一个核心概念是图式（schema，在他后期著作中称scheme）。图式是指个体对世界的知觉、理解和思考的方式，图式是心理活动的框架或组织结构。图式结构是认知的起点和核心，图式的形成和变化是认知发展的实质。皮亚杰认为，认知的发展是一个动态的同化、顺应和平衡的过程。同化原是一个生物学概念，它是指有机体将外界要素整合进它自己结构中去的过程。而顺应是指有机体调节它自己的内部结构以适应特定刺激情境的过程。同化与顺应相伴而行，同化主要是指个体对环境的作用；而顺应则主要是指环境对个体的作用。平衡是指个体通过自我调节机制使认知发展从一个平衡状态向另一个较高平衡状态过渡的过程。同化与顺应间的平衡过程，也就是认识的适应，是人类智慧的实质所在。

知识是儿童与环境交互作用的产物，环境的复杂性及儿童自身需求的多样性决定了交互作用的复杂性，从而形成不同的认识结构。这一论点在皮亚杰那里得到证实。皮亚杰指出，个体对物体施加动作过程的练习和习得经验有两种，即物理经验和数理逻辑经验。前者指个体作用于

---

① J. G. Smetana, "Preschool Children's Conceptions of Moral and Social Rules," *Child Development*, 1981, 52: 1333–1336.

物体，获得的是物体的体积大小、重量等特性；后者指理解动作与动作之间相互协调的结果。前者存在于物体特性本身，称为物理知识；后者不存在于物体本身，是由于主体作用于客体的动作及动作间的相互协调结果所引起的，"知识来源于动作，而非来源于物体"，称为数理逻辑知识。[①]

依皮亚杰发生认识论原理，我们可以得出的结论是：知识是个人与社会或物理情境之间联系的属性以及互动的产物。我们在研究作为社会知识存在的规则时，有两点可以借鉴：(1)既然知识是儿童与环境相互作用的产物，那么，社会规则的建构也是儿童与环境（只不过是社会环境）相互作用的产物；(2)儿童个体与不同的客观环境的相互作用，形成不同的认识结构，那么，儿童个体在与不同的社会环境相互作用时，会形成不同的社会认识结构。

社会环境是一个复杂的、综合的动态系统，它存在着各种不同的社会事件，幼儿在不同质的社会事件中进行不同的互动和建构，经历不同的体验，形成不同质的社会认知结构，最终产生不同领域的规范，反过来，不同性质的规范又引导和规范着幼儿参与各种社会事件，从而形成良性循环（见图3-9）。

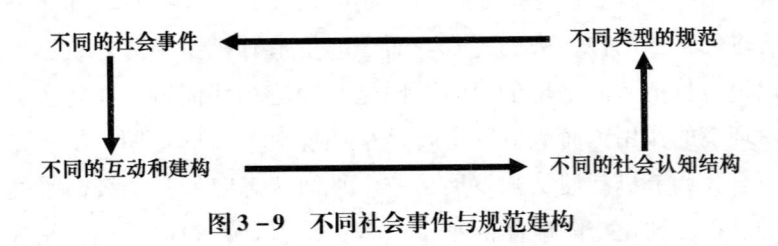

图3-9 不同社会事件与规范建构

因此，建构与规范类型相适应的教育非常重要，正如纳希所言："在婴儿时期，我们就开始了我们的社会和道德价值观图式的建构过程。与这些图式相结合的是与特定的社会事件类型相联系的情绪体验，包括对幼儿遵守或违反某一规范时成人反应的体会。"[②]

---

① [瑞士]让·皮亚杰：《儿童心理学》，吴福元译，商务印书馆1980年版，第116—117页。
② 纳希：《道德领域中的教育》，黑龙江人民出版社2001年版，第141页。

一 做出与规范类型相适应的反应

幼儿对道德、社会制度的认识来源于不同性质的社会交往，各种不同性质的交往形式，其教育意义在于最大限度地对幼儿的社会和道德成长施加影响。围绕道德和制度规范方面的教育应该与社会规范的道德或制度性质保持一致。这就要求教师对幼儿遵守或违反幼儿园的规定时应考虑：要不要做出反馈，或有不同的反馈，要考虑规范所涉及的是道德还是制度或是其他类型的问题。

就一般而言，当教师面临的是幼儿的道德违规时，做出的应是符合行为后果的内在反应；涉及合群性规范时，面对的往往是幼儿同伴间的冲突，只要冲突不会给幼儿带来安全或健康隐患，教师可以不做出反应，静观之更佳。即使幼儿求助于教师，教师也应鼓励幼儿自己解决冲突。在制度习俗领域，教师不仅要使幼儿知道制度化规范是大家的共同期望，也要使幼儿了解制度化规范的组织功能。而在谨慎领域，当某一行为对幼儿自身或别人带来安全或健康的危害时，教师必须对幼儿做出及时的反应以制止其行为（如图 3-10 所示）。这里重点谈谈教师对道德和制度违规时的恰当反应以及幼儿对老师不同反应的评价。

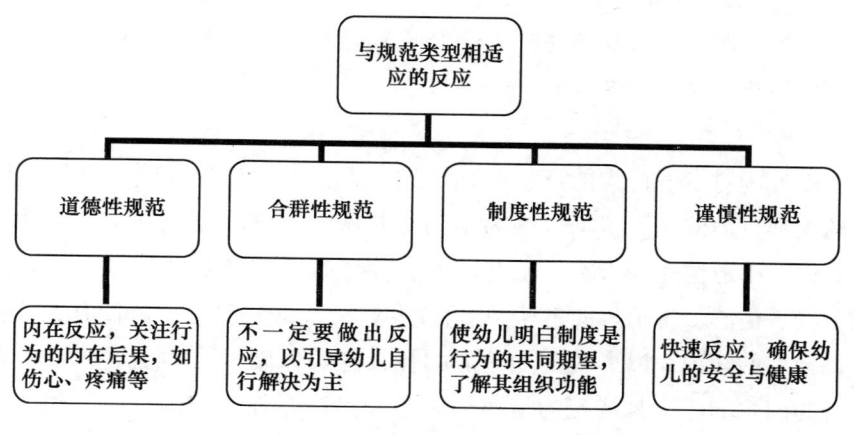

图 3-10 构建与规范类型相适应的教育反应

（一）对道德性规范的反应

建构起对公平互惠的理解是幼儿道德领域的重要方面。这要求幼儿能在两个或两个以上的观点间进行合理的权衡，对早期幼儿来说，这是一种挑战。早期幼儿对互惠合作感所形成的最初理解来自于社会交往中的直接经验。教师在幼儿道德发展中的主要贡献就是为幼儿创造体验这种经验的机会。教师可以引导幼儿关注行为的内在属性及其所包含的互惠意义。在幼儿园的日常生活中，教师对幼儿违规行为的反应经常是这样的：

"王阳，杨明需要一支蜡笔，请你给他一支吧。"
"潘杰，王旭没机会玩风筝，你让他玩一会儿吧。"

应该说，在上面两种情况下，教师都是强调别的小朋友的需要，而不是使用成人的权威。但即使是这种与类型相一致的表述仍缺乏互惠的成分。虽然它们也与幼儿的道德观念有联系，但没有明确地把幼儿的注意力引向事件的互惠性（如轮流、分配、分享等）上来。

因此，教师需要充分地把互惠合作的意义体现在对幼儿的言语中，下面的表述可能会更加贴切：

"王阳，如果所有的蜡笔都在杨明那里，你一根也没有，你会有什么感受？我想你可能会伤心的。所以请你和他一起分享蜡笔吧，他也需要一支蜡笔。"

另外，对道德行为的反应要理解这一点：道德是与"热"情感相联系的人类行为的一个范畴。因为早期幼儿认为道德问题充满了情绪性的内容，对于道德违规行为，幼儿认为会使受害者或旁观者体验到一些诸如生气、伤心、害怕等的感情。阿森尼奥说："幼儿整理了他们有关社会道德情感的知识，以形成更加一般的社会道德原则。"[①] 也就是说，道德—行为图式的建构与特定的情感体验过程是结合在一起的，给予幼儿积极的、合理的情感支持是促进幼儿道德领域发展的最好反应。

道德推理、判断是和情绪结合在一起发生的。对于教育者来说，关

---

① 纳希：《道德领域中的教育》，黑龙江人民出版社2001年版，第140页。

注班级内的情感性内容和氛围，提供安全和公平的情绪背景，让幼儿在其中探索与别人的交往互动是极其有意义的。一个公平互惠的、充满良好意愿的环境支持了幼儿道德可逆性（公平）的建构。早期幼儿良好的意愿情操极为重要，它可以使幼儿愿意抵制仅仅有利于自己个人利益的行为，因为这些行为在一定的情境下会伤害到其他人。而在一个充满"邪恶意志"的环境中，长期的欺骗和同伴的拒绝歪曲了道德互惠的建构，在这样的氛围中，幼儿对他人表现出攻击性时会有一种被"授权"的感觉。如果幼儿认为世界充满危险，没有爱，或者说充满专制，那么他们可能会认为自己是被遗弃的，是未来的受害者，他们更可能在社会情境中从自我利益的角度出发，认为自身行为是正当的，其实，这种行为会对他人造成不良的后果。接纳并关心幼儿的氛围是道德教育必不可少的成分。早期幼儿尤其易于接受成人表达出来的关心，也易于受到成人表现出来的愤怒情绪的负面影响。要在幼小的心灵里播下仁慈和公正的种子，就必须建构起仁慈和公正的环境。

（二）对制度的反应

对早期的幼儿来说，理解班级制度是比较困难的，但这并不是说早期幼儿对社会制度、习俗等没有任何意识。学前幼儿确实会对一般的社会违规行为做出反应，如穿与性别不相符的衣服，在游戏中破坏传统的角色等。当然，早期幼儿倾向于用解释性、具体性的语言看待制度化的规范，倾向于把当前存在的规范看成是对实际生活秩序的描述。在他们看来，男孩的头发一般比女孩短，所以男孩的头发应该比女孩短。早期幼儿像这样把特殊的（是）转变成为制度化规范的（应该）现象，部分是由于幼儿努力从社会生活和物质世界中寻找社会的秩序和组织形式。因此，刚脱离家庭的幼儿最难适应的是班级的混乱及其所造成的无法预知。从这个意义上看，给早期幼儿创设一个井然有序的环境，就是对其进行制度化规范教育的最佳方式和反应。

在制度领域，对于幼儿的违规行为，教师不能只是陈述准则、秩序和社会期望，教师要尽量使幼儿理解制度的社会功能。教师对幼儿违规行为的反馈要保持公平和一致。特别要强调的是，教师的反馈要针对幼儿的行为而不是其品性，教师要指出幼儿背离规定的行为和所造成的混乱，而不是用简单的命令方式表明对他们的期望。教师这样做的时候，就从两个方面帮助幼儿重新建构他们对制度的理解：一是行为方面对他们的共同期望（准则），另一是说明制度的组织功能（没有它会造成班级的混乱）。

当然，一旦教师规定了基本的班级制度框架，可以让幼儿参与制定直接影响他们的制度规范，使他们能够通过集体协商来体验这些社会规范。这是任何有意义的社会价值课程的中心所在。

（三）教师的反应与幼儿对教师的评价

幼儿对教师的评价，常常与教师对违规行为能否做出合理的反应有关。早期幼儿倾向于喜欢教师采用与规范类型相一致的干预方法。例如：

小朋友 A 霸占了许多玩具，而不愿和其他小朋友分享，叫他让出些玩具来，以下的方式会使他容易接受。（T：老师；C：小朋友）

T：你看，你这有许多玩具。

C：是的，好多玩具。

T：那他们（在 A 身边围观的小朋友）一个也没有呀。

（C 保持沉默）

T：他们一个玩具都没有，你有许多，他们会觉得不公平的！

（C 看了看身边的小朋友）

T：想想看，如果你没有玩具玩，而他们有许多玩具，可他们又不给你玩，你的感受会是如何？

C：会伤心的。

T：是的，他们也会伤心的，不过你和他们一起玩，他们就不会了。

小朋友 C 主动向身边的小朋友分发玩具，并一起玩起来了。

幼儿不喜欢教师做出与领域不相适应的方式，例如：

对一个打了其他孩子的幼儿说："你不应该这样做，这样违反了班里的规定。"或简单地说："这不是咱们班小朋友应有的行为。"

对这种反应方式幼儿之所以不喜欢，是因为它存在着两方面的不足：（1）忽视了打人行为可能造成的内在后果；（2）这种反应方式似乎也在说"打人"只是违反了幼儿班级中的规定，而在其他地方就可以打人了，甚或是说，别的班的小朋友可以打人，这不符合道德规范的普适性和道德行为的一致性。

纳希等人曾以大班幼儿和一年级幼儿为对象进行了相关的研究，[①] 让他们观看一些幼儿违规事件和教师对这些违规事件做出不同反应的录像，然后让幼儿对教师的反应加以评价。教师对幼儿违规行为的反应大致可归为五类：（1）对行为内在特征的说明，表明该行为本来就具有伤害性或本来就是不公正的（如"某某小朋友，这样做真地伤害了某某"）；（2）观点采择的要求，要求违规者考虑如果他自己是该行为的受害者时的感受（如"某某，如你没有玩具玩，而其他小朋友手里有许多玩具，你的感受如何？"）；（3）对规范的宣称（如"某某，教室里不能乱跑"）；（4）对混乱失常行为的态度，表明该行为正引发混乱或非常不合适；（5）命令，要求停止不加考虑的行为（如"住手！"或者"不准打架！"）。

教师的这些反应要与规范类型相适应，如若把本来属于（1）（2）项的反应代替为（3）（4）项的反应或者反过来，就会看到与规范类型不相适应的反应。研究表明，教师对违反道德规定的幼儿的反应集中在该行为的内在影响上时，幼儿对这样的教师评价最高。幼儿喜欢这样的教师，他们会叙述学校的规定或规范性的期望。幼儿评价最差的是那些只会命令幼儿的教师。

二　生成与规范类型相适应的课程

生成与规范类型相适应的课程的第一步就是要分析各类规范的主要价值目标所在。根据前面的相关分析，道德规范关注的主要是幼儿关于公平、关爱和利他等的概念；制度性规范主要培养幼儿的社会组织观、集体观；合群性规范要培养幼儿的基本生活态度与能力及互惠平等观；谨慎性规范要确保幼儿的安全与健康（如图 3-11 所示）。

确定了各类型的价值目标后，对于教师而言，所面临的最大挑战是，

[①] 纳希：《道德领域中的教育》，黑龙江人民出版社 2001 年版，第 67—71 页。

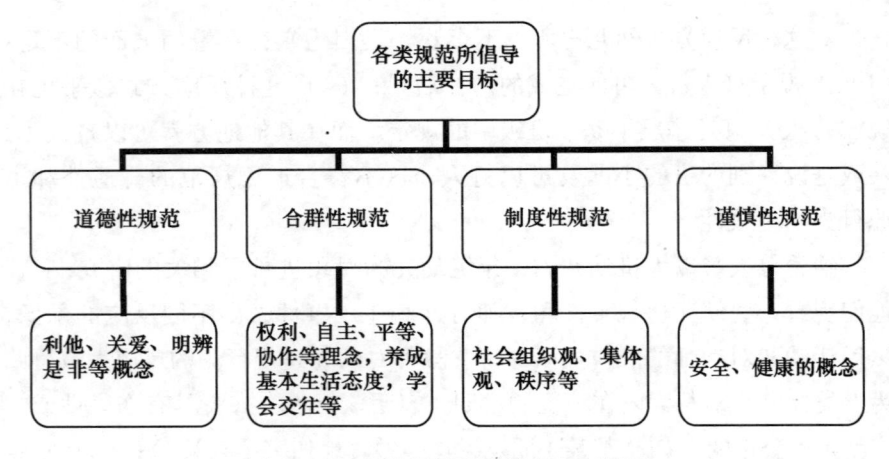

```
                    各类规范所倡导
                      的主要目标
                          │
    ┌─────────────┬───────┴───────┬─────────────┐
 道德性规范      合群性规范      制度性规范      谨慎性规范
    │             │                │             │
 利他、关爱、   权利、自主、平等、  社会组织观、集体   安全、健康的概念
 明辨是非等    协作等理念，养成   观、秩序等
 概念         基本生活态度，学
              会交往等
```

图 3-11　各类规范所倡导的主要目标

从幼儿的日常生活和课程中识别出那些可以在特定价值领域引起讨论和思考的问题。一般而论，道德领域涉及健康或身体上的伤害（如推人，打人，挤人）；心理上的伤害（如骂人，取笑别人，伤害别人的感情）；权利和公平（如偷窃，抢占玩具，破坏他人的财物）及一些亲社会行为（如合理的谦让、分享，帮助需要帮助的人）等。而制度习俗往往涉及秩序、表达、服饰、性别角色、言谈举止等方面。合群性规范往往与幼儿的同伴交往或幼儿参与团体活动有关。下面所观察到的"关于鲸鱼与海豚的故事"，教师可用以开展道德性规范的教育。

    在漂亮的海洋馆里有许多可爱的海豚。一天，海洋馆的叔叔阿姨们给海豚带来了一个新的朋友——鲸。鲸鱼来到海豚的家非常高兴，它活蹦乱跳，结果把许多海豚弄伤了，海豚非常伤心。叔叔阿姨们为了制止鲸鱼对海豚的伤害，于是就降低了海豚区的水位，结果是海豚由于身体小而可以在水中自由地游动，而鲸鱼却由于身体大而水位太浅，游不动了。于是，鲸鱼非常烦恼和忧伤。可爱的海豚们发现后，它们并没有远离鲸鱼而去，而是靠近它，安慰它，并给鲸鱼跳舞，唱歌。叔叔阿姨们发现后，好感动，他们赶快把水位升起来，鲸鱼又可以自由地游泳了。但是它这次游泳时非常地小心，以免伤害它的海豚朋友。

在教师讲完故事后,许多小朋友对故事做出了反应,特别是有几个常常"欺凌弱小"的小朋友的反应更加强烈(这几位小朋友的情况是后来从教师处了解到的)。在对故事进行讨论中,教师利用这种认同,启发"欺凌弱小"者说说海豚为什么怕鲸鱼?海豚被鲸鱼伤害时的感受如何?要求其他小朋友讨论鲸鱼需不需要朋友?海豚对鲸鱼进行安慰好不好?引导孩子明白"欺凌弱小"者也需要友谊和关心。教师接下来问幼儿,在水位降低,鲸鱼不能动时,海豚一起来打鲸鱼,给它点"教训",这样做是否公平?小朋友讨论热烈,效果甚佳。

第 四 章

规约的限度与幼儿个人领域的形成

> 任何孩子（不管是特别有才能的还是没有才能的）的个人自主选择、秘密都是对孩子自我个性和独特性的见证。这种认知是所有教育工作者所应具备的。
>
> ——马克斯·范梅南[①]

"我不喜欢花椰菜，从小时候起就不喜欢，但母亲让我吃，现在我成了美国总统，就再也不用吃花椰菜了。"这是美国前总统乔治·布什的话，当我们看到它时，我们几乎可以感受到布什太太在向他的儿子解释花椰菜的营养价值，以及成长中的幼儿需要这种绿色蔬菜的情景。当然，这里我不是要来讨论花椰菜的营养价值，我想表明的是，在我们的生活中成人即使对这么小的事（喜欢吃什么、个人的喜好）也需要进行长时间的控制，甚至对于乔治·布什这么有地位和权力的人来说也是如此。成人总是试图对所谓与孩子有好处的有关问题施加控制，而这些问题有时却属于孩子的个人领域，它们关涉幼儿自我的形成和主体性的发展。

花椰菜的故事给我们的启示是：协调好幼儿班级规范与幼儿个人领域的关系非常重要，即规范价值诉求的合理性首先体现在以不侵犯幼儿个人领域为底线。幼儿园是一种社会组织，它比家庭和一般的外部环境对幼儿个人的行为有更多的限制。因此，在幼儿园这样一种独特的情境中，幼儿必须学会在班级团体的规范约束和个人自由间取得平衡。但要

---

① 马克斯·范梅南：《幼儿的秘密》，教育科学出版社2004年版，第198页。

达成这一目标有两个基本前提：一是从规范自身来看，班级规范的价值规约不能践踏幼儿合理的个人领域的权利；二是教师要意识到班级规范与幼儿个人领域间的张力，在规范实践中引导幼儿学会平衡二者间的关系。本章首先对个人领域的概念及其特性进行界定，其次，对幼儿班级生活中幼儿个人领域受侵犯的现象和原因进行透视，最后对如何处理幼儿个人领域与班级规范的规约、教师监督间的关系进行分析。

第一节 个人领域的界定及其特性

为了进入话题，我们采取这样的方式，先思考下面的问题：

1. 在自选活动时，谁能决定幼儿选择美工区还是积木区？
2. 在团体活动时，幼儿有权选择和他自己喜欢的同伴坐在一起吗？
3. 假如下午的点心有苹果和香蕉，幼儿可以选择他自己喜欢的吗？
4. 当你要求幼儿告诉你关于他昨天晚上在家所发生的事情时，幼儿是否可以选择沉默？

当我向幼儿园教师询问这些问题时，他们的回答并不一致，有的说由幼儿来决定，有的说由教师来决定。而令人奇怪的是，当我问起以下问题时，教师们的回答是：由他们自己来决定。

1. 谁能决定，谁是你最好的朋友？
2. 应该由谁来决定你的发型和服饰？

我们暂且不说教师对这两组问题所做出的不同的权利归属，这些问题的性质是一样的，我们称这些问题为"个人"领域的内容，它们是我们有关价值观形成和社会推理研究中必须引起重视的领域。

一 个人领域的界定

个人领域指的是主要和个体自身有关的，处在社会规范之外的涉己行为。个人领域的行为一般不涉及"是非"判断，而是个人偏爱和自由选择的问题，是个人所拥有的合理特权，是一系列被用来反映个人权威界限的行为，它以发展个人的概念为核心。个人领域对保全个人的个性、完整性和主体性具有重要的意义。通过对个人领域的识别和控制，人们可以确定自我和社会群体的界限。比如小朋友的同伴选择，自由活动时的游戏选择，服饰选择，幼儿的隐私和秘密，私人物品，独处的时间和空间等，都属于个人领域的范畴。下面观察到的事件可以帮助我们对"个人领域"的理解：

> 午睡后的点心有香蕉和苹果，许多小朋友都吃起了香蕉，不一会儿就只留下三根香蕉和许多苹果了。
> 教师："丰丰，你看，香蕉不多了，你吃苹果好吗？"
> 丰丰："我不想吃苹果。"
> 教师："苹果也好吃呀。"
> 丰丰："可我喜欢吃香蕉。"
> 教师："可能还有许多小朋友也想吃香蕉。"
> 丰丰："我也想吃。"
> 教师："丰丰今天不听老师的话，我都有点生气了。"
> 丰丰："那好吧，我就吃苹果吧！"
> 教师："哦，丰丰真听话。"
> 丰丰拿着苹果，不高兴地走开了。

这个案例显示的是，教师的要求（丰丰必须吃苹果）与幼儿个人事件选择（幼儿选择香蕉）间的冲突。幼儿选择香蕉是因为他喜欢吃香蕉，这可从幼儿的话语中体会到。在幼儿看来，选择他自己喜欢吃的东西是他自身所拥有的权利。然而，教师运用其权威（你不听老师的话）对幼儿进行不合理的控制，这说明教师没有清楚地认识到幼儿个人领域的内涵和意义。

关注幼儿的个人领域具有重大的意义。个体通过对个人领域事情的控制,从而使人形成成为他或她自己的感觉,成为主体而不是由社会继承和背景所刻画的死板的人。即使对具有相同DNA的同卵双生幼儿来说,他们在幼儿园班级生活中的表现也会存在着很大的区别。正如我们所观察到的,双胞胎A和B是截然不同的两个个体,A喜欢交往、活泼、善于表达,而B却内向、文静,造成这种区别的原因我想在一定程度上是因为他们在个人领域内的体验不同,从而使他们具有某种独特的自我感。总之,通过对个人领域的控制,会逐渐使幼儿建构起两种感觉:一是自我作为一种独特的社会存在物的感觉,即美国心理学家威廉·詹姆斯所称的"宾格我";另一种是作为主体和陈述者身份的主观感觉,也就是威廉·詹姆斯所称的"主格我"。从心理学上看,建立隐私和行为判断力的个人领域本身对人的心理健康具有重大意义,不能形成个人界限会损害个体的心理健康,它告诫他人和社会,对个体个人领域的干涉,应有一个基本的心理极限。[①]

个人领域不等同于个人主义,因为个人领域的建构,总是处于个体与他人、社会准则和文化隐喻的相互交流中。个体的发展不仅仅是一个社会的塑造过程,也不仅仅是幼儿在个体水平上自我创造的过程,幼儿是通过人际相互作用过程而建立起个人界限的。幼儿不仅积极地对输入进行解释,而且也积极地寻求建立选择和个人控制的领域。因此,处理好社会规范与个人领域间的关系显得特别重要。

早期幼儿"个人范围"的出现离不开他(她)自我意识的发展,2岁的幼儿通过宣布所有权(如"那是我的!")在他自己和他人之间努力建立起界限,并从事个人选择(如"我不想穿这件衣服!""我不想告诉你")。格塞尔称这是"可怕的2岁",因为这时的幼儿就普遍地不顺从父母的权威。而埃里克森则解释说,这是早期幼儿能力的发展而引起的对自我权威的宣称(如,当早期幼儿学会走路时,就能提供给他比婴儿期更多的自主可能),是早期幼儿努力建立界限的自我控制的表现。随着早期幼儿语言能力的发展,语言能够帮助他们认识他们自己,也能帮助他

[①] L. P. Nucci, & E. K. Weber, "Social Interactions in the Home and the Development of Young Children's Conceptions of the Personal," *Child Development*, 1995, 66: 1438–1452.

们表达对其自己的认识和对别人的期望,从而形成具有持久特征的个体。恒定个体的自我认识使得幼儿可能形成自我是主体,同时又是客体的意识。早期幼儿个体性的发展,首先是在家庭中表现出来的,关键的方面是幼儿就权威问题与父母进行的讨价还价。埃里克森说,不能在应由幼儿进行判断的领域和父母强行的社会规定之间建立平衡,就会产生心理适应问题,而且会产生长远的影响。[1] 从这一点出发,我们希望孩子的父母能对孩子的道德性违规、制度性违规及谨慎性违规行为等进行合理的控制,而对孩子在其个人领域的行为应给予更多的自主权,或采取协商的方式向早期幼儿提供更多的自由选择的机会。正如幼儿对社会规范各领域的理解来源于幼儿对各领域事件的体验一样,幼儿个人领域的建构离不开幼儿诉求个人控制时的社会互动。倘若成人在对待早期幼儿的个人问题时,常常表现出协商甚或是妥协,给予幼儿充分的自主权,这就给幼儿提供了自主抉择的机会。这有利于幼儿体验个人领域的性质,为以后个人领域的形成打下坚实的根基。随着幼儿的逐渐成长,青少年的个人领域范围不断扩大,他们关于成人不要侵扰其个人领域的观点加强了,对个人问题的争论也增加了。

为加深对个人领域概念的理解,有必要对个人领域的特性做一些解析,即它具有涉己性、普适性和价值无涉性等。

二 个人领域的特性

(一) 涉己性

涉己性是个人领域的主要特性,普适性和价值无涉性是在其基础上派生而来的,因此,对涉己性的解析是理解个人领域的关键。涉己行为(self-regarding)与涉他行为(other-regarding)相对,它是个人自由所应具有的最低限度。[2] 将个人行为分为涉己和涉他的意义在于:为别人是否可以干涉个人自由行为提供一个基本的依据,即在面对涉己行为时,团体或他人的干涉都是不正当的,个人是行为的主宰者。个人的独创力、

---

[1] L. Nucci, & J. G. Smetana, "Mothers' Conceptions of Young Children's Areas of Personal Freedoms," *Child Development*, 1996, 67, 1870–1876.

[2] 密尔:《论自由》,商务印书馆1996年版,第12—13页。

个性有助于幼儿自我的形成，而其前提是必须排除班级或成人对幼儿个人自由的无理干涉。涉己行为是不影响他人利益的行为，而不是对他人不产生丝毫影响的行为，但只是一种间接的影响。

约翰·斯图亚特·密尔（J. S. Mill）在他的《论自由》中指出，人类自由在以下三个领域是绝对的：思想自由和讨论自由；个性的自由；个人相互联合的自由。① 密尔通过自由原则来界定个人行为的自由领域，这使得在公众意见和个人独立之间所划定的界限成为不可回避的问题。密尔认为，个人的独创力、个性及其多样性将有助于人类的进步和对深层幸福的探索，而其前提是必须排除社会或他人对个人自由的许多无理干涉。密尔提出了著名的"一条极其简单原则"，即自由原则，他以此原则来确定国家和社会对个人运用其强制权力的合法限度。这个原则包含了防止国家或社会对个人自由进行干涉的基本主张，表明了正当限制自由的必要条件，即只有当个人伤害到他人时，国家或社会的干涉才算是正当的。而在仅涉及个人的行为领域，个人具有绝对的权利去做他想做的一切，而不必担心由法律或公众意见所强加的惩罚。

继密尔之后，许多学者对个人领域中的涉己与涉他行为进行了大量的解读。雷斯认为，涉己行为是指没有影响到他人利益的行为。他认为："仅仅影响他人与影响他人利益之间存在着重要的区别。"② 一个人可能被他人的行为所影响，但是其利益却没有受到损害。这就是说，影响的范围要远远大于利益被损害的范围。因此，雷斯认为，涉己行为是不影响他人利益的行为，而不是传统解释所认为的只影响自己，对他人不产生丝毫影响的行为。而亨德里克（Ted Honderich）认为，除非一个人的行为损害到那些应当（ought to be）被视为利益的东西，否则国家不应当予以干涉。他在这里强调利益是应当（ought to be）被视为利益的东西，而不管实际上它们是否被视为利益。威廉斯（G. L. Williams）则认为，涉他行为是伤害他人利益的行为，而利益又与权利密切相连，结果是涉他行为就成为影响他人权利的行为。同时他将正义与权利相连，非正义就是

---

① 参见密尔《论自由》，商务印书馆 1996 年版，第 12—13 页。
② J. C. Rees, "A Re-reading of John Stuart Mill on Liberty," in G. W. Smith ed., *John Stuart Mill's Social and Plitical Thought*, Londan: Routledge, 1998, p. 36.

对个人权利的侵犯。他认为:"社会有权力加以干涉的事物之范围是那些落入正义观念之中的事物。"① 威廉斯明确表明了他对待涉己与涉他行为之间进行划分的标准:第一,他将对权利的侵犯作为利益受伤害的标准,也就是说,只有当个人行为侵犯了他人的权利时,这种行为才对他人的利益构成伤害。第二,只有个人行为在非正义的情况之下,它才侵犯到他人的权利。沃黑姆(R. Wollheim)认为,涉己行为即"它们或者对他人没有影响,或者如果确实产生影响,也仅仅是通过他人所持有的信念而导致的"②。个人 A 的行为 X 对个人 B 所造成的痛苦是由于 B 所持有的信念,并且,如果不是因为 B 所持的这种信念,B 就不会产生痛苦。如果情况如上面描述的,那么行为 X 就不是错误的,即认为仅仅由于他人所持有的偏好或错误信念而对他人造成痛苦的行为是涉己行为。

以上学者在论述时的侧重点虽有所不同,但他们都强调个人领域体现于涉己行为,涉己性是个人领域的根本特性。涉己行为是指那些不侵犯别人利益或权利的行为。当然,不是说涉己行为就不与任何人发生影响,但它只是一种间接的影响。从社会有机体论角度看,社会中的个人并不是孤零零的原子,社会也不是这些原子式的个人组合,相反,任何人都不能完全地独立存在,因此,一个人的任何行为势必都会影响到他人。总之,涉己行为是一种对别人权利不造成侵犯的行为,是一种间接性行为。

(二)普适性

普适性是指不管在什么文化背景下,个人领域都是一种客观的存在。在不同的文化背景下,甚或在同一文化背景下,每个个体在个人事务的特殊性上肯定有差异,但允许"个人选择",保护"个人基本权利","隐私""秘密"等事实上具有文化上的普遍性。强调个人领域的普适性至关重要,因为人们常常认为个人权利似乎只是西方文化背景下的产物,而在集体价值观占主导地位的我国,个人权利自古以来就受到忽视。超

---

① G. L. Williams, "Mill's Principle of Liberty," in John Cunningham Wood ed., *John Stuart Mill: Critical Assessments*, London, Dover, N. H.: Croom Helm, 1987, p. 496.
② R. Wollheim, "John Stuart Mill and the Limits of State Action," in G. W. Smith ed., *John Stuart Mill's Social and Political Thought*, London: Routledge, 1998, p. 80.

长的封建统治时间、超强的封建专制制度和纲常名教严重地扭曲了人性，剥夺了人的尊严，造成了强大和顽固的臣民意识、子民意识、奴才意识。在计划经济和高度集中的管理体制之下，个体的自主意识和理性精神仍然付诸阙如。直到今天，国民的权利意识、自主意识还是中国迈向现代化的巨大阻力。这在幼儿教育中也得到体现，加之幼儿身心发展水平的有限性，幼儿的个人领域更是常常受到忽视。

（三）价值无涉性

从个人领域与社会规范（如道德规范、制度规范等）相比较角度看，个人领域具有价值无涉性，即个人领域的行为不像道德规范、制度规范那样涉及"是非"问题，它与个人偏爱或选择有关。当然，不是说个人领域的行为就毫无价值，但这种价值主要是一种本体论上的价值，个人领域的价值直接体现于个人自身，如幼儿自由选择积木区而不是图书区，这一个人行为的本体价值在于幼儿在行使选择权中体会到主体感、权利感，幼儿在以他自己的方式证明自身存在的意义。因此，从这个角度说，成人在与幼儿的互动中要保持清醒的头脑：只要幼儿处于安全的状态，凡是个人领域的行为都应尽量让幼儿自行处理。如果事事以成人好恶强加于幼儿，那么幼儿就会丧失个性和创造性，屈从于权威或传统习俗。我们要认识到：个性是个人幸福和社会进步的一个重要因素，是社会发展的动力。

第二节 幼儿个人领域受侵犯现象之透视

上面对幼儿个人领域的概念和特性进行了分析，接下来要考察的是：在幼儿班级生活中，存在着哪些侵犯幼儿个人领域的现象？它们会带来什么危害？出现这种现象的原因是什么？

一 幼儿个人领域受侵犯的现象

（一）轻视幼儿个人合理的自主选择权

从个人领域的概念中我们可以看出，个人领域与幼儿的喜好、自主选择有关，因为幼儿正是在个人自主选择、自主决择中体验自我存在和价值的。从这一点来说，给予幼儿合理的、充分的自主选择权是非常有意义的。然而，这一点在幼儿班级生活中并没有引起广泛的重视。这主要表现在两个方面：（1）长期以来，没有为幼儿个人提供充分的自主选择的机会。过去甚或现在，我国幼儿教育活动常常是以集体的形式开展的，每天的大部分活动是由教师指定的，幼儿根据其意愿选择活动的机会很少。如学者张燕的调查表明，在教师组织的一日活动中，对于小组活动和个人活动大多有安排但并没有保障其展开，有的班级自始至终均为集体活动；一日活动较多的是教师从自身出发组织教育过程，忽视幼儿的反应；对根据幼儿特点与需要提供自主活动的机会和进行个性化教育亦未充分重视。① 这表明幼儿应有的自主选择权一贯以来是不受重视的。（2）即使是在重视自选活动的今天，幼儿的自主选择权也没有充分地引起关注。比如，通过观察发现，即使是在自选活动时，幼儿对活动类型、活动材料、活动伙伴等的选择也常常会受到教师的一些不合理的干涉。教师常常为了便于管理或指导的需要而要求幼儿做出与其意愿相违背的选择。例如，搭积木是幼儿非常喜欢的游戏，但教师出于方便管理的意愿，有的班级中的积木区上午常常是不开放的，而当幼儿上午也想玩积木时，幼儿的这一选择权就会落空。这一现象的出现，有时确实是因玩具材料、活动空间等因素不足而造成的，但也与教师的过分监督，班级规范的繁多，忽视幼儿个人领域的合理地位等有关。

（二）无视幼儿独处的需要

正如成人经常需要独处一样，幼儿有时也是需要独处的。幼儿班级生活是一种群体生活，它既具有充满活力的特性，也具有喧嚣繁乱的特征。生活于其中的幼儿可能会因多样化的刺激、过分的兴奋而感到疲倦，因为幼儿的身心发展水平决定其不可能长久地处于兴奋或抑制状态。幼儿既需要参与游戏活动、与人交往，满足其多种需求，又需要个人的独处，品味不受别人干扰的平静，整理自己的思绪。从这一点上看，给予幼儿一定的独处时间和空间是非常有必要的，或说它是幼儿应享有的基本权利之一。然而，这一点却被成人忽视了。这主要表现在这些方面：（1）在大多数班级的空间布置上，没有为幼儿提供可以进行独处的空间。独处空间是指一或两个幼儿能够在这个地方游戏、聊天等而不受其他幼

---

① 张燕：《从教师组织一日活动状况看其素质》，《学前教育》1995 年第 6 期。

儿的干扰，但成人能够看到幼儿的活动场所。设立独处空间的目的是给幼儿一个释放来自群体生活压力的空间。创设独处空间的方法包括使用物体（如书架等）作为屏障，强调幼儿间不能互相干扰的规范，在远离通道的地方放一张桌子并且限制在此活动的幼儿人数（例如，一间小小的阁楼，仅限于一或两个幼儿使用的活动区，一个上面剪出门、窗的大纸盒子，里面放有靠垫，一间小的户外游戏房等）。[①]（2）幼儿独处的时间也常常受到干涉，这是因为幼儿的一切行为都在教师的监督和班级规范的规约下。合理的监督是必要的，但监督应是有限度的，只要幼儿没有安全健康隐患问题，就没有必要对幼儿的一切进行监督。当前的不足是约束、监督过多，有点像福柯论述社会控制时所提出的"全景监狱"，它是指犯人被关在一个个独立的小铁笼中，看守则被安排在一个能观照整个监狱全景的监视台上，犯人们认为他们一直处于被监视之中，任何违反规范的事都逃不脱监视者的注意。为了不让犯人离开其视线，监视者也必须把大部分时间都消耗在监视台上。[②] 用"全景监狱"描述当前幼儿园班级管理状况也许过于偏激，但它给我们的启示是对幼儿的监督和规约应有个合理的限度。

（三）对幼儿个人事件的不合理反应

对幼儿个人领域的侵犯也可以从教师对幼儿个人事件的不合理反应中得到体现。个人事件是相对于道德事件或制度事件等而提出的，这与我们前面关于幼儿班级规范的类型划分有关。通过观察发现（相关的操作性定义、观察记录表请见后面的附录2），大多数教师对幼儿个人事件的反应和对其他事件的反应是差不多的，即都是非协商式的。非协商式的信息涉及发出指令，对某一规范的宣称，理论陈述或直接运用某种手势等，教师往往忽视个人事件的属性，忽视幼儿的愿望，对幼儿表现出专制（如"没什么好选择的，就到美工区去"）。当教师应用非协商的信息对幼儿的个人领域做出反应时，就表现出对幼儿个人领域的侵犯，这不利于幼儿个人领域的形成。我们不是说在师幼互动中，教师不能运用

[①] 北京师范大学学前教育系：《托幼机构环境评价量表》，内部资料。
[②] 米歇尔·福柯：《规训与惩罚》，生活·读书·新知三联书店2003年版，第211—212页。

直接的、非协商的方式，我们强调的是教师要根据不同违规事件的性质做出合理的反应。比如，当幼儿触及的是谨慎性规范，可能会给自身或别的幼儿带来安全、健康危害时，或当幼儿的个人行为对班团体整体利益会造成危害时，教师进行直接的干涉是必要的。对于个人领域事件的反应，我们认为教师应采取协商的方式，给予幼儿充分的自主权，要让幼儿知道这是由他（她）们自己决定的事。让我们来分析下面所观察到的案例（T：老师；A、B：中班小朋友）。

吃完早点后，老师宣布接下来小朋友可以自由活动，于是中班的几个小朋友来到了积木区，可他们却遭到老师的阻拦。
T：不是说过么，早晨不能玩积木区。
A：可是我们上午也想玩。
B：对，上午也玩。
T：不行，我们班有规定，早晨不能玩积木区，下午才能玩。
A：我们昨天下午的房子还没搭完呢？
B：对，下午我们不一定能玩。
T：早晨是不能玩的，这违反了规定，你们去美工区吧。
于是，小朋友们很失望地离开了。

既然是自由活动时间，小朋友就有权选择他们自己喜欢的活动，因此，小朋友选择积木区开展活动是行使他们个人领域的权利。教师对小朋友的干涉是一种无视幼儿个人领域行为特性和意义的表现。

据我们观察，幼儿与教师间的许多冲突，是因教师不能合理地处理幼儿个人领域事件而引起的，最突出的表现是教师往往对本属于幼儿个人领域的事件做出如同制度性违规和道德性违规事件一样的反应。在面对道德或制度习俗规范时，幼儿对教师的权威更容易接受，而在个人事件中，幼儿则有更多的反抗。教师对道德性事件、制度性事件和个人性事件之间界限的理解是模糊的，教师和幼儿常常对哪些事件属于个人领域存在着分歧。教师常常从团体、秩序、利他等角度来审视班级活动；而幼儿因其身心发展特点，如"自我中心化倾向"，往往从个人视角看待问题，这势必会引起冲突，影响了他们之间的互动。

教师也许可以就道德、制度、谨慎等行为向孩子提供直接的建议，对个人事务则不必这么做，成人应意识到对于道德、制度等，幼儿需要适应外部特殊的社会需要和义务，而对个人问题则需要留给幼儿自己去解释和控制。当问题属于幼儿个人领域时，成人应允许幼儿拥有他们自己的观点，让幼儿自己做出选择，这有利于幼儿自立和自尊的发展。

二 幼儿个人领域受侵犯的缘由分析

（一）传统文化的影响

对幼儿个人领域干涉现象的出现与传统文化的影响有关。传统文化既有精华也有糟粕，哲学家张岱年对中国传统文化做过这样的评价："我们常讲要继承中华民族的优良传统，如何判断传统文化的优良成分和腐朽成分，依我看来，优良传统占1/3，腐朽的东西占到2/3。因此，我们要分清多与少、大部分与小部分的关系。"① 张岱年还说："儒学作为一个整体已经过时。"② 在中国数千年的封建主义统治中，"家""国""天"超越于个人，封建的伦理纲常压抑个人的自由与自主，成为维系个人价值与存在的主要方式。"个人的个性取向湮没在'家国'取向和团体取向中，个人必须安分守己，必须自抑独立性与自主性。"③ 中国传统文化重"天人合一"，以"天理"压"人欲"，"中国文化是一种典型的人教文化或拜人教文化"，"这种人教特质与家族模式结合便衍生为'祖先崇拜''血缘崇拜'，与中央集权制——'皇权'结合就产生'皇帝崇拜'和'国家崇拜'——而其背后则都存在着家族崇拜或家长崇拜的原理。"④ 封建的"天理"观正是以普遍性和社会性压抑着差异性和个体性，造成中国社会个人湮没于集体与群众之中，个人没有独立地位和独立人格，个人的主体性始终没有发展成熟，"个人作为主体的特性被禁锢"⑤。

---

① 张岱年：《会通中西综合创新》，《社会科学家》2000年第5期。
② 张岱年：《建设新道德：儒学作为一个整体已经过时》，《教育艺术》1996年第6期。
③ 张文达：《台湾学者论中国文化》，黑龙江教育出版社1989年版，第67页。
④ 鲁凡之：《本体论与人的哲学》，台湾广角镜出版公司1992年版，第48页。
⑤ 高清海：《主体呼唤的历史根据和时代内涵》，《中国社会科学》1994年第4期。

中国传统儒家文化突出的是社会的整体性，不提倡个性，鲁迅说："中国人向来有点自大。只可惜没有'个人的自大'，都是'合群的爱国自大'。"他提出"力拒庸愚"的思想，主张中国人应该少一点"合群的爱国自大"。必须多一点"个人的自大"，他甚至要求个人拒绝"社会庸愚"[1]。儒家的伦理观富于渗透性，它牢牢地立足于家长制小农经济的生产生活方式之中，自汉代以来一直在思想意识中占统治地位，而且它的一整套伦理规范已深深渗透到了百姓们的日常习俗当中。应当说，个人服从家族，服从国家和社会，这种集体主义的道德规范，对于维护一个宏大的社会共同体的生产和生活，是有其积极作用的。但它同时又维护着封建的宗法等级秩序，从而压抑了人的主体性的发挥。

传统文化强调共性，漠视个性的特性对早期幼儿教育产生了深刻的影响。这直接反映在幼儿班级生活的集体主义价值取向上。在幼儿班级生活中，作为被组织者幼儿的个人领地受到不同程度的侵犯，教师通过组织和管理者的身份将幼儿真实的个性和自然属性埋没起来。"在制度化社会中，有着各种欲念与悲喜的活生生的个人逐渐丧失其在制度中的地位，不仅居于边缘，进而逐渐抽象化、匿名化，抽象的人格凸现出来，具体的、生动的、有殊异个性的人格隐匿了。"[2] 为了适应集体组织的需要，幼儿不得不牺牲个人应有的兴趣和爱好，他们本能性的情感、意念、需要常常被阻止和管制起来。幼儿的自我、个性和个人旨趣消失在组织化的生活中。

关注幼儿个人领域，培养幼儿的主体性，是当代教育所面临的重要挑战，而这必须从幼儿抓起。我国正处在一场深刻的文化转型时期，自主、自立、自强、自尊、自信、自律是这一文化的主要特征，它追求科学与民主，需要个性的解放，需要高度创造性和高度责任感的个人主体。个人的发展、个人的自由是所有发展形式的主要动力之一。培植独立的个人主体，是我们的当务之急。诚然，我们必须反省抽象的和绝对的个

---

[1] 赵锦荣:《对中国传统文化和合理性的反思》,《新疆师范大学学报》（哲学社会科学版）2004年第1期。

[2] 刘云杉:《我是一个受教育者？——个人在制度的学校中》,学位论文,南京师范大学,1999年。

人主义，因此，在我们发扬人与社会、自然和谐交融的文化精神的同时，必须从根本上破除那些压抑和消灭个人主体性和个性的传统形式，解放个人主体，培养个人主体性。

（二）低估幼儿对个人领域的意识水平

对幼儿个人领域的干涉与成人低估幼儿对个人领域的意识水平有关，成人并没有把幼儿看成是具有独立人格的，与成人一样拥有个人领域的个体。幼儿对自我领地、权利、私人物品、秘密、隐私等的意识水平，与成人相比是有差距的，但幼儿对它们是有一定的意识和理解的。教师必须清楚幼儿对个人领域的理解，因为它是幼儿个人领域发展水平和规律的反映，这有利于教师更好地帮助幼儿形成个人领域。

第三节 幼儿与教师对个人领域的理解和反应

教育的一个核心原则就是遵循儿童的身心发展水平和规律。依此原则，探究幼儿对个人领域的认识就显得十分重要和迫切了，因为它是幼儿个人领域发展水平和规律的反映。

一 幼儿对个人领域的理解

（一）幼儿对个人领域的理解

根据前文的研究，幼儿个人领域主要指的是与幼儿个体自身有关的，处在班级规范之外的涉己行为，它指向幼儿个人偏爱、自由选择、秘密、隐私、独处时空等问题。依此概念，我们选取来自幼儿班级生活中的个人事件，即游戏活动选择、同伴选择、食物类型选择（在确保营养的前提下）和服饰选择，设计这四个方面的冲突故事（幼儿的选择与教师的要求不一致，借用图画进行描述），对某市某一级一类某幼儿园 120 名幼儿（其中大、中、小各 2 个班，每班在教师的协助下选取表达较好的幼儿各 20 名）进行个人访谈，要求幼儿从多个维度（选择顺从性、选择合理性、选择决定权、选择一致性）对故事中的幼儿和教师的行为进行判断，并要求幼儿给出判断的理由（具体的操作性概念和故事内容等见本书后的附录 1）。

1. 幼儿个人领域意识初步形成

从整体来看，大多数幼儿认为，不管是在幼儿园还是在家庭中，游戏活动选择、同伴选择、食物类型选择和服饰选择都应属于幼儿个人领域的事情，即应由幼儿自己来决定，这在下面的个人领域事件选择分布图中得到了体现。

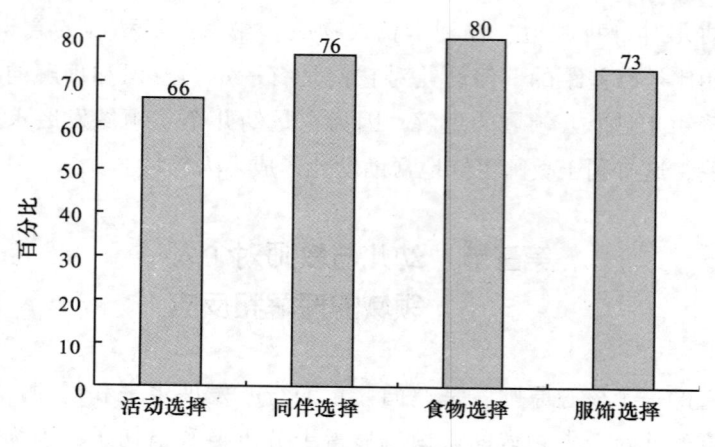

图 4-1　个人领域事件选择分布

从对各方面个人事件选择的总人数来看，在 120 个小朋友中，有 66% 和 76% 的小朋友认为游戏活动和同伴的选择应由他们自己来决定，有 80% 和 73% 的小朋友认为食物类型和服饰类型的选择应由他们自己来决定。就这四个事件本身来看，虽然选择的人数有差异，但选择人数最少的"活动选择"也有 2/3 的小朋友认为应由自己来决定，这说明幼儿对它们的认可度是比较一致的，即都具有涉己性，它们都属于个人领域事件。同时表明，用这四个事件进行研究是有说服力的。至于几乎所有的小朋友都坚持"食物选择"（在保证营养的前提下）是幼儿个人的事情，这与"食物选择"具有极强的个人喜好性相关。而坚持"游戏活动的选择应由自己来决定"观点的人数相对较少些，这与我们所观察到的"教师对幼儿的游戏活动选择常常进行干涉"[①] 现象是一致的。这给我们

---

① 当然，这种干涉有时是由于游戏场所、材料等客观因素造成的。

的启发是教师对幼儿的干涉会影响幼儿个人领域的形成。

2. 以个人定向为主的理由判断

对幼儿判断的理由（幼儿把某行为纳入或不纳入个人领域的原因）进行分析后，我们把它们归为五种情况：

个人定向：幼儿认为采取某一行为属于个人选择或权利的问题，只涉及自身的利益。如幼儿会说："这衣服是他自己的。""他可以坐在他喜欢的任何小朋友旁边。""这是由他自己决定的事"。

秩序定向：幼儿认为采取某一行为可能会造成一些混乱的局面。如幼儿会有下列反应："如果由小朋友自己决定坐在哪里，会好乱的。"

权威定向：幼儿依教师或父母的权威来做出判断。如幼儿会说："应由老师来决定，老师知道的东西好多。""老师的权力大。""在家里是由爸爸妈妈决定的。"

惩罚定向：幼儿认为采取某一行为可能会带来成人的惩罚。如幼儿会说："他将会有麻烦的。""如果他不听老师的话，老师会不让他参加大家的活动的。"除以上的分类外，还有一些判断的理由是模糊的或是不符合逻辑的，这可以归为第五种情况。

对上述几种情况加以统合分析后发现，秩序定向、惩罚定向在本质上都可以纳入教师的权威领域。因此，我们可以把幼儿判断的理由归为两类：一为个人定向，即认为个人领域的选择和决定在很大程度上是个人权利的事，成人不应过多的干涉；二为权威定向，即若遵从自己的选择就会产生秩序混乱，受到惩罚等。我们以幼儿的食物选择和同伴选择为例。

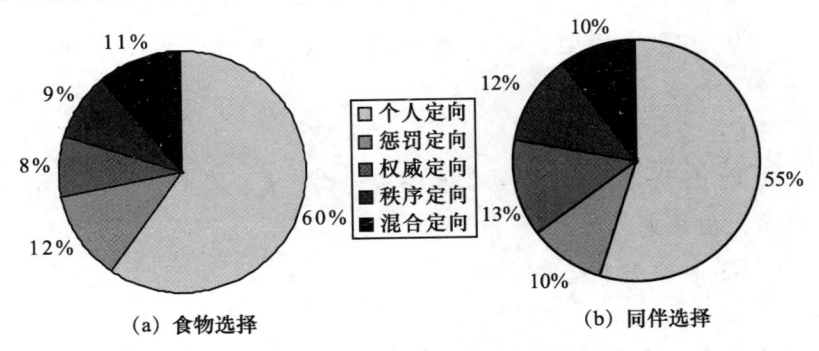

(a) 食物选择：个人定向 60%，权威定向 12%，秩序定向 8%，惩罚定向 9%，混合定向 11%

(b) 同伴选择：个人定向 55%，惩罚定向 10%，权威定向 13%，秩序定向 10%，混合定向 12%

图 4-2　幼儿个人事件选择的理由判断

从图 4-2 中可以看出,"个人定向"是幼儿进行个人事件选择的主要原因,而惩罚定向、权威定向和秩序定向的总份额大约只占到 30%,结合访谈结果发现,这部分主要体现于小班之中。这表明幼儿对个人领域事件的选择是基于幼儿对个人领域事件的理解而不是盲目的选择,大多数幼儿在一定程度上已认识到个人领域行为的涉己性质,个人行为的自由选择是他们所应有的合理权利。当然,还有一小部分判断是个人定向和权威定向的混合。如下面的访谈:

T:如果小朋友 A 想去图书区看故事,而老师要求他去画画,他必须去图书区吗?
C:是的。
T:为什么?
C:因为是老师说的。
T:你认为由老师来告诉他选择什么,对,还是不对?
C:对。
T:你认为应该由老师还是由他自己来决定去画画,还是去看图书?
C:他自己也可以决定。
T:为什么?
C:他喜欢看故事。
T:如果没有老师的要求,由他自己决定做什么,可以吗?
C:可以。
T:如果在家里,他的爸爸要求他去画画,他必须去画画么?
C:他可以看故事书。
T:你认为在家里,应该由爸爸妈妈还是由他自己来决定画画还是看故事书?
C:他想看书就看书。

这个中班幼儿对个人领域行为的判断处于一种过渡状态,即介于权威定向与个人定向之间。对于由谁来决定幼儿的活动选择,他开始倾向于教师权威，而后又偏向于个人，特别是在家中个人自主性表现得更为明显。

3. 家庭背景中的强个人倾向性

在访谈中，我们对幼儿在不同背景下（幼儿园和家庭）的选择顺从性（对某一行为的选择是基于其自己的决定还是基于权威或规则）和选择决定权（对于某一选择应该由谁来决定）给予了相当的关注。结果发现，与在幼儿园相比，当幼儿的个人行为发生在家中时，幼儿往往更倾向于由其自己来决定和选择事务，这在图4-3中得到了证实。比如，在假设的家庭背景下，有114个幼儿认为应由他们自己来决定选择什么类型的游戏活动，而在幼儿园背景下却只有84个小朋友认为应由他们自己来决定选择什么类型的游戏活动。

造成这种现象的原因除幼儿园作为一个初级的社会群体，比家庭更具组织性外，还与家长和教师对幼儿的约束和控制的程度有关。我们认为，教师为维护班级整体的利益往往会对个体幼儿进行更多、更深的约束，而家长则比较注重培养孩子的独立性和个性，给予幼儿更多的自主选择和决定的机会，常常采取协商甚或妥协的办法来应对幼儿个人领域的宣称。

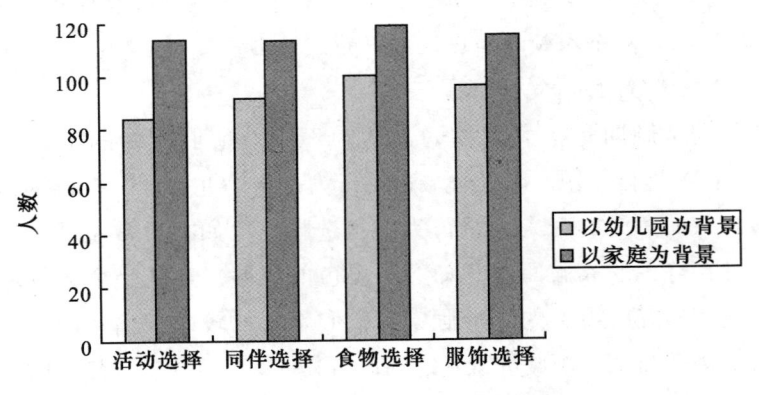

图4-3 不同背景下幼儿个人事件选择人数的比较

下面是发生在家中的事件，其中幼儿一直宣称其自己选择的自由，母亲用协商的方式协助孩子更好地理解个人选择与有关规定间的关系。

母亲：埃文，今天是你上幼儿园的最后一天，你为什么不穿幼儿园服？

孩子：我不想穿那件。

母亲：今天是最后一天，我们要穿它，你想穿那件吗？

孩子：要另外一件。

母亲：你去拿吗？或者要我去拿？

孩子：我去，我得先拿件衬衫。

母亲：（走向孩子的抽屉，开始找衬衫）这件？这件吗？你知道你想要哪件吗？这儿，这是件新的。

孩子：不，这太大了。

母亲：哦，埃文，就穿这件吧，你回家后爱穿哪件就穿哪件，我甚至不会帮你。（孩子穿上了衬衫）

这个案例显示的冲突是：有关穿的规定（幼儿园最后一天穿特定的衣服）与儿童认为穿衣服是个人选择间的冲突。母亲在儿童的抵制下与儿童进行了协商，最后在普遍的规定性要求中（母亲给定的）提供给孩子自由选择的机会。儿童通过抵制这一行为方式，提供给成人有关个人选择的愿望和信息，促使成人理解儿童应有进行自我判断和控制的领域。

（二）幼儿对个人领域和班级常规的认识比较

1. 零惩罚量倾向

零惩罚量倾向是指大多数幼儿认为不应对他们所谓的个人领域的"违反"行为进行惩罚。个人领域违反行为是指幼儿按照其自己的意愿而不是按成人的意愿对个人领域行为做出选择，比如在日常生活中，教师要求幼儿穿红色的衣服而幼儿却穿了黑色的衣服，这就是个人领域违反行为，这是研究所需要的一种假定。我们是从比较的视角，即幼儿是否能对班级规范与个人领域进行一定的区分做了相关研究后得出此结论的。与前面一样，采取故事访谈法，故事涉及打人（道德性违规）、不睡午觉（制度性违规）及食物选择（个人领域），要求上面120名幼儿从"严重性"维度（惩罚量：无，不给惩罚；轻，给一点点惩罚；重，重重的惩罚，由三个分别微笑、生气和愤怒的小脸蛋与它们相匹配，便于幼儿识别）对故事中幼儿的行为进行判断，故事的具体内容如下（利用图画进行描述）：

打人：A正在积木区玩，B不小心把A所搭的积木弄倒了，A非常生气，他狠狠地打了B一下，B哭了起来。

不睡午觉：现在是小朋友午睡时间，小朋友H不想午睡，于是他在教室里跑来跑去。

食物选择：这有一个苹果和一根香蕉，A想吃苹果，A的老师叫A吃香蕉，A没听老师的话，吃起苹果来了。

通过分析访谈数据我们可以得出下列结论：幼儿对班级规范与个人领域已能进行一定的区分。当面对道德性违规行为时，幼儿认为应给予违规者重重的惩罚，认为道德性违规的严重性最大；而当幼儿面对个人选择冲突事件，即故事中的幼儿没有遵循教师的要求时，幼儿认为大多数情况下不应对他们进行惩罚，也就是说，大多数幼儿认为在对待个人事件上，可以违背教师的意愿，它本来就是由幼儿个体自身决定的事情。正如图4-4所示，面对"打人"事件时，在120个幼儿中，有79%和15%的小朋友认为要对违规者进行重惩罚和轻惩罚；而在对待食物选择冲突时，有47%的小朋友认为即便幼儿没有按照教师的要求进行选择也不应给予惩罚，有37%的小朋友认为应给予轻惩罚；而对于制度违规者的惩罚，幼儿认为应以轻度惩罚为主，即在幼儿看来，制度违规的严重性要轻于道德违规。

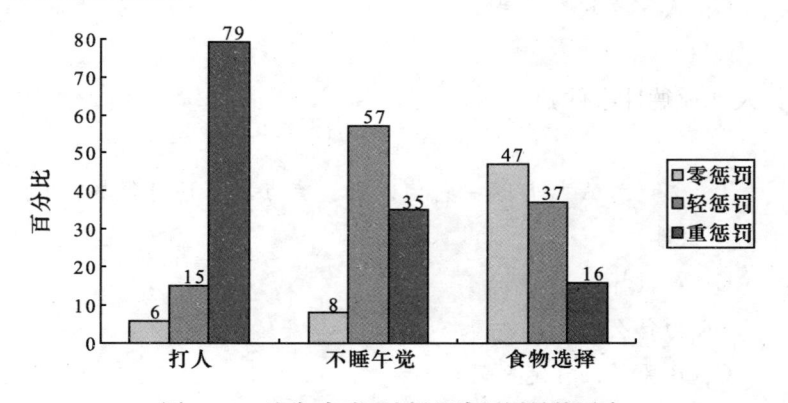

图4-4 幼儿对不同违规行为惩罚量的区分

造成上面这一现象的主要原因在于各类事件的性质不同。道德性行为具有内在性，它与"热"的情感结合在一起，常常会给伤害者或第三者带来强烈的情感体验，因此道德性违规更具严重性；制度性违规行为具有外在性、相对性，对其的判断常常依赖于某一团体的风俗或权威；而个人领域行为则具有涉己性，它与个人的喜好和自由选择相关。让我们看看下面的访谈内容，了解幼儿判断的理由在各领域事件中的差异（T为研究者；C为某大班幼儿）：

食物选择（个人领域事件）

T：你认为A吃苹果而没听老师的话吃香蕉，有点坏，还是很坏？（行为的严重性）

C：有点坏。

T：为什么？

C：没听老师的话，不过他好像喜欢吃苹果。

T：如果老师没叫他吃香蕉，那他可以吃苹果么？

C：当然可以。

T：为什么？（行为的一致性）

C：哎呀，他喜欢苹果。

T：你认为老师要不要惩罚他？

C：和老师说说，不要啦。

T：为什么？

C：人家喜欢吃苹果。

打人（道德性事件）

T：你认为A打B这一行为，好，有点坏，还是很坏？（行为的严重性）

C：A很坏。

T：为什么？

C：B哭了，肯定好痛。

T：如果班里没有不能打人的规定，那A可以打人么？

C：不可以。

T：为什么？（行为的一致性）

C：他会哭的。

T：你认为老师要不要惩罚 A？

C：要。

T：是给一点点，还是给重重的惩罚？（惩罚量）

C：要重重的，谁叫他打人的。

不睡午觉（制度性事件）

T：你认为 H 不睡午觉的行为，好，有点坏，还是很坏？（行为的严重性）

C：不好。

T：为什么？

C：有规定的，老师说大家都要睡午觉。

T：如果班里没有"睡午觉"的规定，那他可以不睡午觉么？

C：可以。

T：为什么？（行为的一致性）

C：哎呀，他不想睡了，就让他吧。

T：那现在他不睡，你认为老师要不要惩罚他？

C：要。

T：给他轻轻的还是重重的惩罚？

C：给轻轻的吧（惩罚量）

T：为什么？

C：他不想睡了，有时我也不想睡。

以上访谈表明在"食物选择"事件中，幼儿期望选择他自己喜欢吃的东西，教师对此最好不要干涉，原因仅仅是因为他（她）们喜欢某一食物，对这种违背老师意愿的行为不应进行惩罚。在"打人"事件中，幼儿认为必须给予违规者重重的处罚，因为他把别人打哭了，弄痛了。

在"不睡午觉"事件中,幼儿认为这违反了教师或是班里的规定,这种行为是不对的,同时给予一定的惩罚。

2. 涉己定向

在对幼儿的理由判断(某一行为坏或不坏,惩罚或不要惩罚的原因)进行分析后,我们发现可以归为三类:

内在属性定向:幼儿认为某行为是坏的,或要进行惩罚是因为该行为对别人造成身体或心理的伤害(如"他打痛他了","他把她打哭了","他很伤心"),带来不公平(如"他独占了秋千,我们都没得玩了"),等等。

外在控制定向:幼儿认为某行为是坏的,或要进行惩罚是因为幼儿所处的某团体组织中存在着某种外在的习俗、约定等(如"他是男孩子,穿花衣服不好看","老师说的,不能用手吃饭")。

涉己属性定向:幼儿认为某行为之所以是合理的,是不应受到惩罚的,是因为该行为是其个人喜好和自主选择的事情(如"他喜欢吃苹果,就让他选择苹果吃吧","由他自己选择小朋友一起玩吧")。除以上三类之外,还有一些理由判断很难进行类型区分,我们称它们为混合定向。

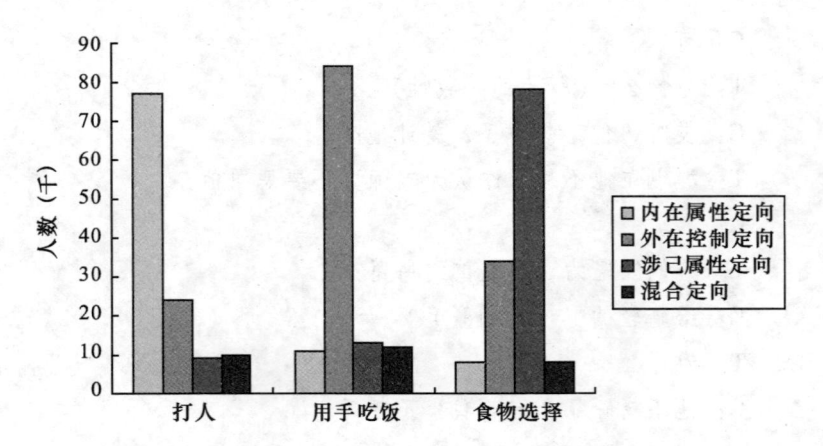

图4-5 幼儿对不同领域违规行为的惩罚判断理由归类

从图4-5可以看出,在道德领域(打人),大多数幼儿对违规行为的判断属于内在属性定向;在制度习俗领域(用手吃饭),大多数幼儿对违规行为的判断属于外在控制定向;而在个人领域(事物选择),幼儿认为个人行为具有涉己性，故不应对他们进行惩罚。

二 幼儿和教师面对个人事件的反应

正如皮亚杰所指出的，儿童是在与周围环境的交互建构中发展的。个人领域也一样，它的形成离不开幼儿与他人（同伴与成人）、幼儿与团体间的互动。幼儿正是在与成人的权威、团体的约束间学会追求个人权利的同时学会对其自己进行合理控制的。从这一点来看，成人权威和团体规则的合理性是幼儿个人领域形成的主要条件。

对班级互动中幼儿个人领域的考察主要是在实际的班级生活情境中探究教师是如何对待幼儿的个人领域的。从心理特点来看，幼儿期个人领域意识已初步形成，上面有关幼儿对个人领域的认识研究表明，幼儿认为个人领域事件与其自身的喜好和自由选择有关，幼儿已能对个人领域与班级规则相关领域进行一定的区分。教育要适合幼儿的身心发展特点，从理想状态来看，在幼儿与教师的交往互动中，要求教师针对个人领域的性质对幼儿做出合理的反应。因此，考察师幼互动中教师对幼儿个人领域的反应，特别是教师和幼儿自身在面对个人领域事件和班级违规事件（如道德领域违规、制度习俗领域违规、谨慎领域违规等）时的反应是非常有必要的。

要在实际的生活情境中探究教师对幼儿个人事件、道德性事件、制度习俗性事件的反应[1]，我们采用观察法是合适的。我们选取南昌市某一级一类幼儿园六个班，其中大、中、小各2个班，共涉及182名小朋友，18名教师，对每班进行4个小时的观察（上午8：00—12：00），同时进行录像。相关的操作性定义、观察记录请见附录，这里重点对观察分析后的结果做一些阐述。

（一）个人事件：班级生活中的主体事件

通过对所有观察记录和录像事件的统计，我们一共观察到586个事件，请看各领域事件百分比分布（见图4-6）。其中，个人事件208个，它涉及教师的选择提供和幼儿的选择宣称。教师的选择提供是指教师向

---

[1] 这里没有探讨契约事件是因为契约常常发生在幼儿间，且它们常常是做为一种潜规则存在的，我们这里主要是从师幼关系层面考察教师对幼儿个人领域的反应。

幼儿提供个人选择的机会，暗示、鼓励幼儿进行个人选择（如"你想在积木区玩还是想去画画？""这是你的画，你来决定涂什么颜色吧"）；幼儿的选择宣称可以口语和非口语的方式进行，包括从提供选择的机会中做出或宣称某种选择（"我要去积木区玩而不想去画画"），声称某一在所提供的选择机会中没有的要求（"我能用大积木玩么？"），对他自己的某种需要、兴趣等未得到满足的宣称（"我想听故事"）。道德性事件78件，制度习俗性事件179件，同时还观察到混合事件121件。混合事件是指某一事件具有多重领域的交叉属性，包括教师出于谨慎、健康或其他的缘故而对幼儿的个人选择进行一定的约束（"在吃蛋糕之前，先把苹果吃掉"）和教师误把某一领域的事件纳入别的领域的事件（"你必须坐在某某小朋友旁边"，"你现在要去娃娃家玩，它那刚好少一人"）等。

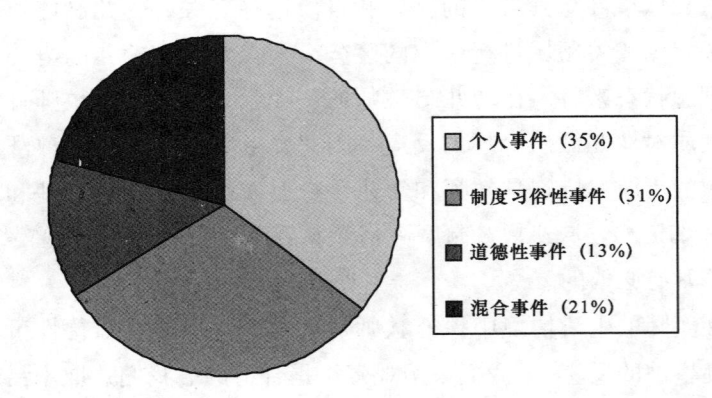

图4-6　各领域事件整体百分比分布图

从图4-6中可以看出，个人事件占了35%，而我们进一步分析发现，在个人事件中，幼儿的选择宣称却占了70%之多，这表明个人事件是幼儿班级生活中的主体事件，而形成这一现象的主要原因在于幼儿自身的个人要求宣称，而不是源自于教师所提供的幼儿个人选择。单从这一点来看，幼儿个人领域一直是教师所忽视的领域，这不利于幼儿个人领域的形成和自主性的发展。而处于第二位的是制度习俗性事件，占了31%，这与个人事件形成了鲜明的对比，即一方面是幼儿个人领域的宣称，而另一方面是教师运用制度习俗对幼儿进行制约。在这种张力中，幼儿逐渐学会如何控制和协调其自己的个人领域与班级团体的要求。就道德性事件来看，它只占了13%，这是符合规律的，因为道德性事件涉及身心伤害、公平和利他等，这些在班级生活中发生的频率相对而言是不高的。

（二）一日生活各环节中各领域事件的分布存在着差异性

各领域事件在分布上的情境差异性是指各领域事件的分布依幼儿园班级生活各环节特性的不同而存在着差异。在研究中，我们对一日生活中的自由活动、团体活动和进餐活动等环节中各领域事件的分布情况进行了重点考察（见图4-7）。

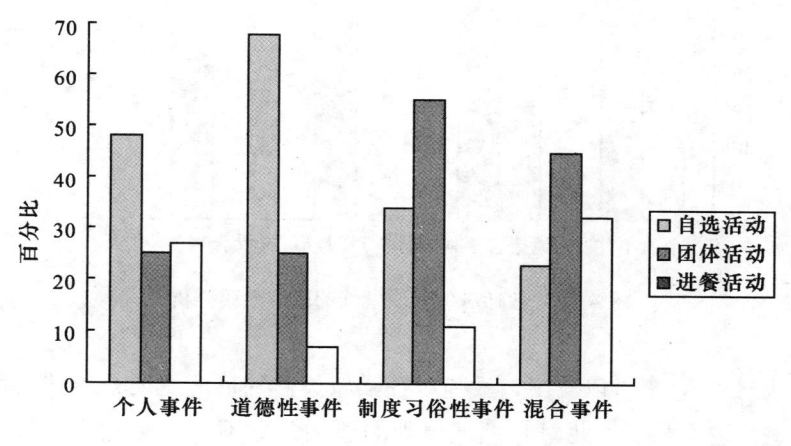

图4-7 生活主要环节各领域事件分布

从图4-7中可以看出，各领域事件在各环节都有分布，但它们的分布是有差异的。个人事件和混合事件在各领域中的分布相对比较平衡，即使在约束性较强的团体活动中，个人领域事件也占了25%，但在自选活动方面中性事件出现的频率最大。而道德性事件主要体现于自选活动中，这与自选活动的组织结构较松，幼儿自由度大，同伴冲突较多等特征分不开。制度习俗性事件在团体活动中出现的频率比在自选活动中出现的频率要高，这也与团体活动往往具有高组织性、高结构性特征是分不开的。这就要求教师根据幼儿园一日生活各环节的不同性质对幼儿各领域的事件做出适宜的反应。

（三）教师反应的非协商性

在师幼互动中，对于教师对各领域事件的反应，我们从协商与非协商两个维度进行了考察。结果表明，教师对大多数事件的反应都是非协商式的。非协商式的信息涉及发出指令，对某一规则的宣称，理论陈述或直接运用某种手势等（如"你伤害了别人"，"你不应用手吃饭"），教师忽视幼儿的愿望，对幼儿表现出专制（如"没什么好选择的，就到美工区去"）。非协商的信息不利于幼儿的自治和思想交流。

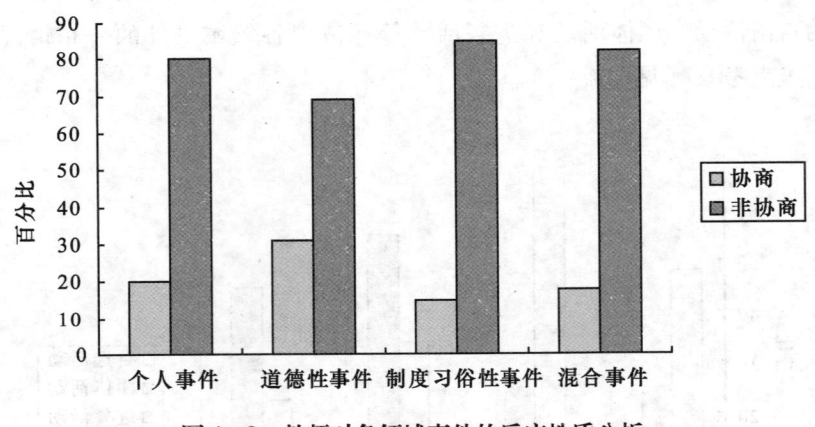

图 4-8 教师对各领域事件的反应性质分析

从图 4-8 中可以看出，教师对各领域事件的反应主要是以非协商方式为主，这不利于幼儿对各领域规则的建构，更不利于幼儿个人领域的形成。我们不是说在师幼互动中教师不能运用直接的、非协商的方式，我们强调的是教师要根据不同领域事件的性质做出合理的反应。比如，当幼儿触及的是谨慎性规则，可能会给自身或别的幼儿带来安全、健康危害时，或当小朋友的个人行为会对班团体整体利益造成危害时，教师进行直接的干涉是必要的。关于教师对道德性事件、制度习俗性事件如何做出反应，前面的章节已做了些分析，这里不再展开。对于个人领域事件的反应，我们认为教师应采取协商的方式。

据我们观察，幼儿与教师间的许多冲突是因教师不能合理地处理幼儿个人领域事件而引起的，最突出的表现是教师往往对本属于幼儿个人领域的事件做出如同制度性违规和道德性违规事件的反应。在面对道德性或制度习俗性规则时，幼儿对教师的权威更容易接受，而在个人事件上，幼儿则有更多的反抗。教师对道德性事件、制度性事件和个人事件间界限的理解是模糊的，教师和幼儿常常对哪些事件属于个人领域存在着分歧，因为教师常常从团体、秩序、利他等角度审视班级活动，而幼儿因其身心发展特点如"自我中心化倾向"而多从个人视角看待问题，这势必会引起冲突，影响了他们间的互动。

教师可以就道德、习俗和慎重考虑的行为向孩子提供直接的建议，对个人事务则不必这么做，成人应意识到对于道德、制度等，儿童需要适应外部特殊的社会需要和义务，而对个人问题则需要留给儿童自己去解释和控制。当问题属于儿童个人领域时，成人应允许儿童拥有他们自己的观点，让儿童自己做出选择，这有利于儿童的自立和自尊的发展。

第四节 规约的限度与尊重幼儿的个人领域

从以上的分析中我们可以发现，幼儿期个人领域的意识正逐渐形成，幼儿已能对个人领域和班级规范领域（道德规范、制度等）进行初步区分，并做出不同的反应。同时，我们的研究也发现，教师没有对幼儿个人领域的内涵和存在的意义有很好和深刻的认识，没有为幼儿提供必要的独处时空，教师没能对幼儿的个人事件做出合理的反应。总而言之，一方面是幼儿个人自主宣称的客观存在，另一方面是教师利用班级规范对幼儿的监督和约束，幼儿是在这种张力中发展的。幼儿的发展要求张力的合理存在，即要求合理地处理班级规范、教师权威和幼儿个人领域间的辩证关系。

一 凸显幼儿的个人领域

人们常常将社会规范与个体的自由、隐私视为相对立的两个概念。一些哲学家如奥古斯丁、康德和心理学家弗洛伊德等认为，社会规范（如道德）就是压制追求个人自我利益的欲望和破坏冲动的结果。对社会规范与个人自由的这种划分法，反映了一个连续统一体即以个人主义的/许可的到集体主义的/传统的。[①] 这种分析是基于两种文化展开的：一是

---

① L. Nucci, *Morality and Personal Freedom*, E. S. Reed, E. Turiel, & T. Brown (eds.), *Values and Knowledge*, Mahwah, NJ: Erlbaum, 1996, pp. 41–60.

西方文化，其基础是权利，它倾向于从个人主义的立场来看待社会规范和个人自由间的关系；二是非西方的，其基础是责任，它倾向于从集体主义的立场来看待社会规范与个体自由间的关系。不言而喻，从传统到现代，我国一直强调的是集体的立场，从这一角度来看，凸显幼儿的个人领域是十分必要的。

（一）有利于自我领地的形成

个人领域在孩子们的自我成长中有着重要的意义。个人的合理自由、隐私和秘密能够创造出自我的多个层次和内、外在空间，这有助于幼儿个性的形成。当孩子逐渐了解到他自己的思想可以放在脑子里，别人不会知道时，孩子就会认识到在他或她的世界里有某种"内"和"外"的分界线，这常常被称为"自我领地的形成"。德国社会学家格奥尔格·齐美尔曾指出："个人领域中的隐私和秘密体验提供了一个复杂得多的人类生活经历的现实，即与展现在我们眼前的世界同时存在的第二个世界的可能性，同时，前者受到后者决定性的影响。"[1] 个人领域是在幼儿获得自我认同感的过程中出现的，因而个人领域对幼儿的成长和自我认同的意义与结构都有着独特的作用。

个人领域中的隐私、秘密、自主选择是幼儿进行自我建构的基本元素，让幼儿的自我认同逐渐成为可能。对个人领域的体验同时是对自我和自我认同的体验，各种不同的体验分别指向自我认同的意义的不同层次和不同领域。想通过内省或直接的内部观察来关注"纯粹的自我"是不可能的，这就如同想通过沉思来研究自我一样，因为幼儿没法"看到"或体验到任何确定的、具体的东西。通过内省来发现和找到自我，会使我们陷入一个常见的悖论之中，因为这无异于用我们看东西的眼睛去看自己的眼睛。但是，我们确实可以通过间接的方式看到自己的眼睛，比如我们可以照镜子。同样，我们也可以通过体验隐私、秘密、个人自主选择等，间接地体验内心的自我。我们可以通过下面的案例来体会这一点：

当大班孩子们户外活动前在教室换衣服时，小朋友 A 注意

---

[1] 马克斯·范梅南：《幼儿的秘密》，教育科学出版社 2004 年版，第 198 页。

到了小朋友 B 肚皮上的一个黑色斑点。

　　A：你这怎么是黑的？

　　B：走开，不能看（并迅速地把不小心拉开的衣服拉了下去）。

　　A 大声叫：他肚皮上有黑色的，快来看。

　　B 紧张得支支吾吾地说道：别叫了，坏蛋！

　　然后 B 闹着玩似地踢了 A 一脚并跑开了，但他踢得太重了，A 哭起来了。

　　这里，小朋友 B 已把他肚皮上的黑色斑点视为其隐私，当小朋友 A 发现他的黑色斑点，并向别人嚷嚷时，小朋友 B 向 A 做出了较为强烈的反应，意思是说，这是我个人的事情，你嚷嚷就侵犯我了。通过幼儿同伴间的交往互动，幼儿 B 深深地体验到了他内心世界中的秘密，证实着自我的能动存在。而小朋友 A 被 B 踢了一脚后，他也许会思考这一问题：为什么他会踢我？难道他的黑色斑点是不能让人看的吗？幼儿 A 不断地积累着对个人领域和自我的理解。

　　幼儿个人领域中的自主选择——呈现他自己的能力，保守秘密——不把事情说出来的能力等，是形成幼儿个人、自我经历的一个主要条件。① 如果我没有可以分享的东西，因为我没有内心生活——没有私人的、秘密的想法，那我是谁？同样，如果生活本身对我们而言不是秘密的话，生活又有什么意义？那些懂得个人领域的意义以及它们可能带来的后果的教师就会认识到，每个孩子都是不同的、独特的，因而每个孩子都具有不同的忍耐能力，因此，必须给孩子创造不同的个人空间，提供独处的时间，提供可能具有个人意义的事物。

　　（二）个体主体性的培植

　　从上文的考察中我们知道，我们的教育长期以来在传统文化的影响下，片面强调以社会为本位的"集体"教育，而忽视了个人在教育中的主体地位和个性在人的发展中的重要性。这在幼儿规范教育中的反映是强调规范的集体、秩序、约束等价值，而无视规范的自由、自主性价值，

---

① 马克斯·范梅南：《幼儿的秘密》，教育科学出版社 2004 年版，第 195 页。

忽视幼儿个人生命价值的尊严和个人生活价值的自我实现,把一切突出个人的自由、自主、尊严、个性、自我实现的观点看作自由主义和个人主义从而加以批判和否定。我国的幼儿教育并没有从根本上确立幼儿作为个体人的主体地位、个性和主体性,没有把发展和培育个人独立的主体性和独立人格作为根本的目的,这一现象的形成与我国传统文化的影响是分不开的。

个体主体性是人最具个性的、最活跃的和最有活力的要素,是人的积极性、创造性的根源所在。[1] 个人主体性主要表现为个人的自主性、能动性、创造性。[2] 凸显幼儿个人领域有利于培养幼儿的个体主体性。

首先,个人领域的凸显有利于幼儿个性的发展。个性是幼儿个人领域存在的主体哲学基础,个人领域是对幼儿个体性的确认。个性充分展示了幼儿的独立性,是幼儿的"灵魂",是人与人之间的差异性,具有不可取代性。幼儿的发展历程是其个性突现的过程,个性越鲜明,幼儿的发展就越充分。为促进幼儿的发展,我们必须给予幼儿合理的个人空间,幼儿的自主选择、独处、秘密、隐私等是体现个性特征的重要方面。知识可以共享,情绪可以相互感染,但个人领域有时却不可以共享和交流,更是无可替代的,这基于幼儿的个性的不同。

其次,个人领域的不受侵犯是幼儿享有自由权的基本保障。与成人一样,幼儿有一个对个人空间的基本需求,拥有这个空间也就意味着幼儿拥有自由,侵犯幼儿个人空间就是对幼儿自由的干涉,个人领域的不受侵犯性体现了幼儿最基本的自由。幼儿个人领域不是幼儿班级生活的本质,但对幼儿个体来讲却是个性鲜明的,是拥有极大的感情色彩的重要方面,个人领域体现了尊严的价值。权利即自由,幼儿拥有个人领域,即在许可的范围内幼儿可以独自按其兴趣、爱好、承诺或者生活习惯等自由意志行事。与成人一样,幼儿除了生理的需要外,还有尊重的需要、个人权利的需要和自由思维的需要。个人领域起着自由表达催化剂的作用,关照幼儿的个人领域是维护幼儿自由的需要,也是对幼儿的深层关

---

[1] 王福瑜:《浅谈个体主体性价值观》,《聊城师范学院学报》(哲学社会科学版)1996年第1期。

[2] 刘植强:《个人主体性与集体主义》,《北京社会科学》1996年第3期。

注,是充满人文韵味的教育的表现。

最后,幼儿个人领域不受侵犯是幼儿的人权。人权是指人作为人所应有的权利,是人之为人不可或缺的权利,保障人权是人类共同的最高价值。个人领域的不受侵犯可以说是一种神圣的天赋人权,是人类尊严的基础,也是其他人权的基础。拥有个人领域,可以实现幼儿的个人思索、探究和发展的兴趣,可以培养幼儿追寻富有意义的同伴友谊和关爱。

(三) 班级规范生成的始动力

个人领域与班级规范各领域有其差异之处,但建立个人领域对形成个人主体感和认同感具有重要的意义。班级规范反映人与人之间的一种协调关系,源于主体间的交往。个人利益是人们交往的根本动因。追求个体需要的满足,是幼儿的天性和本能,也是调动幼儿积极参与交往,探究外部世界的动机所在。正确理解利益是规范教育的基础,因为"以自我为中心"的幼儿在大多数情况下,往往从其自己需要的满足出发,在人与人的关系中表现为一种"为我关系"。但在同伴交往中双方的"个人中心"或"为我性",会向"互利"性转化。互利是人们相互交往的真正动因,互利的前提是保持利益的个人性。

就以道德规范来说,幼儿个人领域的发展有利于以后权利道德观念的形成。从某种意义上说,道德行为是指向他人的,但道德判断和道德感的形成是主体的产物。主体性个体的形成是人们通过互利和合作而养成道德行为的必要前提。正如皮亚杰在谈及道德发展中个体的作用时所指出的:"唯一的途径是了解个体本性及其限制以让他走出自我而与其他个体进行合作。"[1] 要求幼儿利他的道德规范不能提供给幼儿认同个人权利和自由的途径,而我们所提倡的互利的道德概念需要权利来维护自身合法的利益。在建立和维持个人主体性时需要由权利作为基础。个人领域的功能就在于为个体所要求的自由提供源头和概念上的证明,个人自由本身不能成为权利道德的观念,但可以利用个人观念来扩展公正和利益的道德观念,以便把权利的道德观念发展起来。[2]

---

[1] L. Nucci, "Morality and the Personal Sphere of Actions," E. S. Reed, E. Turiel, & T. Brown (eds.), *Values and Knowledge Mahwah*, NJ: Erlbaum, 1996, pp. 41–60.

[2] Ibid.

幼儿个体对自主选择的要求，离不开个体的"参与交流"，这种交流能引起同伴间的互利尊重和合作。当一种相互的尊重，需要很强烈，足以促使个体用一种他所希望别人对待他自己的方式去对待别人时，自主性才会和互惠性一起出现。规范把个体对自由的要求转化成相互分享的权利与义务。皮亚杰在论自我中心和他律道德的关系时指出，没有这种相互性，个人对自由的要求也可以作为自恋和剥夺的来源。反过来，自我没有对自由的要求，就没有权利的道德概念。[1] 就是说，道德和个人自由是相互依赖的，而不是人们常常所说的相互对立。

幼儿是通过人际的互动、交流过程而建立个人领域界限的。同时，个人领域的形成对幼儿通过互利和合作而形成的班级规范是具有基础性和动力性的。正是幼儿个体自主性在规范的生成、理解中的运用，幼儿班级规范才能形成，才会充满活力。也就是说，个人领域和班级规范是处于互动的有机整体之中的。

二 监督的需要与幼儿个人领域的形成

一方面是幼儿的自主选择、秘密和隐私，另一方面是教师利用规范所进行的监督和规约，两者之间存在着辩证的关系。个人领域试图不让人干涉、侵犯，而监督则试图洞察一切以防止潜在的混乱和伤害。然而，两者在教育意义上都是很重要的，并且是必不可少的，关键是要协调好二者间的关系。

（一）监督的需要

幼儿生活在社会群体之中，要适应社会，就必须遵守一定的行为准则，掌握一定的社会技能，形成一定的行为规范，所谓"无规矩不成方圆"。但同时幼儿又是自由的人，有其自己的天性和需求，如果过度强调规范，时时处处约束幼儿，势必会侵犯幼儿的个人领域，这样则容易使幼儿形成唯唯诺诺、消极被动的性格，不利于幼儿独立性和创造性的培养，不利于幼儿心理的健康发展。因此，监督是必要的，但对监督要有合理的认识。

---

[1] L. Nucci, "Morality and the Personal Sphere of Actions," E. S. Reed, E. Turiel, & T. Brown (eds.), *Values and Knowledge Mahwah*, NJ: Erlbaum, 1996, pp. 41-60.

我们不应把监督这个狭窄的观念与其他看管和照看孩子的行为混为一谈。比如，合理的纪律和保持班级秩序，隐含着对年幼孩子的一种特别看管和引导。监督为成人提供了教育责任心和责任感的基础，不能真正"看见"或理解孩子的教师是无法履行他们的教育责任的。监督中所含的留心、关爱和警觉的成分很重要，因为它为孩子的发展提供了支持并指明了方向。

早期幼儿不仅需要教师的体贴，同时也需要教师为其生活提供安全感和秩序感。因此，教师在班级生活中有必要将关怀和控制结合起来，也许"控制""监督"等词的用法容易造成一种误解，用"秩序"这个词更能说明问题。班级所要求的秩序，就是班级的所有人都要认可和遵守一定的行为规范，因此，问题的关键不是要不要秩序，而是如何建立和维持秩序。正如朗和莫尔斯所指出的："对某些教育者来说，纪律意味着老师控制幼儿行为的权利……而对另一些教育者来说，纪律意味着赋予老师一个机会，教给幼儿一些在民主社会中应掌握的与人相处的一系列行为标准……纪律被理解为帮助幼儿接受这些行为标准的培养，对行为及感情实行自我控制的过程。"[1]

班级是一种规范性的社会组织，没有规范的规约，班级社会就不会存在，良好的规范能使班级社会有序地存在，也能健全并发展完善幼儿的个性。班级规范主要体现了成人社会对幼儿的一种期望、要求。我们要认真对待这种期望、要求，并以幼儿个性的发展为基点，而不是单方面地体现幼儿园、社会的一种愿望，导致在制定班级规范时幼儿园和教师成了主体，幼儿成了接受规范的一种客体。教师的监督、规范的规约是幼儿生存和发展的需要，但它们应是一种合理的存在。合理的规约和监督有利于告诉幼儿正在做的事情是错或是对，促进幼儿正视已出现的问题，给幼儿提供解决问题的方法，保护幼儿的安全与尊严。

正如蒙台梭利所指出的，真正的纪律必须是积极主动的，她批评道：传统教育把纪律、监督仅仅看作"维护教育和教学的外部秩序的手段"，采用一整套"威胁、监视、惩罚、命令和禁止"的方法，以压制幼儿天生的"野蛮的顽皮性"。在蒙台梭利看来，这种纪律和监督不仅扼杀了幼

---

[1] 琼斯：《全面课堂管理》，中国轻工业出版社2002年版，第251页。

儿活泼好动的天性，抑制了幼儿的生命潜力，窒息了幼儿的好奇心和求知欲，而且只能培养出反应迟钝、智力低下、奴性十足的人。蒙台梭利说："我们并不认为当一个像哑巴一样默不作声，或像瘫痪病人那样不能活动时才是守纪律的。他只不过是一个失去了个性的人，而不是一个守纪律的人。""当一个人是自己的主人，在需要遵从某些生活准则的时候，他能够节制自己的行为，我们就可称他是守纪律的人。"[①] 在蒙台梭利看来，这种纪律中含着与旧时代那种绝对的、不容讨论的、高压下的"不许动"截然不同的教育原则，即"纪律必须通过自由而获得"。

（二）合理的张力

张老师和她快6岁的儿子同在一个幼儿园，但他不在张老师所带的班上。张老师和我讲述了她和儿子的一些事情。她说，由于工作比较忙，即使同在一个幼儿园，她对儿子在园中的表现也不是十分了解。回家后，张老师经常会问儿子一些问题，看他在幼儿园过得怎么样。张老师说，她这样做有许多理由：因为有时一整天没见到儿子，她想表示一下关心；她对他做了些什么真的很感兴趣；好想知道他是不是开心；她想通过谈话了解儿子在幼儿园的情形，看他是否得到了应有的照顾、指导和关心，尤其是她想确定儿子有没有受到老师不公平的对待。

张老师说，问题在于她的儿子常常表示他不想谈论这些事情。他甚至很直截了当地说："我不想告诉你。"张老师说，她的儿子表达能力较好，说说一天里发生的主要事情，问题应该不大。

有时，看到儿子拒绝谈论他的一天是怎么度过的让她感到有点恐惧，因为这令她幻想各种各样的可能性。比如，是不是有谁告诉他不要讲出来？但通常，看起来没有任何理由让她怀疑发生过什么不好的事情。所以，她只好就此作罢。她意识到孩子们对坐下来谈论发生过的事情感到很乏味。

[①] 蒙台梭利：《蒙台梭利幼儿教育科学方法》，人民教育出版社1993年版，第107页。

成人对孩子们应该了解多少？对孩子们的监督到什么程度比较合适？这种监督的意义是什么？很显然，一方面是个人领域的自主选择、秘密或隐私，另一方面是监督或控制，两者之间存在着一种紧张关系。

尽管对孩子的规约和监督很重要，但是个人的秘密和隐私，从教育意义上来说，也很重要。因为它们为孩子内在能力与个性的形成提供了条件。父母和教师若开始便承认孩子们的个人领域，实际上就是在为孩子们的秘密经历创造空间，而且个人领域的存在使得抚养和教育孩子的任务变得更加容易忍受，因为它帮助我们认识到对孩子完全的监督与控制（内在的和外在的空间）不只是不可行的，甚至是不可能的。

在个人领域与监督的需要之间存在着一种矛盾的关系。如果我们总是想探究孩子的内在想法，就可能会让一个独特的自我感到十分沮丧。所以问题是我们什么时候应该了解发生了什么，什么时候应该让孩子们自己去处理呢？毫无疑问，在具体情况下，甚至在一般的情况下，和孩子们亲密无间还是保持一定的距离，两者之间该如何相互平衡，别人是无法帮上忙的。或多或少，在孩子们与教师之间总是存在个人领域和监督的紧张感。比如，成年人必须平衡社会和个人之间的需要：逐渐向孩子们介绍社会生活惯例的需要和孩子们拥有他们自己的秘密及愿望的需要。所以，幼儿生活在个人领域和监督二者之间所产生的张力之中，这不是我们必须选择要么这样要么那样的问题，但事实是其中一个离开了另一个就无法存在。孩子们既需要监督性的注意，也需要有养成独立的内心自我感觉的自由。在这一点上，幼儿一方面想独立，不再受到监督，但遇到个人问题时，他们也想得到支持和"理解"。对于教师而言，只是一味地提供对其的帮助是不够的，教师对出现的情况要具有一定的洞察理解力，对幼儿进行关怀和支持，以不被看成是出面干涉。

就我国的幼儿园教育来说，给予幼儿个人领域以合理地位是协调好个人领域与监督二者间张力的关键所在。因为在幼儿园里，一切都像任何其他机构一样按照一定的规范、程序和规律行事，结构化、监督化是其主要特征。教师越来越意识到各种事物对孩子们身心健康可能造成的危害。一方面，孩子们的玩具、游戏场要适应安全的需要，并且受到严密的监督，以致孩子们越来越难得有机会体验到离开教师的视线范围自由自在玩耍，冒险探索外面世界的快乐。另一方面，孩子们从教师那里得到的正直的关注似乎越来越少。正如范梅南所指出的："因此出现这样一个矛盾的情况：孩子们在日托班所接受的关注太多又太少。他们得到太多的注意是因为整个日托世界开设在监督孩子的招牌之下。当孩子们朝四周看看时，所见的都是彩色蜡笔、墙上的动物图片（和到处都是那些该死的字母表）、玩具动物，以及用来激发想象力的木头块。"[1] 缺乏个人空间的孩子们可能不得不转入"地下"，构成双重生活，一种作为避难所的秘密的内心生活，这种生活与外在的准则和期望截然不同。内外世界的各种不同或差异使得某些与众不同的个性风格甚至是紊乱的生活得以萌发。

　　完美的个性和自主的性格与个人领域得到重视有关。人类学家施卫德和布尔尼指出：西方个性起源于其尊重隐私的风俗——隐私暗含着对独立自重的热爱或需要，而独立性，基于维护个性的完整，则需要隐私。[2] 个人领域的经历对个性或者自我发展的重要意义在于实际上使得自主选择、隐私和秘密的存在成为一种教育上的要求。当然，个人领域不只是因为个性的发展而重要，正如齐美尔把一个人的隐私与此人的神圣不可侵犯的权利相联系一样。[3] 孩子在个人领域所享有的权利是一种普通的人权，是基于人的尊严的原则。因此，对孩子们个人领域生活中自主选择、隐私和秘密等的尊重与孩子们的尊严息息相关。

---

[1] 马克斯·范梅南：《幼儿的秘密》，教育科学出版社2004年版，第198页。
[2] 同上书，第193—194页。
[3] 同上。

第 五 章

自由与平等、秩序与效率的价值诉求

  每一个人按照自己的方式来处理一生事业的自由，并且充分地利用这种自由，是自然所承认、理智所许可的普遍的理想，——这样的自由，如果说不是一切崇高美德的源泉，就是一切崇高美德的条件。

——沛西·能①

  请给我，我所需要的东西吧，同时你也可以获得你所要的东西，这句话正是交易的通义。

——亚当·斯密②

  上一章从幼儿班级规范的规约不能侵犯幼儿个人领域这一视角，对规范价值的底线诉求进行了探讨。为深化对规范价值合理性的研究，接下来我们关注的是规范价值的基本诉求。我们认为，合理的幼儿班级规范价值诉求，要摆脱传统文化产物的"好孩子"倾向，转而培养当代社会所需的"小公民"，即以培养幼儿的自主、权利、平等、正义、合作、关爱等理念为核心，公正地平衡主体间的权利与义务、自由与秩序、个性与社会性的关系。本章先对我国幼儿班级规范价值追求中所存在的不

---

  ① 沛西·能：《教育原理》，人民教育出版社1964年版，第102页。
  ② 亚当·斯密：《国民财富的性质和原因的研究》（上卷），商务印书馆1972年版，第104页。

合理现象，即价值诉求的工具性和滞后性进行分析。然后，从社会层面和幼儿身心需要层面探寻规范价值诉求的依据。在此基础上，从目的和工具层面阐述幼儿班级规范价值的基本诉求：（1）目的合理性：自由与平等；（2）工具合理性：秩序与效率。

第一节　透视规范价值诉求的不合理现象

一　价值诉求的工具性

幼儿班级规范价值诉求的工具性是指幼儿班级规范在价值追求上注重的是规范的工具性价值而忽视规范的目的性价值。布罗日克在其《价值与评价》中认为："我们可以把价值分为最终的价值和工具性价值。最终的价值是目的性价值；它作为价值创造过程的结果，能唤起我们某种需要，因为它表现为这种需要的对象。工具性的价值是手段性的价值；它作为创造最终价值的工具，也是十分必要的。"[①] 据此，我们可以把幼儿班级规范的基本价值区分为目的性价值和工具性价值。规范的目的性价值是规范自身的教育性、内在性价值，它是指规范在发展幼儿的自由、平等、民主、权利、协作、正义等价值理念上所体现的价值；而规范的工具性价值是规范的手段性、外在性价值，是指规范在维持班级秩序，保障班级教育活动正常运转等方面所体现出的价值。规范的目的性价值是针对作为主体的幼儿的最终存在和发展状态而提出的，规范存在的最终目的并不是维持幼儿班级的顺利运转，而是促进幼儿的发展。规范的工具性价值是针对班级的存在和发展状态的体现而言的，它是一种手段性价值。从目的性价值与工具性价值的关系来看，虽然规范的工具性价值为实现规范的目的性价值提供了基础和保障，但规范所倡导的自由、平等、权利、民主、正义等目的性价值在一定意义上决定了规范的诸如秩序、效率等工具性价值。从这个意义上说，我们更应关注的是规范的目的性价值，而不应把手段性价值当成目的性价值或用手段性价值侵犯目的性价值，即不能把追求班级生活的秩序，对幼儿进行约束作为规范存在的最终目的，而忽视对幼儿的自主意识、权利意识、平等意识等的

[①] 布罗日克：《价值与评价》，知识出版社1988年版，第153页。

培养。然而，这一点长期以来却一直受到忽视。

(一) 重约束轻自由

俗话说："没有规矩，不成方圆。"一定的规范约束是必要的，因为它是形成班级良好秩序，保障班级生活正常运转的手段。但是，当教师过分地沉迷于规范的秩序、约束等价值，而忽视规范的自由、正义、权利等价值时，就出现了规范的目的性价值的丧失。在这种认识观的影响下，幼儿班级规范的规约不再是一种手段，而成了目的；秩序、纪律不再是保障活动有序进行的措施，而成了约束幼儿的一种工具。在观察中，我们随处都能感受到教师用禁律对幼儿的约束，班级生活中的禁律就像一张无形的电网，幼儿稍不留神就会"触电"，我们也常常能感觉到幼儿在"触电"后的惶恐和不安，因为他们能从教师的表情和神态中察觉到"暴风雨就要来临"。在一日活动中，教师要花费大量的时间来强调规范的目的：预防幼儿的不良行为，保证良好的班级秩序，确保活动的顺利进行。教师这样做的背后还有一个目的，那就是便于教师自己开展工作，便于教师管束幼儿。这是一种外在的目的，而不是出于满足幼儿的需要，为幼儿的自我发展服务的内在目的。

由于幼儿身心发展的有限性，出于幼儿安全与健康的考虑，合理的约束是必要的，但仅意识到规范的约束功能是不够的，对幼儿规约的最终目的是促成幼儿的自由发展。我们要对班级规范的自由价值有合理的认识。从表面上看，规范的规约与自由功能是不可调和的，因为规范设计的直接目的就是通过约束去界定幼儿个体自由，它把个人自由限制在其他同伴或团体所能接受的范围内。也就是说，规范似乎只是对幼儿的一种约束。然而，从更深的层次看，规范与自由间存在着辩证统一的关系，因为规范为幼儿的自由存在提供了可能。规范的最大用处就是有效地界定自由主体间、个体与集体间权利与义务的边界，从而为幼儿的交往提供有效的行为预期机制。规范通过对幼儿自由空间的界定，使逻辑上抽象的自由可能性，变成一种幼儿行动上可以实现的权利和机会。规范为幼儿的游戏、交往、学习等划定了一个确定的、安全的行动空间，规范构成了保护幼儿个体自由和权利的坚实屏障，促进了幼儿主体性的发挥，使自由的可能性变成现实。

（二）重义务轻权利

梳理我国幼儿规范教育发展的历史和现状，我们发现，我国幼儿规范教育目标存在着重义务轻权利，要求幼儿盲目利他，不重视幼儿健康生活态度和自主、权利、契约、平等、合作、协商等主体意识的培养，忽视基础道德教育中的利益动机等现象。教育者倾向于要求幼儿"听话""服从""盲目谦让"……"好孩子，乖孩子"成了教师对幼儿进行评判的标准和管理幼儿的工具。"无条件履行义务，无私奉献"等成人化的道德要求，似乎也成了幼儿应履行的道德原则。这可以从下面的案例中得到体现。

大班里刚添置了一套新的拼插玩具，老师向小朋友介绍后说："感兴趣的小朋友可以拿去玩。"可奇怪的现象发生了：五六个小朋友围着玩具看却没人去玩它。我好奇地问小朋友："你们不喜欢这玩具么？"小朋友们说："喜欢"，"那你们为什么不玩呀？"我追问道，小朋友们几乎异口同声地回答："老师说过新玩具应让别的小朋友先玩。"老师看了看小朋友说："你们真棒，都知道互相谦让了。"可这时从积木区跑过来一个小朋友，二话没说拿起拼插玩具就走了。老师很不高兴地说："你这小混混，每次你都占便宜。"其他小朋友只好失望地走开了。

乍一看，这里的小朋友似乎都学会了相互谦让，以别人的利益作为其行动的原则，这着实令人高兴。可进而观之，你便会发现这种"重义务轻权利的盲目谦让"存在着不能自圆其说的逻辑怪圈。要求每个小朋友都以满足别人的利益为基点，而放弃自身合法的权利，造成的是大家都想玩，却没人先玩的悖论现象，还好有个别所谓的"小混混"在，否则这一场景不知会如何结束。

中班小朋友 A 正在户外游戏场骑小三轮车，小朋友 H 跑过来抓住 A 的手说："把车给我骑，把车给我骑。"A 说："不行，我刚刚骑呢。"H 说："老师说过，要让别的小朋友先玩的。"A 说："不行，是我先来的。"H 说："那我告诉老师去，说你不让我玩车车。"A 说："不行，是我先来的。"说着、说着二人打起来了。

这里，小朋友 H 正是利用了教师常常说的"要让别的小朋友先玩"这一"至理名言"对 A 进行威胁，以追求自身的利益。也就是说，作为中华民族美德的"谦让"在这却成了小朋友获取自身利益，侵犯别人正当利益的工具。

以上案例从一个侧面反映了幼儿教育中"盲目利他""重义轻利"的现象。这是我国长期以来"先人后己"和"毫不利己，专门利人"等一类成人式的价值观在幼儿教育中的反映。我们必须思考的问题是：常常以为关心别人的利益胜过自己的利益，事情就会好办，而上面的案例说明，以别人的利益作为自己行动的原则，存在着逻辑上的矛盾。因为在幼儿班级中假若除掉一个小朋友以外，其他的小朋友都奉行"先人，后己"的原则，将全班的利益都归一个小朋友享用，至少在逻辑上还讲得通。如果连这个唯一例外的小朋友也转而奉行"先人，后己"的话，那么这个班级就无法存在下去了，除非它的利益可以输出。也就是说"忽视自身权利的无私利他"不可能成为真正得以实施的处理人际关系的原则。

忽视幼儿自身权利需要的"盲目谦让"严重背离了幼儿的身心发展水平，因为"以自我为中心"的思维状态，客观上决定了幼儿"朴素自利"的合理存在。我们的目标是引导幼儿逐渐"去中心"化，从"自利"到"互利"而不可能要求其"无私利他"。幼儿同伴间的交往必须坚持平等、协作、交换、互惠等原则，因为只有这样，双方才能达成"利益的均衡点"。对于幼儿来说，我们认为应培养其"分享""互惠"的意愿，而不是要求其进行"无私的谦让"，"谦让"必须以幼儿学会"分享""协商""合作"等为基础，让幼儿在懂得并愿意分享的基础上进一步理解并学会谦让。分享意味着权利共同享有，你有，我也有；而谦让却等于如果给你了，我的权利就被剥夺了，因此很难让幼儿接受。对于规范的价值定位，不应仅强调幼儿的义务，更主要的是使幼儿明白享有的权利。

这种"盲目利他"现象让我们想起《镜花缘》里君子国中的故事。

《镜花缘》是18—19世纪之间,我国文学家李汝珍写的一本小说。书里讲了一位叫唐敖的人,途经"君子国"时所遇到的故事。君子国里的人,个个都以自己吃亏让人得利为乐事。小说的第十一回描写了君子国里一名隶卒买物的情况:隶卒手中拿着货物道:"老兄如此高货,却讨恁般低价,教小弟买去,如何能安!务求将价加增,方好遵教。若再过谦,那是有意不肯赏光交易了。"卖货人答道:"既承照顾,敢不仰体!但适才妄讨大价,已觉厚颜,不意老兄反说货高价贱,岂不更教小弟惭愧!况货并非'言无二价',其中颇有虚头。俗云'漫天要价,就地还钱'。今老兄不但不减,反要增加,如此克己,只好请到别家交易,小弟实难遵命。"只听隶卒又说道:"老兄以高货讨贱价,反说小弟克己,岂不失了'忠恕之道'?凡事总要彼此无欺,方为公允。试问哪个腹中无算盘,小弟又安能受人之愚哩。"谈了许久,卖货人执意不增。隶卒赌气,照数讨价,拿了一半货物。刚要举步,卖货人哪里肯依,只说"价多货少"拦住不放。路旁走过两个老翁,作好作歹,从公评定,令隶卒照价拿了八折货物,这才交易而去。

我们必须思考的问题是:我们常常以为关心别人的利益胜过自己的利益,事情就会好办,而在幼儿园和君子国里发生的事情说明以别人的利益作为自己行动的原则同样会引起争论。

也就是说,双方自私的争利或双方无私的让利都会引起争论,那么在什么情况下才能使双方相安无事呢?那就是双方公正、平等的协作、交换,达成互利互惠的结局。经验告诉我们,要让幼儿分享是比较容易的,而谦让对于幼儿就不太容易接受。像我们常见的——问幼儿:如果有两个苹果,一个大的,一个小的,你要哪一个,可能会说我要小的,但实际行为中往往要拿大的(除非不喜欢)。所以,要使幼儿达到能够自觉谦让,实非易事,因为不但要有一个漫长的认识过程,还要有这种品德所形成的情感态度,即要乐意去做,而这常常是幼儿心理发展水平所不能及的。所以,我们应该多侧面、多角度地理解谦让,应根据需要合情合理地教育孩子谦让,这样才能使谦让不仅放射出理性的光辉,而且更充满人格的魅力。

"先人后己"和"毫不利己，专门利人"一类的要求包含着逻辑上的矛盾，不可能成为真正得以实施的处理人际关系的原则。当然，这决不是说，先人后己的精神不值得称赞，或者这种行为不高尚。而是说，这种原则不能成为社会成员中利益关系的普遍基础。这种"盲目利他"的价值悖论对幼儿教育造成了一定的危害。

（三）知性化内容倾向

知性规则教育，注重的是知识性规则的传授，忽视了规则交往实践生成的属性。幼儿对行为规范的掌握不仅是认知性问题，而且是情感和意志行为的过程，幼儿把道德理论、规范、准则作为知识来掌握，获得的是"关于规则的观念"，而非内在于人的"规则观念"①。正如皮亚杰所指出的：

> 现在儿童学习遵守的大多数规则是他从成人那里接受的，这就是说，他是在这些规则已经充分完备之后才接受它们的，而这些规则的精细制定往往不是和儿童有关的，也不是因为儿童需要这些规则，而是早期成人世世代代连续不断的活动结果。②

对于幼儿班级日常生活，我们不应只限于从幼儿的吃、穿、睡等保健环节或常规安排的角度来考虑，更应发掘和利用蕴藏其中的巨大道德启蒙价值。在幼儿的相互交往中，利益冲突与人际关系紧张普遍存在，如争抢玩具，与同伴闹矛盾，愿望不能得到满足，挑吃挑穿等。虽然这些日常生活中的事件大多属于鸡毛蒜皮类的小事，但教育者应该明白，正是这些日常生活琐事塑造着幼儿的品性和人格。因此，这些"契机"成为课程的重要资源，需要教育者敏锐地捕捉。道德有多样化的启迪方式：仅靠讲故事，念儿歌，唱一唱是不够的，它需要幼儿生活中的切身

---

① 杜威对"关于道德的概念"和"道德的概念"进行了区分，前者是指外在的、知识性的道德概念，它往往不能转化为人的内在行为；而后者是内在的，是对人行为发生作用的道德品质，这里借用了这种区分。

② ［瑞士］让·皮亚杰：《儿童的道德判断》，傅统先等译，山东教育出版社1984年版，第1—2页。

经历、体验和反复实践。任何教师都会教幼儿"讲秩序",可真正有效的教育却产生于小朋友都想去只能容纳四五个人的积木区而发生冲突,这时组织大家讨论:要不要轮流?不轮流有什么坏处?怎样轮流?再请幼儿回忆一下哪些地方、哪些时候特别需要轮流——滑滑梯,骑童车,玩新玩具,还有成人在什么时候也要轮流,等等。最后还要让孩子们自己来解决纠纷,寻求轮流的标志,以监督和提醒大家不再犯规。由此可见,规则是自然地在生活中养成的。

(四)重灌输轻建构的方法

从幼儿规则教育实践来看,在一定程度上存在着两极脱离现象。一为知性规则的灌输,主要体现为过分注重教师的权威,口头说教,或仅依赖讲讲故事,唱唱儿歌等;二为忽视幼儿班级日常生活的规则建构价值,教师对日常生活中所蕴藏的具有丰富教育价值的生活事件缺乏敏感性或不能发挥教师应有的中介作用。"长期以来,我们给孩子灌输了太多的美德概念和道理,却没有把它与孩子的日常生活相结合,转化为幼儿自觉的情感态度和行为模式,成为习惯,成为内在生成的精神需要。"[①]儿童每天身处生活世界中,却在教育者的灌输下掌握既定的规范条文,遗忘了对生活的生动体验,结果导致出现儿童的"幽闭文化""蛋壳文化"现象,儿童中出现了精神倦怠、逆反心理现象。

知性规则教育因其有利于受教育者掌握一定的规则知识而有其合理性存在,但它容易造成规则灌输和病理性说服的弊端,这会产生两个严重的后果:一是对幼儿主体的漠视。二是对幼儿完整生活的割裂。灌输是与规则生活化属性的原义相背离的,因而是对幼儿的自由、尊严、个体主体性的蔑视甚至践踏。

> 该方法对帮助儿童了解道德知识有一定的作用,但其弊病更多,例如,教育的效率低;容易使儿童形成他律的道德并难于向自律道德转化;导致顺从、依附、易受暗示、自卑等消极特征;使儿童的道德行为只是被迫的行为,而非出于内部道德需要等等。[②]

[①] 卢乐珍:《让道德启蒙融入幼儿生活》,《学前教育研究》2004年第9期。
[②] 朱智贤主编:《心理学大词典》,北京师范大学出版社1999年版,第108页。

灌输不是一种教授道德的方法,也不是一种道德的教育方法。之所以说它不是一种教授道德的方法,是因为真正的道德包括对于对此有可能处于冲突之中的价值做出审慎的决定;之所以说它不是一种道德的教育方法,是因为合乎道德的教育方法意味着尊重儿童正在发展着的推理能力和对他们所学的内容的评价能力。①

为什么教师和小朋友能把团结友爱的故事讲得滚瓜烂熟,而当行动缓慢的小林摔倒后,小华、小慧却在一旁笑话他呢?自觉的友爱行为和感受到哪儿去了?原因在于无视幼儿的日常生活而生硬地把一些抽象的概念灌输给幼儿。

二 价值诉求的滞后性

幼儿班级规范价值诉求的滞后性是指幼儿班级规范所追求的价值不符合社会的时代要求和教育变革的需要。

教育的主要对象,是未来几年、十几年甚至更长时间才走上社会的幼儿与青少年,这种属性从根本上规定了教育必须具有前瞻性。如果对未来社会发展前途和需要缺乏应有的预见性,对未来社会所需人才的能力特征与性格倾向缺乏应有的认识,那么教育就只能是盲目的、低效益的,在这种教育机制中也不可能有成功的教育。②

(一) 价值定位缺乏时代性

从幼儿班级规范的价值定位来看,它注重提倡的是孩子的谦让利他、听话规矩、安分守己、乐于奉献、遵规守纪等品性,而忽视孩子的权利、自主、契约、公平、协商等具有时代特色的素质的培养。幼儿班级规范的这种价值定位表现出严重的滞后性,因为它是传统文化的产物。为适

---

① Lawrence Kohlberg, "Using a Hidden Curriculum," *Moral Education Digest*, May, 1987, p. 12.
② 金盛华:《现代社会挑战与教育变革导向》,《北京师范大学学报》(社会科学版)1999年第6期。

应市场经济、民主政治、公民社会的需求，培养具有主体意识、权利意识和民主意识的小公民显得特别重要和紧迫。因为"自从秦始皇以来的2200年间，中国实行的政治制度和意识形态一直是专制主义。统治者执行的是'民可使由之，不可使知之'的愚民政策，老百姓遵守的是'非礼勿视，非礼勿听，非礼勿言，非礼勿动'的奴隶主义"[①]。超长的封建统治时间、超强的封建专制制度和纲常名教严重地扭曲了人性，剥夺了人的尊严，造成了强大和顽固的臣民意识、子民意识、奴才意识。近代中国的国民性改造和"新民""立人"的努力，由于不具备稳定的政治条件和相应的经济基础，收效甚微。这种传统文化对幼儿的影响特别大，鲁迅先生在评论中国传统文化中的幼儿教育时曾说，这种教育只是"使他（幼儿）畏葸退缩，仿佛一个奴才，一个傀儡，然而成人却美其名曰'听话'，自以为是教育的成功，待到放他到外来，则如暂出樊笼的小禽，他决不会飞鸣，也不会跳跃"。这种教育"其实都不过是制造许多适应环境的机器罢了"[②]。在计划经济和高度集中的管理体制之下，人民的自主意识和理性精神仍然付诸阙如。直到今天，国民的劣根性和臣民意识还是中国迈向现代化的巨大阻力，"包青天"现象，法律观念淡漠，丧失社会公德等，民主、公正、权利意识等的缺乏都说明国民性改造的任务远未完成，人的现代化任重而道远。当前幼儿班级的规范价值追求在一定程度上是这种传统文化的产物，它不仅不适合时代的要求也不符合幼儿的身心发展需要。

（二）价值定位缺乏变革性

过分强调幼儿班级规范的秩序、约束等工具性价值，忽视规范自主、协商、权利、平等等目的性价值，这不符合幼儿教育变革的需要。当今的幼儿教育呈现出民主化、多元化和主体化等特征，从培养目标到教育过程等都发生着深刻的变革。从幼儿教育改革来看，"人本"观念深入人心，平等的、伙伴式的师幼关系得到广泛的提倡；强调知识的建构性、社会性、情境性、复杂性和默会性，[③]学习的建构本质、社会协商本质日

[①] 李慎之：《修改宪法与公民教育》，《改革》1999年第3期。
[②] 鲁迅：《鲁迅全集》（第4卷），人民文学出版社1981年版，第515页。
[③] 莱斯利·P. 斯特弗：《教育中的建构主义》，华东师范大学出版社2002年版，第8—11页。

益突显；支架式教学，多元价值观的倡导，开放性、发展性、过程性评价等理念不断深入人心；以游戏为基本活动、小组活动，注重生活与交往、对话与沟通诸方法的不断涌现；课程从封闭趋向开放，从可设的确定性走向生成的过程性，课程意义不断在动态过程中建构；教师、幼儿和课程之间产生了参与式、浸入式、融入式的体验关系。这些深刻的变革要求幼儿班级规范的价值追求发生质的变化，即要摒弃过分注重规范的静态有序和约束管理的价值观念，以为幼儿创设一个宽松、自主，充满人文韵味的班级氛围为基点，强调规范的弹性化、人本化，以发展幼儿的自主、平等、权利等价值观为核心。新的规范价值观的提出，既是幼儿教育改革的需要，又是推动教育改革不断深入的保障。

第二节 规范价值诉求的理论依据

上面对我国幼儿班级规范的价值追求中所存在的问题进行了分析和透视，它表明对幼儿班级规范的价值进行合理定位的必要性和紧迫性。那么，如何进行定位？这就涉及规范价值诉求的依据问题。对于幼儿班级规范的价值定位的依据，我们可以从社会和幼儿自身两个层面进行思考，因为幼儿班级是这两个层面相互作用的产物。首先是社会层面，幼儿园作为一种社会组织或存在物，必然要反映社会的要求，社会的变革、社会所倡导的主流价值观必然会在幼儿班级规范中得到体现；其次是幼儿层面，规范直接指向的是幼儿的生存和发展，幼儿的身心需要必然会成为幼儿班级规范价值定位的主要依据之一。当然，幼儿班级自身的特性也会影响到规范的价值定位，但对它的分析本书的前面和后面都有论述，这里不再重复。接下来，我们将从社会和幼儿自身需求两个层面进行论述。

一 社会层面："小公民"素养的要求

（一）从"好孩子"转向"小公民"

长期以来，受传统文化的影响，培养"谦让利他、听话服从、安分守己、乐于奉献、循规蹈矩"的"好孩子"成为我国幼儿德育的主要目标。在幼儿园我们常常听到"老师最喜欢听话、懂事的小朋友"，"要学会谦让""要学会保持安静"之类的话语。从这些不经意的话语中可以折射出"好孩子"的界定标准——"听话""乖巧""利他"等。"好孩子"现象的存在有一定的合理性和积极意义,因为它是对中华民族优秀传统文化的继承,它有利于培养幼儿关爱他人的品性和一些良好的行为习惯。但我们不能把它当成当代幼儿德育的主流价值进行追求,因为"好孩子"现象是我国传统"臣民"文化的产物,它不符合民主社会、市场经济的需求。

给幼儿冠以"好孩子""乖孩子"的紧箍咒,无形之中忽略了幼儿的个性、主体性发展,培养了幼儿的奴性。"好孩子"现象束缚了幼儿的自由发展,忽略了儿童的个体价值,形成的是易于顺从、趋同的心理。"好孩子"现象忽视幼儿的多样性和多元化需求,幼儿的创造性难以得到充分发挥。从某种意义上说,要求幼儿成为"好孩子"是在剥夺孩子发表不同见解的机会,进行选择的机会和锻炼独立性的机会。这些机会不但可以激发孩子去思考和反省,而且有助于使孩子形成一种意识,即我应该对事物有自己的看法,面对问题我应该能够提出自己的观点,进而提出解决问题的办法。"好孩子"在成人世界和成人权威的重压下丧失了独立人格,权利受到侵犯。鲁迅曾说:"中国的一般趋势却只在向驯良之类——静的方面发展,低眉、顺眼、唯唯诺诺才是一个好孩子","驯良之类并不是恶德,也许简直倒是没出息了"。

"好孩子"现象要求幼儿进行无私的"谦让和利他",从而出现早期教育中的"泛道德化""重义务轻权利"的倾向。这表现在教师常常用"好孩子"或"坏孩子"的标准来评价幼儿的行为表现上,把幼儿的不良表现都归为所谓的道德品质问题;往往用"谦让"的方式来解决幼儿同伴间的冲突,把本应由同伴间通过协商、轮流、合作等方式解决的问题盲目地纳入道德领域。这不符合幼儿的身心发展需要,因为"以自我为中心"的心理发展水平,客观上决定了幼儿"朴素自利"倾向的合理存在(幼儿交往中表现出来的自利,主要是因身心发展的有限性造成的,与成人有时表现出的自私自利不同,故称之为"朴素自利")。幼儿的社会性发展是有层次的,幼儿"谦让、利他"的道德品质,是儿童社会性发展中较高的层面,它的发展要以幼儿基础性的合群素质和能力,如轮流、分配、合作、表达、协商等为基础,否则,势必会造成教育目标被拔高的现象。

总之，幼儿德育中"好孩子"现象的价值诉求存在着很大的消极意义：(1) 扼杀了儿童的个性，即扭曲了人性，造成了奴性。(2) 剥夺了儿童的正当权利，导致儿童缺乏生机，只有无条件服从的义务，而没有任何权利。(3) 忽视儿童的主体性，即严重束缚了儿童的独立精神和主体意识。

"好孩子"现象的存在是我国传统"臣民"文化的产物。中国传统文化崇尚"一"与"和"。强调个体与社会、国家的同构性。中国传统文化偏重于社会或群体本位，个人只是作为社会有机体的构件而被纳入家族、社会的网络系统里。"仁爱""义务""贡献""宽恕"等社会规范和原则被强化、灌输到每一个人的一切言行里，以致融入人的血液中，个人作为一种被动的消极个体，只能通过对社会、国家的适应来换取自身的生存与发展，从而最终沦为社会、国家的派生物。在中国几千年的道德教化传统中，伦理道德成为处理一切人际关系，评价人的一切行为的价值尺度，把人生的各方面问题都归结为道德问题，具有严重的泛道德化倾向。

传统文化所造就的社会心理在人们身上积淀形成持久不衰的"臣民"意识和"私民"人格，这与现代社会实践主体的公民素养要求大相径庭，改革的市场化取向和民主化进程进一步加大了这种差距，以致有人说："千差距万差距，缺乏公民意识是中国与先进国家的最大差距。"当今中国社会正经历着一场深刻的文化与价值观转型。这一转型的实质是生存方式或生存模式的转变或重塑。具体说来，以全球化、现代市场经济为核心的工业文明要求中国公民改变在自然经济和计划经济条件下所形成的自在的和封闭的文化模式，改变经验主义的、自然主义的、自在自发的生存方式或生存模式，用一种新的自觉的文化塑造一种适合市场经济需要的、自由自觉的、具有主体性和创造性的生存方式。这种新的文化的核心就是以"公民社会"成员公民意识的普遍化为核心的新"公民文化"及其价值观。与"臣民文化"所造就的"好孩子现象"不一样，公民文化造就的是具有自主、权利、平等、公正等意识的"公民"。为此，我国宣传部、教育部等六部门于2002年联合发出《关于实施中国"小公民"道德建设计划的通知》，在全国3—18岁的少年儿童中开展"我做合格'小公民'"的宣传教育、实践创造、评选展示活动,以培养少年儿童的主体意识、权利意识、平等意识、公正意识等。

(二)小公民素养的体现

从上面的分析中得出的结论是:我们要重新审视传统的"好孩子"价值观,要从当代"小公民"的素养要求中寻找幼儿班级规范的价值定位的主要依据。那么,作为一个"小公民"应具备哪些主要素养呢?这首先要从"公民"的本质说起。长期以来,公民概念被"人民"和"主人"这两个概念所淹没,加之传统文化中"臣民"和"子民"意识的存在,在很大程度上造成了公民概念的精神萎靡、意义淡薄乃至失真。为了对公民本质的理解更为清晰,我们可以对公民—臣民(子民)、公民—私民、公民—人民这三组对应词的应用范围和使用价值进行一个简单的对比。"私民无他,只有个人的'私利',没有对他人、社会的责任和义务。……臣民无我,只有对统治者的责任、顺从、服从,没有个人的权利。"[①] 相比之下,公民是这两个向度上的共同主体:一是日常生活中人格独立的个性主体;二是公共生活中的权责主体。公民是具有独立人格的主体,公民具有自立的状态、自主的需要、自律的意志和自由的性质。

对于小公民素养的要求,在90年代初期,香港就为幼儿园的小公民教育制定了宗旨:"使幼儿认识个人作为公民与家庭、邻里、社区的关系,培养积极的态度和价值观,从而为改善社会做出贡献;使幼儿认识香港社会的特色,了解民主、自由、平等、人权及法制精神的重要;培养幼儿批判性思考的素质及解决问题的技能。"[②] 2002年出台的《关于实施中国"小公民"道德建设计划的通知》规定:在全国幼儿中以"我做合格小公民"为主题,以在家庭做孝顺父母、关心亲人、勤俭节约、热爱劳动的"小帮手";在社会上做热爱祖国、文明礼貌、诚实守信、遵纪守法的"小标兵";在学校做团结友爱、互相帮助、尊重他人、善于合作的"小伙伴";在社区和公共场所做爱护公物、讲究卫生、保护环境、遵守秩序的"小卫士";在独立面对生活时做胸怀宽阔、心理健康、勤奋自

---

① 李萍、钟明华:《公民教育——传统德育的历史性转型》,《教育研究》2002年第10期。
② 袁爱玲:《香港幼儿公民教育述评》(上),《学前教育》1996年第11期。

立、勇于创新的"小主人"为主要内容，开展生动丰富的道德实践活动。① 结合以往研究和相关文件，对于小公民的素养可以从两个层面进行分析。

1. 价值理念

（1）生命意识

培养幼儿对"生命神圣"的认识，强调"生命神圣"就是承认人类生存的内在价值。培养幼儿关爱生命、热爱生命的基础性认知和情感体验。

（2）主体意识

主体意识是现代小公民意识的基础。我们要使幼儿逐渐认识到自己是一个独立的、自由的、与他人地位平等的主体；认识到他们自己的意志是自由的，能够自己做主，充分表达自己的愿望和要求，学会有目的地参与班级生活；学会对自己负责，对别人负责。

（3）权利意识

权利是小公民存在的方式，是独立人格和自由意志的保障，是参与班级生活，取得并维护各种权益的根据。在班级生活中，作为主体的幼儿有权进行积极、广泛的社会交往和创造活动，有权在民主参与"普遍事务"的过程中实现"类活动"和普遍利益，从而促进个体和团体的发展。

（4）民主、平等意识

现代公民意识本质上是一种民主意识。在我国，由于传统等级特权观念的根深蒂固，官本位意识极为浓烈，提倡民主、平等尤其具有重要的现实意义。卢梭说过："作为主权权威的参与者，就叫作公民，作为国家法律的服从者，就叫作臣民。"② 在当代社会中，每个公民都具有独立的人格，平等地享有公民权利，也平等地履行公民义务。公民身份的独立性和平等性是公民与臣民的显著区别。

（5）公德意识

公民良好的公德意识反映了公民的文化道德修养，也反映了社会的文明程度，它能使公民自觉地规范其行为，从而创造出一个良好的社会环境，包括遵守公共秩序，讲究文明礼貌，守信用，保护公共卫生和生

---

① 宣传部、教育部：《关于实施中国"小公民"道德建设计划的通知》，2002年。
② 卢梭：《社会契约论》，商务印书馆1980年版，第26页。

态环境，尊重他人，维护公共安全等。

2. 公民能力

（1）个人层面

培养幼儿反思、批判和创造精神，履行自省、自决和自律的要求。

（2）社会层面

幼儿要成为一个积极的团体参与者，就必须具备一定的"参与"能力，如学会与人"合作"，与他人"移情共感"，与人"沟通""协商"，与人达成"共同决策"等。

小公民教育是一项系统工程，它要求家庭、幼儿园和社区的有机结合，形成合力。从家庭来看，建设自由、和谐、公正、平等的现代家庭文明至关重要，尽量淡化家庭中父权和夫权色彩，发展民主、平等、尊重的家庭交往模式，缔造良好的家庭结构关系，培养孩子的自我主体意识和理性批判、探究能力，在家庭交往和社会互动过程中形成自己的见识能力和价值观。从社区看，要创设和谐的公民文化，为培养幼儿的公民意识和能力提供实践机会。

上面对小公民的基本素养进行了分析，它是我们对幼儿班级规范进行定位时必须考虑的依据。当然，我们要结合幼儿的身心发展特点，以幼儿可理解、可接受的方式进行。公民是一个生成的过程，公民教育也就是一种终身教育，公民意识要从娃娃抓起，即从幼儿期开始，就应向他（她）们播下自主、权利、平等、民主、公正的种子。

在幼儿班级生活共同体中，通过类似的公民实践活动，促进幼儿逐渐理解公民的价值理念，积累公民的基本技能。幼儿在学会适应幼儿园和班级的团体生活过程中不断进行自我定位、角色体验，接受规范约束，加入组织，了解制度结构，解决矛盾冲突，巩固并拓展家庭教育所养成的认识论和价值观，在团体与社会的群体互动中强化公民意向和能力。

二 幼儿层面：身心需要的满足

研究规范与幼儿的存在和发展间的关系，必然将规范与幼儿的需要联系在一起。因为幼儿的身心需要和发展是规范价值选择的内在根据。现实中人际利益冲突是规范产生的基础和发展的内在根源。人的需要本质上是人性的外在表现，马克思主义的人学理论对人性做了科学的解释。

人性实质上是人在其活动过程中作为整体所表现出来的与其他动物所不同的特殊性。这种特性主要指人在同自然、社会和自己本身三种关系中,作为自然存在物、社会存在物和有意识的存在物所表现出来的自然属性、社会属性和精神属性。它们相互联系、相互作用,形成人性的系统结构,完整地表征了作为整体存在的人。①

也就是说,人性是人作为类存在与动物相区别的共同特性,即人的自然属性、社会属性和意识属性的统一。从马克思的人性观中,我们可以推导出幼儿的三种基本的不同需要,即自然属性层面、社会属性层面和意识属性层面。通过对不同层面需要的分析,探寻规范价值定位的内在根据。

(一)自然属性层面的需要

从自然属性看,幼儿是一个自然存在物,这首先表现为幼儿拥有自然生命,幼儿是自然的一部分。其次,幼儿的自然属性通过维持人的生命存在所必需的自然需要表现出来。幼儿的生理需要,如吃、穿、安全需要等是由幼儿的自然生命所决定的。当然,即使是刚出生的婴儿的自然属性也不同于动物的自然本能,因为它已经"是以扬弃的形式从属于人的社会性"。幼儿的自然属性表明,人的存在必须拥有生命,而拥有生命,幼儿就必须满足自己的自然需要。只有满足了生存需要,幼儿才能得以存在和长大。而满足这种需要的途径和方式则是社会的表现形式,因而就存在合理与不合理的问题。当这种满足方式危及他人的生存时,就必须予以禁止,此时规范就有了存在的必要。因此,幼儿的自然属性对规范的价值诉求具有直接的决定意义,保障幼儿的生命存在或安全、健康等是规范所诉求的最基本的价值。规范的其他价值选择都是以幼儿的生存和安全、健康作为基本前提和基础的。也就是说,衡量幼儿班级规范价值合理性的首要条件是看它能否给幼儿带来安全感、舒适感,满足幼儿的各种生理需要,促进幼儿的健康成长。比如下面我们常常观察到的现象就不能很好地满足幼儿的生理需要:

---

① 袁贵仁:《马克思的人学思想》,北京师范大学出版社1996年版,第58页。

幼儿上厕所必须事先举手，老师同意后方可去。
剥夺小朋友户外活动的时间。
让小班小朋友长时间地举手。
小学化的长时间的集体教学。
离园前，要求小朋友长时间的静坐等待。
…………

（二）社会属性层面的需要

幼儿的社会性是幼儿的根本属性，作为个体存在的幼儿，始终是生活在群体之中的成员。幼儿由于他（她）们的需要即其本性，以及他（她）们求得满足的方式而把他（她）们联系起来。"社会关系是指许多人的共同活动"①，幼儿与幼儿间的交往与游戏会产生单独个体所没有的力量和能力，这就是整体大于部分之和的"集体力"。幼儿个体正是在同伴团体的交往互动中形成了健康的群性生活态度，发展了幼儿协调个体需要与同伴或团体需要的能力。群体生活、群体性需要的满足具有重要的意义，但它们是有条件的，它们以群体生活的有序性、群体主体间的平等和协作，尊重群体成员合理权利，养成群体内的正义氛围等为前提。群体性需要的满足向规范的存在和价值，诸如秩序、平等、权利、协作等提出了诉求。秩序体现了人与人之间具有稳定性、一致性和连续性的关系状态。而幼儿与他人之间的合作、交往关系又是他（她）们相互依存的状态，在这种共生的状态中，则有了平等、互惠、合理权利要求的提出。这里我们重点对规范的自主、平等、互惠、权利等价值追求进行分析，因为长期以来，个人的平等权利往往是被集体的价值观所埋没的，同时，强调平等互惠的价值观更符合幼儿的身心发展水平。

1. 对称性同伴交往决定了平等互惠的价值追求

幼儿在班级生活中，面对的主要是同伴间的对称性、平等性关系，这要求"为己利他，互利互惠"成为处理幼儿同伴关系中最基本的人际准则。王海明认为：利己也是善，为己利他、互利互惠是最重要的善，是基本的善。他对人性的善恶做了分析（见图 5-1）。

---

① 《马克思恩格斯全集》（第 1 卷），人民出版社 1979 年版，第 80 页。

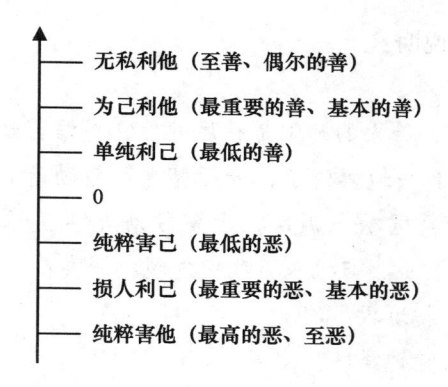

第五章　自由与平等、秩序与效率的价值诉求　/　155

```
↑
├── 无私利他（至善、偶尔的善）
├── 为己利他（最重要的善、基本的善）
├── 单纯利己（最低的善）
├── 0
├── 纯粹害己（最低的恶）
├── 损人利己（最重要的恶、基本的恶）
├── 纯粹害他（最高的恶、至恶）
```

图 5-1　人性的善恶分析

资料来源：王海明《新伦理学》，商务印书馆 2003 年版，第 263 页。

从图 5-1 中可以看出，单纯利己是最低的善，它常常是指与他人没有直接关系，而只与自己有直接利害关系的行为，如一名幼儿在从事踢球、跳舞等游戏活动。无私利他与为己利他则指向与他人有直接利害关系的行为，要强调的是为己利他适用于利益一致而常常可以两全的情况，它的适用前提是人际的对称、平等关系。这就决定了为己利他必定是最重要的善，是人们交往中必须遵守的基本规范，因为人际交往在大多数情况下是以遵守各自独立人格为前提的，交往是平等的、对称的。幼儿同伴关系是一种平等关系，这要求幼儿同伴间的交往应坚持互利互惠的原则，也就是说，"为己利他，互利互惠"是幼儿同伴交往中最基本的规范。当然，我要说明的是：我不是要把天真无邪的幼儿的本性区分为善或恶的，我想要提醒的是：作为成人的幼儿工作者，他应具有合理的人性观和价值观，以符合人性的方式引导幼儿走向互惠协作、自由自主的发展。

2. 从幼儿是一个"朴素的自利者"看规范的平等互惠性

我们说，早期幼儿是一个"朴素的自利者"，这是早期幼儿身心发展水平的客观反映。早期幼儿的这种心理状态要求我们在进行规范教育时，应关注幼儿的利益动机。否定利益动机的说教，常常会使得规范教育收效甚微，很难培养幼儿的自治精神。

正是身心需要的满足，利益的召唤，提供了幼儿自觉将他律的行为转换为自律行为的热情和动力。我们可以通过下面同一幼儿园中两个中班的不同现象进行说明：

走进 A 班，给人的感觉是秩序井然、整洁舒适、区角清晰，几个值日生在高兴地擦椅子，老师尊重并鼓励幼儿的自主选择，整个教室的气氛宽松与温馨，大多数幼儿在快乐地游戏玩耍。通过半个小时的观察与记录，我们发现小朋友：

- 乱扔杂物垃圾 3 次
- 能够自觉地排队接水喝
- 发生争执一次
- 基本上能自觉地把用过的玩具材料放回原处

而走进 B 班，给人的感觉是杂乱无章、区角设置混乱，教室里随处可以看到纸屑垃圾等，老师常常对幼儿进行训斥，整个教室的气氛充满压抑与紧张。通过半个小时的观察，我们发现小朋友：

- 大多数时候是乱扔杂物垃圾的
- 接水喝时，常常出现拥挤的现象
- 发生争执 3 次
- 少于一半的小朋友会把用过的玩具材料放回原处

这说明，当孩子们享受到别人提供的服务时（干净、有序），自己也愿意遵守规范，为别人提供服务。当别人没有提供这种服务（脏、乱）时，孩子们也不愿意遵守规范，不愿意为别人提供服务。合理的利益满足是早期幼儿行为规范教育的基础，它决定了规范产生、变化与发展的历程。而这种利益需求的存在，是由幼儿的认知水平、尊严和本能等因素决定的。

我们必须接受幼儿本性中所具有的如自我中心、喜好自由、喜欢玩游戏等各种特性，而不是进行高高在上的"假、大、空、玄"式的说教。自利不是一种恶，如果忽视自利的合理性存在，幼儿的一切将失去生机和动力。幼儿本能所需要的是互利互惠和公正，决不是大无畏的自我牺牲，要求早期幼儿进行无私奉献是不可能的，甚至是可笑的。每个人都拥有一定的权利，孩子也不例外。一味要求幼儿做出自我牺牲，只要走出成人的视线，他们要么会盲目利他，要么会把利他当成获取私利的工具。无私利他不能成为对幼儿进行教育的信条，更不能普及，因为它与幼儿的本能和身心发展水平不相符，它不能满足幼儿的需要。

（三）意识属性层面的需要

人的意识性是人之为人的重要特征。人的"有意识的生命活动把人同动物的生命活动直接区别开来"①。"这里人和绵羊的不同地方只在于：人的意识代替了本能。"而人"意识到必须和周围的人们来往，也就是开始意识到人总是生活在社会中的"②。幼儿的意识发展水平不够成熟，但正是这种意识使幼儿逐渐成为能思维，有思想的人，成为追求自由、权利的主体，使幼儿的活动具有目的性。幼儿活动的目的性反映了幼儿自身的需要，幼儿为满足自身的身心需要进行着各种游戏活动和交往，在游戏和交往中，幼儿的主体性得到了很好体现。幼儿的活动，无论是认识还是游戏，都是追求快乐、实现价值的过程。倘若活动不能满足幼儿的需要，给幼儿带来快乐，幼儿就不会从事各种认识和实践活动，甚至不会进行交往。追求自身需求的满足，决定着主体活动的指向性，影响幼儿对游戏活动与同伴的选择。幼儿在游戏活动中的全部激情、意向或活动过程，充分体现了幼儿的意识性和主体性。当然，幼儿的意识性特点还在于幼儿逐渐发展中的自我意识。幼儿的自我意识促使幼儿把他自己从周围的世界中抽取出来，可以看清自己和世界的关系，看清自己在感觉什么，想什么和做什么。由此出发，幼儿就开始了从以自我为中心，从生物本能向自由自觉发展的历程。正是自我意识开辟了幼儿自我控制、自我教育和自我完善的可能性。

幼儿意识层面需要的满足，要求幼儿班级规范具有自由性价值和主体性价值。因为幼儿的自由性、主体性是其开展游戏活动，促进其身心发展的根本动力。主体性是幼儿作为活动主体的质的规定性，是主体在其实践交往活动中所具有的自主性、能动的自觉性、自为性和创造性等。主体性的内涵赋予权利的最基本的规定性是自由。然而，任何主体的权利与义务是不可分割的，自由是相对的。因此，每一主体获得的权利绝

---

① 《马克思恩格斯全集》（第42卷），人民出版社1979年版，第96页。
② 《马克思恩格斯全集》（第1卷），人民出版社1979年版，第82页。

不是任意的，必须通过人们能够共同接受的对权利予以肯定和限制的规范体系才能成为实现的权利。

规范作为班级社会存在物，主要用于调节班级主体间的各种关系，是幼儿逐渐学会自我控制、自我完善的规范形态。规范作为幼儿交往活动的生成物，依赖的就是幼儿在实践的过程中能动性的发挥。虽然规范并非完全出自于班级主体的理性建构，如传统文化、风俗习惯等对规范的形成也起着作用。但规范主要是幼儿主动意识化的结果，规范是幼儿主动交往实践的产物。

以上从幼儿身心需要的三个层面进行了分析，它为考察幼儿班级规范的价值提供了重要的理论依据，这里用图5-2加以总结。

```
                 幼儿的身心需要与班级
                    规范的价值诉求
        ┌───────────────┼───────────────┐
   自然属性层面的需要   社会属性层面的需要   意识属性层面的需要
        │                 │                 │
   安全、健康、关爱生命、  平等、协作、权利、秩序、  自主、个性、主体性充分
   满足生理需要的价值诉求  满足交往需要的价值诉求   张扬的价值诉求
```

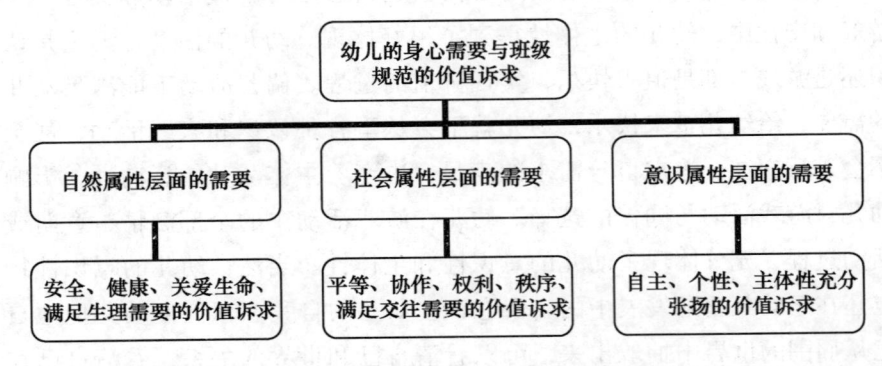

图5-2 幼儿的身心需要与班级规范的价值诉求

以上从社会和幼儿自身需求两个角度对幼儿班级规范价值诉求的依据进行了剖析，它带来的启示是：培养幼儿自由、自主、平等、互惠、权利意识，确保幼儿班级生活的有序进行是其主要的价值体现。接下来将从目的性和工具性两个层面对幼儿班级规范的价值诉求进行具体的分析。

第三节 规范的目的性价值：自由与平等

美国学者李普森曾经指出："自由和平等的重要性凌驾于其他任何理想之上。将生气勃勃的精神注入我们的民主政治，使它具有独一无二的

特征以及使它与其他规范制度不同的,主要就是这两种价值观。如果要将民主制度的特征以最简单的话来概括,可以这样说:民主制度就是尽可能使其人民同时获得更多的自由和最多的平等的政治制度。"[1] 虽然李普森是就社会制度而言的,但幼儿班级是一个小社会,自由和平等不言而喻也是现代班级规范所诉求的最基本的目的性价值。

一 目的性价值:自由

(一) 关于自由的理解

从词源的角度考察,"自由"在英文中有两个词可以表达:一是freedom,它是指原始生活中无拘无束的自然生活状态,它反映了人的一种主体性要求。二是liberty,它反映了人和社会、权利和义务的关系,体现出自由的客体性。

自由是一个关系概念,自由与人和人的交往联系在一起。自由既与个体活动的意志特征相联系,即意志自由,又不能脱离个体生存于其间的现实关系的制约,即外在自由。对于早期幼儿来说,意志力正处于发展时期,因此,我们谈论自由问题,一般主要强调外在自由,即要把幼儿从束缚、限制或强制中解放出来,让其逐渐学会自己做主,自我决定,自我选择,保持幼儿的自然天性。幼儿是否自由,就看他是否有自主权,也即是否能自主地决定自己的行动(当然,是在保证其安全健康的前提下)。幼儿的自由和自主是一个问题的两个方面,自主行动也就是自由行动,幼儿自由就是让幼儿在生活中、游戏中有自我控制感和成就感。正是在这个意义上,皮科认为:"人没有使自身受限制的本质,人是自己的主人,人的唯一限制就是要消除限制,就是要获得自由,人奋斗的目的就是要使自己成为自由人,自己能选择自己的命运,用自己的双手编织光荣的桂冠或是耻辱的锁链。"[2] 柏林则指出:"自由这个词的积极意义来自于个人希望能够做自己的主人。我希望我的生命及决定是依靠我自己的,而不是依靠任何外在的力量;我希望成为自己的工具,而不是别人

---

[1] 转引自邹吉忠《自由与秩序——制度价值研究》,北京师范大学出版社2003年版,第125页。

[2] 转引自加林《意大利人文主义》,生活·读书·新知三联书店1998年版,第102页。

的意志行为所支配的；我希望自己是一个主体，而不是一个对象；我希望我是由自己的理性及有意识的目的所推动的，而不是被外来的原因所影响。"[1] 皮科和柏林的观点表明，自由乃是一个人不受他人及外力的支配，而能够控制自己的意志行为，做自己的主人是自由的最根本的意义。

为加深对幼儿自由的理解，有必要对"消极自由"与"积极自由"进行区分。[2] 根据主体对强制的态度差异，可以把自由区分为"消极自由"与"积极自由"。当我们仅仅要求免除强制和奴役时，就是消极自由；当我们对强制的态度不仅仅是摆脱它，还试图克服和消除它，甚至为此施以必要的努力，以追求更大的自主性时，就表现为积极的自由。在幼儿教育的实践中，消极自由和积极自由是同等重要的，但实际情况是幼儿的积极自由没有受到应有的重视。成人常常以为只要不过分地约束幼儿就够了，而没能为幼儿创设一个充分调动其自主性、创造性的环境。然而，自由不仅仅向人们承诺没有强制，它其实意味着人生是价值承付的过程。[3] 幼儿的精神成长既需要免除任何形式的强制和奴役，又需要自我实现、自我选择、自我指导和自我治理，从而容许幼儿以不同的方式成长。

教育是在积极自由和消极自由中展开的。幼儿所享有的积极自由意味着他们在生活与游戏的过程中成为一个自主的选择者，成为一个为实现自己精神需求的自我决断者，他们是自己生活的创造者，是自我发展和精神成长的主宰者。幼儿所享有的消极自由意味着教育在规范制度的设计上，在教育方式上，在施加教育影响的过程中避免任何不必要的强制，并且脱离任何以"教育"之名出现的对幼儿的压制、贬抑、强迫。那些对幼儿的贬低、对自尊的打击、对个性的忽视等都是人为的强制，是消极自由受到侵犯的表现，在这种条件下，幼儿根本不存在自我实现的可能性。因此，对于教育而言，消极自由是积极自由的前提条件，如果我们重视幼儿的自我发展，承认幼儿是自己生活的主人，那么现实的

---

[1] 转引自石元康《当代西方自由主义理论》，上海三联书店2000年版，第11页。
[2] "消极自由"与"积极自由"是英国学者柏林提出的著名概念。
[3] 艾玛纽埃尔·勒维纳斯：《上帝·时间和死亡》，生活·读书·新知三联书店1997年版，第214—226页。

幼儿教育如何保障幼儿的消极自由就成为教育不可分割的组成部分。这就涉及规范的价值定位，因为规范制度设计的合理性对保障幼儿的消极自由发挥着重要作用。

（二）自由的价值

自由是幼儿的首要价值，是幼儿本性的自然流露。通过对幼儿自由价值的剖析，可以为自由价值观问题的规范设计解答打下基础。

自由的价值体现在它对幼儿个体生存、快乐和发展需要的满足上。自由给幼儿带来的需要满足，构成了幼儿开展游戏活动的动力。那么，自由对幼儿个体来说意味着什么呢？

首先，自由意味着权利。作为权利的自由，其重要性在于，它从道德和法规上对幼儿个体追求自己正当的利益进行了保障。这要求成人站在法规的角度对幼儿的自由权给予充分的重视。自由对幼儿来说，不仅是一种最重要的权利，而且是平等、尊重、选择等一切其他权利的前提。对于没有自由权利的幼儿主体而言，其他权利是不可能的。

其次，自由表示幼儿具有各种选择的机会。自由意味着幼儿具有获得追求自认为有价值之物的权利或资格，比如，幼儿有选择游戏活动类型、游戏伙伴、游戏材料等的自由。自由选择的价值在于，它表明了幼儿所具有的开放性质，表明幼儿作为"能在"的存在状态。因为幼儿只能在针对各种难以预测其后果的可能性进行选择的过程中，才能体验到自身所具有的本质力量和自由个性。自由选择是幼儿学习辨别真假、善恶、美丑的机会。

再次，自由意味着幼儿主体实现自我需要的标志。这可以通过分析幼儿所应享有的基本自由来考察这一点：

人身自由就是幼儿享有人身不受限制、体罚的自由。在幼儿的班级生活中，幼儿的人身不能因为任何原因而受到他人（包括教师）的消极性对待，比如殴打、罚站、强行拉扯、残害、侮辱、驱赶等。幼儿的人身自由是其安全需要得到满足，促进幼儿敢于尝试和创新的重要条件。

表达自由是幼儿具有表达自己思想、观念、意见的自由。表达自由可以促进幼儿参与社会生活，自由地探索和认识世界，试验新思想，形成新方法。

教育资源平等利用的自由。这种自由确保每一个幼儿都能公平地利用各种教育资源,教育机会向每一个幼儿平等开放。这种自由一方面可以通过平等的参与,形成一种开放的、平等交流的、合作的教育环境,另一方面,可以培养幼儿的责任感,增强他们的自治能力和处理各种社会事务的能力。

学习自由意指幼儿在游戏中、在生活中自主的学习。那种小学化的,使幼儿不得不严格按事先所规定的学习内容和学习方式进行的学习就是逼迫式的,因而是不自由的。学习自由对于幼儿来说是非常重要的,它保护幼儿自主学习的兴趣,是形成多元生活目标和个人人格的关键条件。

幼儿的交往自由意指幼儿在生活中可以选择自己的游戏伙伴进行交往的自由。这是幼儿自由追求自我创造和多样性目的的条件,是幼儿获得社会认同和个人认同的必需条件,是他们获得自尊的源泉之一,也是幼儿的判断、选择等能力发展的基础。

最后,个体自由对幼儿班级整体也发挥着重要的作用。个体的合理自由是形成班级宽松氛围的必要条件,因为这预示着良好的师幼关系和同伴关系的存在。幼儿个体自由还是实现班级公平气氛的动力机制,因为幼儿可以自由平等地参与竞取班级中各类教育资源。

(三) 对自由如何可能的规范解答

自由是幼儿的天性,自由在调动和激发幼儿的主动性、积极性、创造性,在培养和增进个人责任感和自主意识的同时,成为班级秩序紊乱的直接原因。自由需要成人的"松绑"和"放权",但这又容易造成"一放就乱"的后果,影响班级秩序的稳定。当班级秩序受到破坏时,为了保持班级活动的顺利进行,客观上需要在一定程度上限制幼儿个体的自由,这又容易形成"一收就死"的局面,使班级秩序缺乏应有的生机和活力。这样,自由与秩序、个体与集体间就存在着一定的矛盾与冲突。因此,在自由与秩序存在张力的情况下,幼儿自由如何可能,就成为一个必须解决的难题。我们认为,解决这一问题的关键是如何发挥规范的自由价值。

我们要对班级规范与幼儿自由间的张力有一个合理的认识。从表面上看,规范与自由间存在着不一致性,因为规范设计的直接目的就是通过限制去界定幼儿个体自由,它把个人自由限制在其他同伴或团体所能接受的范围内。也就是说,规范似乎只是对幼儿的一种约束。然而,从深层次上看,规范与自由间存在着辩证统一的张力。规范往往会保障和促进幼儿的自由,它或者通过限制某种自由来扩展他种自由,或者通过限制一些人的自由去扩大另一些人的自由。从这种意义上说,规范与自由的关系不是静态的、单纯的,而是动态的、复杂的,对自由而言,规范同时具有扩张和抑制的双重功能。[1] 再从自由对规范限制的突破上看,自由是以遵从规范为前提的,在规范限制的范围内,就它是明确的限制而言,个人没有自由;但是由于规范的限制本身是有限的,在限制之外就是授权个人自由行动的领域。

我们不应把规范看成是对幼儿自由的直接限制,而应看到规范在解答幼儿自由如何可能时所体现出的价值和用处。幼儿在班级中的同伴交往是一种对称性的、平等的交往,它以坚持幼儿的独立品格为前提。自由主体间在对班级资源的竞取和交往过程中,必然会发生冲突。而规范的最大用处就是有效地界定自由主体间、个体与集体间的权利与义务边界,以使自由主体在自由交往中实现其价值的同时,促进班集体的和谐发展。那么,班级规范是如何实现其自由价值的呢?我们通过分析规范实现其自由功能的内在机制来解答这一问题。

规范的自由价值是规范作为一种工具,对幼儿的存在和发展所具有的功能和作用。规范价值的这一基本特征,决定了规范对于自由的工具性和自由对于规范的目的性。规范使自由成为可能的主要方式是为自由划界,消除对幼儿的任意侵犯,彰显幼儿的主体性和自主性。具体来说,班级规范从下面几个层面构成了自由得以可能的机制:

首先,明确、平等的规范为自由主体的交往提供了有效的行为预期机制,增强了幼儿同伴间的互动、交往与协作。规范是促进幼儿进行合作、沟通、互动和交往的公共结构和整合形式。规范作为稳定的预期机制,可以大大减少根源于幼儿个体需要的多元化及复杂的多元互动所带来的不确定性因素,形成一种促进幼儿互动和交往的激励结构。

其次,清晰、明确的规范通过对幼儿自由空间的界定,使逻辑上抽象的自由可能性,变成一种幼儿行动上可以实现的权利和机会。与传统规范的"义务本位"相区别,现代规范强调的是"权利本位"。它通过界

---

[1] 康芒斯:《制度经济学》(上册),商务印书馆1982年版,第91—92页。

定幼儿主体间的权利边界，来规划主体自由行动的权利空间。规范是实现幼儿自由的权利机制，通过它，抽象的、在逻辑上存在的可能性可以转变成真实的权利。也就是说，若没有规范的存在，自由就只能停留在原则和观念层面。规范为幼儿的游戏、交往、学习等划定了一个确定的、安全的行动空间，规范构成了保护幼儿个体自由和权利的坚实屏障，促进了幼儿主体性的发挥，使自由的可能性变成现实。

自由作为规范诉求的目的性价值，其最基本的内涵就是规范对幼儿主体个人权利和需要的保障。幼儿个体的需要和权利通过规范这一中介机制，使其内涵完全超越了个体的性质，而直接表现为幼儿与同伴，幼儿与群体间关系的协调问题。规范对幼儿个体利益的保障，使团体、教师和同伴尊重幼儿个体利益的合理存在。规范中幼儿个人权利不只是代表某一种特殊的利益要求，而是处于某种权利义务关系中的任何以个体形式存在的权利主体都可拥有的权利，或是处于某一共同体中的任何人都拥有的权利。在这种价值追求中，自由与秩序、权利与义务、个体与集体达成了统一。

二　目的性价值：平等

（一）平等的概念

平等就字面的意义来说，它意味着一事物与另一事物的等同或相等。萨托利说："平等表达了相同性概念……两个或更多的人或客体，只要在某些或所有方面处于同样的、相同的或相似的状态，那就可以说他们是平等的。"[1] 确实，平等是人们相互间的相同性，但是，人们相互间的相同性并非都是平等。我们认为，平等是人们相互间与利益获得有关的相同性。这种相同性或者是所获得的利益之本身相同，或者是所获得的利益之来源相同。当然，人们相互间的相同或差别未必都与利益相关，但人们相互间的平等或不平等却必定关涉利害：平等是人们相互间与利益获得有关的相同性，而不平等是人们相互间与利益获得有关的差别。[2] 这个概念的特点是强调了平等的实质是利益的平等，也就是说，平等作为

---

[1]　萨托利：《民主新论》，东方出版社1993年版，第340页。
[2]　王海明：《新伦理学》，商务印书馆2003年版，第348—349页。

班级规范的目的性价值，要求班级规范的一个主要功能就是"维护幼儿间的平等利益，任何要求幼儿盲目利他，忽视幼儿应有利益、权利的行为都是不平等的行为"。

平等与不平等，就其起因而言，可以分为自然的与社会的两大类型。正如卢梭所言：

> 我认为在人类中有两种不平等：一种，我把它叫作自然的或生理上的不平等，因为它是基于自然，由年龄、健康、体力以及智慧或心灵的性质的不同而产生的；另一种可以称为精神的或政治的不平等，因为它是起因于一种协议，由于人们的同意而设定的，或者至少是它的存在为大家所认可的。[1]

这样，自然平等与社会平等虽然都与利益相关，都是人与人的利益关系问题，但是，自然平等仅仅是个利益问题，而不是一个应该或不应该的权利问题，且自然平等具有先天性。而社会平等不仅是一个利益问题，而且是一个应该或不应该的权利问题。既然，自然平等无所谓应该或不应该，而只有社会平等才有应该或不应该，那么，平等也就只能是社会平等而非自然平等，所以，平等原则的实质乃权利平等。《辞海》如是说：平等是人们在社会上处于同等的地位，在……各方面享有同等的权利。[2]而法国的《人权宣言》一语中的：平等就是人人能够享有相同的权利。

平等是关系范畴，作为班级规范的目的性价值，它主要指涉的是同伴间的关系性质即主体间的权利平等。但是，这是否意味着，主体间所享有的权利都应该完全平等呢？正在荡秋千的幼儿 A 是否应做出牺牲，把它让给同班幼儿 B？先拿到飞机模型的幼儿 N，是否应把它让给也想玩的幼儿 I？我们的观点是，显然幼儿 A 和 N 没有必要让步，因为细究起来，权利平等原则有两层含义：一方面，人人所享有的基本权利应该完全平等；另一方面，人人所享有的非基本权利应该有差异平等或比例平

---

[1] 卢梭：《论人类不平等的起源和基础》，商务印书馆1982年版，第78页。
[2] 《辞海》，上海辞书出版社1986年版，第127页。

等。人人所享有的基本权利应该完全平等，因为它是人权，即只要是人都必须享有的权利，它是人生存和发展必要的、起码的、最低的权利。从这一角度看，幼儿班级规范就要保障每一个幼儿的基本人权得到充分的实现。

对于非基本权利，我们提倡的是差异平等或比例平等，而不是人权的完全平等，可这一点却是为大家所常常忽视的。"比例平等"首创于亚里士多德，对于这个概念，他曾这样解释说："既然公正是平等，基于比例的平等就是公正的。这种比例至少需要两个因素，因为'正如 A 对 B，所以 C 对 D.'……这就是比例；再有，劳作多的所得多，劳作少的所得少，这也是比例。"[①] 比例平等原则表明，我们应该不平等地分配每个人的非基本权利。但是，这种权利不平等的分配必须完全依据贡献的不平等，从而使人们所享有的权利与自己所做出的贡献的比例达到平等。对于幼儿的非基本权利，我们当然不能严格按什么贡献的比例进行分配，因为要求幼儿为班级做出多大的贡献是不可能的。但我们可以吸取比例平等的"差异"理念，追求"差异平等"，可以用图 5-3 来说明这两类平等。

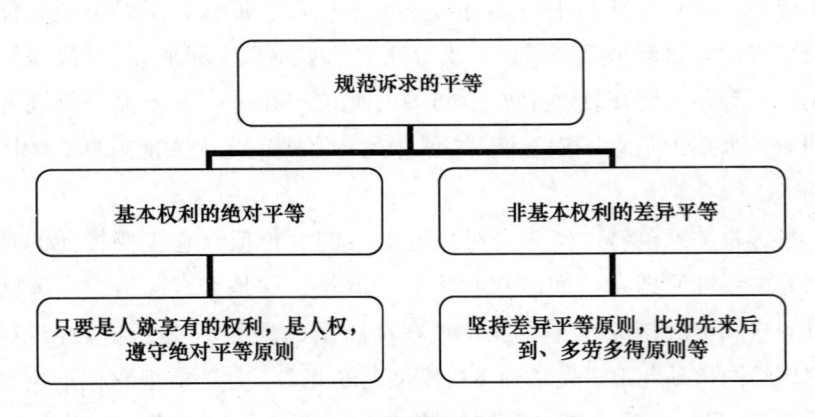

```
                规范诉求的平等
               /              \
    基本权利的绝对平等      非基本权利的差异平等
           |                      |
   只要是人就享有的权利，是人权，   坚持差异平等原则，比如先来后
   遵守绝对平等原则                到、多劳多得原则等
```

图 5-3　规范诉求的平等

比如，幼儿园班级中的游戏材料归属于幼儿园，幼儿们都有权使用

---

① 《亚里士多德全集》（第 8 卷），中国人民大学出版社 1992 年版，第 279 页。

和享受，这是绝对的平等，但在使用时必须坚持"先来后到"的原则，这就体现了"差异原则"。对"差异原则"的忽视所造成的是幼儿教育中的"盲目谦让""盲目利他"现象，从而人为地造成了不平等。

（二）平等价值的规范体现

平等互惠作为幼儿班级规范的目的性价值之一，首先表现在幼儿的同伴交往是一种以自利为核心的互利交换过程上。从理性的角度分析，幼儿身心发展的"自我中心"状态决定了同伴间的交往合作不是"无私利他"的过程，而是以自利为基础、利他为手段的互利平等关系。在幼儿的交往活动中，利己与利他是一个矛盾统一体，要达到利己，就必须同时利他，通过利他行为去实现利己的意愿。即是说，在交往过程中，利己的目的要成为现实，与他人进行交易（换）就是不可避免的。亚当·斯密说："请给我以我所需要的东西吧，同时你也可以获得你所要的东西，这句话正是交易的通义。"[1] 幼儿追求的利益，只有顾及其他人的利益时才是可能的。幼儿 A 要一人独占秋千是不可能的，因为他的这种完全利己的行为必定会引起别的小朋友的反抗，从而使其享受不到荡秋千的快乐。幼儿 A 只有顾及他人的利益，与其他的小朋友轮流玩秋千时，才能享受到荡秋千的快乐。当然，幼儿主体之间的互惠协作并不是天然默契的产物，而是在与同伴交往中逐步妥协的结果。在幼儿的同伴交往中，幼儿逐渐走出自我中心的状态，学会从自利走向互利互惠。这是因为以自利为核心的交往协作是一种蕴含着平等、自愿的交易，在这种自愿的交易中，幼儿个体的自我中心和自利的无限扩张受到了一定程度的约束和消解。因此，互利的交换行为是达到"利己"的根本途径，也是平等互惠的基本含义。

其次，作为规范目的性价值的平等互惠，反映的是班级规范的契约属性，其外在表现是幼儿同伴间的契约交往。从社会学视角看，幼儿班级应是情感和契约的统一。即把幼儿班级建成一个既具有归属感和共同信仰的团体，又鼓励幼儿平等竞争、民主参与的良好学习环境。我们认为，幼儿同伴间的交往关系在某种程度上是一种自由的契约关系，是一

---

[1] 亚当·斯密：《国民财富的性质和原因的研究》（上卷），商务印书馆 1972 年版，第 14 页。

种各自人格独立的平等、自由的交往形式。幼儿班级规范既要体现契约型社会形态里所需的开拓创新、契约伦理、独立自主、冒险进取、理性精神等价值和美德，又要注重培养合作、关心、同情、友善、宽容等人类共同的美德。

然而，长期以来，我们常常要求幼儿坚持"利他"的原则进行交往，忽视幼儿同伴交往的契约性，即契约交往。契约交往非常重视幼儿权利和义务的平衡，因为契约交往的最重要特征是对权利和义务的交换。倡导社会契约论的霍布斯对契约的交换性质有着深刻的认识，他说："权利的互相转让就是人们所谓的契约。"[1] 我们可以通过下面的案例加以说明。

中班的幼儿 A 从家中带来了玩具熊，而幼儿 S 却从家中带来了新买的恐龙书。以下是幼儿 A 与 S 的对话：
A：哇，好多恐龙，我最喜欢剑龙。
S：当然，好多好多恐龙，这是我妈妈给我买的，是新的。
A：让我看看，让我看看（伸手去拿 S 的书）。
S：不行，别抢我的书（双手压住自己的书）。
A：哎呀，就看一下，我好喜欢恐龙。
S：就不行，你的小熊都不让我玩。
A：就看一下恐龙，我好喜欢。
S：那你的小熊让我玩。
A：好吧（同时，把玩具熊给了 S）
S：就让你看一会儿，我的恐龙是新的，你的小熊是旧的。

从这里可以看出，在幼儿的同伴交往中，权利和义务的平衡会在权利和义务的交换过程中自然而然地实现。每一方都有利己的打算，都希望以最小的义务换取最大的权利，但这种一厢情愿的想法并不能够完全实现，因为与他进行交换的另一方也正做同样的打算，结果是谁也无法在契约关系中获得全部的权利，从而不得不放弃一部分权利并承担一定的义务。小朋友 S 开始不把书借给 A 看是符合情理的，因为 A 不肯把他

---

[1] 霍布斯：《利维坦》，商务印书馆 1985 年版，第 100 页。

的小熊借给 S 玩；后来，双方都同意交换着玩是合理的，因为双方在交换着各自的权利。在契约交往方式中，完全的自我中心和自私自利无法实现利益的最大化，当利己的要求破坏了权利和义务的基本平衡时，权利与义务的交换就无法进行，只有在各方都能获利的情况下才能顺利交换权利和义务，才能获得自己希望享受的权利。契约交往要求幼儿走出"自我中心"，同时也促使幼儿走出"自我中心"。

幼儿的同伴交往方式以个体的平等、自由为基本前提，只有平等、自由的主体之间才有可能和有必要建立契约交往关系。幼儿同伴交往关系是在身份平等的基础上自由结成的交往关系，是一种体现公平的交往关系。幼儿的同伴交往以自愿为原则，即幼儿可以自由选择交往伙伴、交往方式及不同的游戏材料。幼儿同伴间的契约交往既以互惠平等的规范为基础，又为互惠平等规范的生成提供了坚实的保障。

(三) 作为权利规范存在的规范

平等主要是权利的平等，为了保证幼儿平等权利的达成，要求把规范看成是一种权利规范，即幼儿班级规范以幼儿的独立人格、多方面需要为基础，通过对其权利和义务的分配规范幼儿的行为。每一主体所获得的权利绝不是任意的，必须通过人们能够共同接受的对权利予以肯定和限制的规范体系才能成为实现的权利。权利规范是对主体现实存在的权利要求的一种客观反映。它通过一系列的规范来规定幼儿可以怎样交往，幼儿不可以怎样交往，以使幼儿所具有的主体性即自由得到充分的保障和实现。所以，规范是一种权利规范，是对幼儿的自由和主体性的一种积极的肯定方式。

作为权利规范存在的规范，以肯定的方式规定了幼儿实现自由的范围，同时它也意味着不允许幼儿在其他方面做出自由选择。因而，这是以权利肯定的方式而表达的对幼儿自由的一定限制。权利规范式的规范强调规范的自由功能，而以往的规范观则强调其约束和限制功能。在权利规范中，幼儿的自由行为表现出两种方式：一种是主体选择由自己做出某种行为；另一种是主体要求其他人为自己做出某种行为。正是在此意义上，关于幼儿的任何权利的规定，同时也就是对其他主体的义务规定。作为权利规范存在的规范体现了权利与义务的统一。

第四节 规范的工具性价值：秩序与效率

正如上文所言，互利互惠、平等自由是规范的目的性价值，但是这一价值的实现是以规范的工具性价值的实现为中介的。因为作为一种价值，秩序对幼儿的自由发展，对幼儿的班级生活而言，是一种工具性的东西，而不是目的性或终极意义上的价值。接下来我们要探讨的是幼儿班级规范的工具性价值——秩序与效率。

一 工具性价值：秩序

（一）秩序与班级秩序的本质

正如布罗姆利所言："没有社会秩序，一个社会就不可能运转。"[①] 秩序是幼儿获得安全感、舒适感的保障，是幼儿班级生活顺畅进行的前提。秩序的基本含义是合规律性，井井有条，是稳定和平等，是和平与安全，是协调一致，是多样性的统一。博登海默说："秩序是指自然进程和社会进程都存在着某种程度的一致性、连续性的确定性。另一方面，无序概念则表明存在着断裂（或非连续性）和无规范性的现象……"[②] 博登海默说明了秩序的一般特征，即一致性、确定性或稳定性等。作为人类社会秩序的幼儿班级秩序与自然秩序不同，幼儿班级秩序是生成的，是幼儿和教师通过实践活动创造并通过实践活动实现的。秩序是幼儿生存和发展的前提，幼儿在从事各自游戏活动和交往时，都遵循着某些行为习惯，并按一定的方式组织他们的活动和时间。幼儿班级秩序除了具有一致性、确定性的特征之外，它具有的本质特征是社会规范性。也就是说，班级秩序是班级主体间的相互作用，相互制约，遵循班级规范而形成的一个稳定的、连续的、有机统一状态。如果没有班级规范的存在，班级秩序也就无以产生，幼儿的班级生活更无从谈起。因此，班级秩序是班

[①] 布罗姆利：《经济利益与经济制度——公共政策的理论基础》，上海人民出版社 1996 年版，第 55 页。

[②] 博登海默：《法理学——法学哲学与法律方法》，中国政法大学出版社 1999 年版，第 219—220 页。

级主体行为的规范性。

班级秩序指的是班级社会组织化的存在状态，或者说是班级得以聚集在一起的方式。从构成要素看，班级秩序有三个要素：一是具有人格特征的主体，即进行着自由行动和社会互动的幼儿主体；二是连接行动主体的班级规范和行为规范；三是使多元主体有规范地、合规范地互动的社会权威。进而言之，班级秩序具有如下几个特征：

其一，班级运行的稳定性。班级秩序是班级的平稳运行状态。在秩序状态下，不仅整个班级呈现出一种持续的、连贯的、和谐的、平稳的运行状态，而且每个幼儿都能从中获得安全与舒适感。

其二，班级幼儿主体间交往互动的规范性。班级不仅是一个稳定的、有机的统一结构，而且更是一个幼儿同伴间相互作用、相互制约、相互协作与竞争的博弈过程。班级秩序体现为幼儿主体遵守班级生活公共规范的状态，幼儿行为的规范性是整个班级有序性的必要条件和基本标志。

其三，班级互动的可预测性。在有序的班级生活中，幼儿可以有预见性的活动与交往，幼儿活动的目的性和积极性更强，主体性更能得到充分的展示。有序的班级充满着宽松和信任的氛围，有利于幼儿进行竞争与协作。正如哈耶克所言："所谓社会的秩序，在本质上便意味着个人的行动是由成功的预见所指导的，这亦即是说人们不仅可以有效地运用他们的知识，而且还能够极有信心地预见他们能从其他人那里所获得的合作。"[1]

（二）规范与自由秩序的形成

自由秩序是对幼儿班级秩序的一种应有诉求，即自由与秩序在这里达到了和谐与有机的统一。幼儿的生活离不开秩序，但同时，幼儿也离不开"自由"的本性。幼儿的自由本性不仅是其身心发展的表现，也是由"人作为人的本质就表现在他的自由上"所决定的。因此，如何把这些本性自由的主体有机地结合在一起，并形成能为自由主体所渴望或接受的班级秩序，就成为幼儿班级存在和发展必须面对的难题。而要解决这一难题，就必须诉诸当代幼儿班级规范建构自由秩序的基本功能。

首先，班级规范的存在源于自由秩序的需要。存在于幼儿班级生活

---

[1] 哈耶克：《自由秩序原理》，生活·读书·新知三联书店1997年版，第200页。

中的各种规范之所以能够产生，就是因为班级生活客观上需要班级的自由秩序，是因为幼儿班级生活应当是、必须是井然有序的，否则幼儿将无法生活。共同生活在一起的幼儿，必须进行必要的交往、交流和某些利益的交换，这就需要一些默示和明示的公共规范。幼儿只有遵守这些公共规范，班级生活才是可能的，交往、交换和交流才是可能的，而对公共规范的遵守就能够形成班级生活所必需的秩序。因此，我们可以说，班级生活的秩序需要是规范存在的直接原因，班级规范是建立和维持班级秩序的基本方式和首要力量。

其次，班级规范作为自由秩序形成的主要形式，在自由秩序的建立和维持中发挥着四种基本功能，即形成预期，提供激励，获得宽容和达成妥协。作为四种整合力量，它们分别从稳定、发展、关爱和分享四个方面形成自由的班级秩序。依靠这四种功能，幼儿较为有效地克服了班级生活中的不稳定性，使多元互动的主体能够在稳定的预期之下获得相互的信任和"本体性的安全感"，为幼儿同伴间的交往互动、互惠协作提供了规范性的支持。

预期功能　幼儿班级生活主体需要的多样化和班级活动的复杂性，内在地决定了通过规范建立和维持稳定预期的必要性和重要性。自由的需要是幼儿的内在本性，但是，通过规范建立和维持幼儿稳定的预期是幼儿自由获得的根本条件。所谓自由是指免于他人的强制或干涉（包括精神的或物质的），当我们这样理解自由的时候，就会产生一个问题：在相互独立和自主的幼儿主体间，如何实现协作和形成秩序。自由不仅是自己免于他人的强制或干涉，自由也是他人免于自己的强制或干涉，为此，客观上需要一个稳定的预期机制，将他人的自由权利、需要转变成可以预期的客观对象，这种预期机制的形成和建立正是幼儿班级规范的首要功能。比如，要求幼儿排队接水喝，预示着每一位小朋友都有喝水和安全的权利；要求幼儿轮流玩秋千，预示着每一个小朋友都可以玩秋千，独占秋千实际上是对别的小朋友正当权利的侵犯。规范的预期功能为幼儿提供了可参照的行为规范，使幼儿在班级生活中获得了起码的安全性、确定性和公共性。

激励功能　与传统的班级规范单纯或直接以班级的稳定或秩序为目标不同，现代班级规范将幼儿自由和主体性的发展确立为首要的价值目标，而且它在建立和维持秩序的方式上，是通过保障和扩展自由的办法来进行的。因此，班级规范不是单纯地挤压和收缩幼儿的自由活动空间，而是通过建立稳定而有效的激励机制，为幼儿的生存和发展创设一个宽松的、积极的环境。这种激励机制主要体现在：规范应坚持互利互惠的原则，保证幼儿同伴交往中各自利益的达成，调动幼儿进行游戏活动的主动性；规范要鼓励幼儿参与班级事务的民主管理，促使幼儿真正成为班级生活中的主人；规范应有利于幼儿班级形成平等、自由、互惠、有序等文化氛围，形成幼儿良好的生存和发展状态。也就是说，当代的幼儿班级规范应从幼儿的利益和需要满足、民主参与和文化建设等角度发展其激励功能。

宽容功能　就班级规范具有权威性和一定的强制性而言，班级规范是最不宽容的，它要求得到严格的遵守。然而，就班级规范所内含的自由、平等的精神实质而言，它又具有宽容的本性。正如吉兰·瓦特洛所说："宽容是在自由的名义下和大家所承认的原则下，别人按照我们所没有的或我们并不同意的原则思考和行动。换言之，宽容是自由的必然结果。"[①] 规范的宽容功能体现了幼儿生活所需要的多样性和情感性。对于幼儿的行为，我们不能只讲秩序或进行冷冰冰的规范，我们也要对其进行情感呵护和人文关怀，幼儿是自由的，也是情感的。规范的宽容和关爱属性是幼儿班级生活中温馨的润滑剂。

妥协功能　班级规范本身是自由主体之间相互妥协的结果，它是自由主体之间所能达成的最大可能的妥协、协议和契约。在幼儿的同伴交往中，各自由主体间是一种平等的、相互的，甚至是带有竞争性的关系，处于这种关系下的幼儿主体要实现对班级教育资源，如游戏材料、区角活动等的共享，就必须进行相互的妥协和让步。也就是说，在幼儿同伴间的妥协、合作、协商中形成交往的自由秩序。

二　工具性价值：效率

（一）效率的含义

效率的基本含义指的是投入与产出或成本与收益间的关系。《辞海》

---

① 吉兰·瓦特洛：《人权与宽容的命运》，《第欧根尼》1998 年第 2 期。

对"效率"下的定义是:一是指消耗的劳动量与所获得的劳动效果的比率。二是指一种机械在工作时输出能量与输入能量的比值。[①]"效率"这个词来源于社会劳动或经济领域,但我们认为,所谓的效率,不过是人的活动的属性。效率是人们社会活动的普遍性价值追求,它不仅在经济领域存在,属于经济范畴;它还广泛地存在于人们的社会活动之中。从这一角度看,在考察幼儿班级规范的价值诉求中,对规范的效率功用的考察是必要的和必然的。

幼儿班级规范追求的效率,主要指向它在幼儿班级教育目标达成方面所发挥的作用,而衡量班级教育目标的最终要素是幼儿的发展。幼儿发展受多方面因素的影响,要区分出哪些是规范所带来的功效是不可能的。但我们认为,幼儿班级规范所发挥的效率,大致可以从三个方面进行分析:(1)从幼儿角度来衡量,规范应确保幼儿的身体安全,满足幼儿的生理需要;规范应有利于幼儿认知探究、满足幼儿的好奇心;规范应有利于养成幼儿良好的生活习惯和态度;规范应有利于幼儿的社会探究与交往。(2)从班级整体来看,规范要有利于班级教育活动的顺畅进行;规范应为幼儿的学习、生活创设秩序井然的环境;规范应有利于幼儿对班级各种教育资源的充分利用;规范应鼓励幼儿同伴间的互惠交往;规范应有利于幼儿对班级事务的参与管理。(3)从教师角度看,规范应有利于教师管理时间的节约。从某种意义上说,前面所论述的幼儿自由品性的养成、主体性的发展、平等互惠的交往、井然有序的游戏活动等都是规范高效的体现。

(二) 规范效率价值的诉求

规范的效率存在是不可置疑的,但规范的效率存在是有条件的。决定效率的主要因素是人们的活动能力、活动工具、活动方式与人们的努力程度。也就是说,要提高班级规范的有效性,我们就要从下面的角度来思考:(1)幼儿层面包括如何调动幼儿游戏活动的积极性,充分利用班级各种教育资源,促进幼儿的互惠交往,保障幼儿对班级事务的参与权利,提升幼儿的主体性等。比如,规范如果能保证幼儿互惠交往的话,那么这种规范就有利于幼儿的主动性和公正观的发展。规范的互惠性要

---

① 《辞海》,上海辞书出版社1986年版,第234页。

求幼儿进行契约式的交往。这种交往方式符合效率原则,能够满足利益最大化的要求。互惠交往关系肯定幼儿个人利益的合理性,鼓励幼儿追求自己的利益,并且为追求幼儿个人利益提供一条有效的途径,以较合理的方式实现利益的最大化。互惠关系的效率源自于对幼儿个人利益的肯定,追求个人利益的愿望激发出幼儿参与班级事务,从事游戏活动的积极性,从而提高了效率。由规范的互惠价值规约的交往方式所形成的效率的优点是:不仅符合幼儿个体的效率原则,而且符合整体的效率原则。(2) 教师层面包括教师通过规范的设置与运作,以最小的成本获得最大化的收益,即通过降低或减少规范制度的安排及实施过程的成本,如所花费的时间、人力、物力和财力等,获得最大的实际效果,如幼儿对规范的普遍认同,较好地遵守规范,等等。

第六章

班级常规制定中的幼儿参与

> 一个人以为在遵守一条规范,并不就是在遵守一条规范。因此,规范是不可能"私下地"遵守的:否则的话,以为自己在遵守一条规范,就会与遵守规范是同一回事了。
>
> ——维特根斯坦[1]

幼儿"参与"班级规范的制定是规范实践合理性中的重要一环,因为它体现了规范产生程序的正义性,它有利于幼儿对规范的理解和遵守,它是幼儿参与公共事务的一次具有重要意义的尝试。

然而,就现实来看,班级规范制定中的"幼儿参与权"并没有引起大家的重视,造成这一现象的主要原因在于:观念上,对班级规范建构性本质和班级作为共同体存在的属性认识不清;实践上,缺乏幼儿参与班级规范制定的相关策略。本章首先对幼儿参与规范制定的前提性条件进行分析,即作为生活共同体存在的班级和规范生成的建构性本质;其次,结合实践对教师如何引导幼儿参与班级规范的制定进行探索。

第一节 幼儿参与规范制定的前提性分析

认识幼儿班级共同体的属性和班级规范的建构性本质是幼儿参与规

---

[1] Ludwig Wittgenstein, *Philosophical Investigations*, translated by G. E. M. Anscombe, The Macmillam Company, 1964, p. 82.

范制定的前提。因为幼儿和教师都是共同体中的主人,幼儿是班级事务的参与者、选择者、协商者和决策者;规范的建构性本质要求幼儿在参与中,在主体间的交往中生成、理解和遵守规范。

一 作为生活共同体存在的幼儿班级

(一)共同体的内涵与特征

1. 共同体的界定

从词义上看,"共同体"(德文 Gemeinschaft)表示任何基于协作关系的有机组织形式。[1]"共同体"这一概念进入社会学领域,一般认为当从1887年滕尼斯(Ferdinand Tonnies)发表《共同体与社会》一书算起。20世纪20年代,美国社会学家把滕尼斯的共同体(Gemeinschaft)译为英文的 Community,并很快成为美国社会学的主要概念。英文 Community 一词源于拉丁语 Communitas,有"共同性""联合"或"社会生活"等意思。在《英汉大词典》中,Community 有几种解释:(1)由同住一地区或一国的人所构成的社会;(2)团体,社团;(3)公众;(4)国家间的共同体,如欧洲共同体(European Communities);(5)共有、共享、共同责任;(6)共同性、同一性、一致,如利益的一致(community of interests);(7)社交活动、群居状态。[2] 我们认同第五种解释即强调共同体的共有、共享和共同责任。

从"内涵"上看,滕尼斯是从"共同体"与"社会"相比照的角度来理解"共同体"的,用他的话说就是:

> 关系本身即结合,或者被理解为现实的和有机的生命——这就是共同体的本质,或者被理解为思想的和机械的形态——这就是社会的概念……一切亲密的、秘密的、单纯的共同生活……被理解为在共同体里的生活。社会是公众性的,是世界。人们在共同体里与同伙一起,从出生之时起,就休戚与共,同甘共苦。人们走进社会

---

[1] 胡鸿保:《从"社区"的语词历程看一个社会学概念内涵的演化》,《学术论坛》2002年第5期。

[2] 《英汉大词典》,上海译文出版社1989年版,第633页。

就如同走进他乡异国。①

从这里我们可以了解到，在滕尼斯看来，"共同体"这一概念旨在强调人与人之间所形成的亲密关系和共同的精神意识以及对 Gemeinschaft 的归属感、认同感；它不仅包括地域共同体，主要指向精神共同体，人与人之间具有共同的文化意识是其精髓。滕尼斯的"共同体"观为我们理解幼儿班级的本质提供了较为科学的视角，因为幼儿班级不是真正的社会组织而是一种初级的社会群体。

从滕尼斯提出"Gemeinschaft"概念一百多年来，共同体研究引起社会学家、人类学家的普遍关注，"共同体"的内涵也不断得到丰富。菲利浦·塞尔兹尼克（Philip Selznick）认为，"参与"是共同体的主要特征，"参与"指的是全体人的参与，而不是部分人的利益和行动。共同体往往是用契约联系在一起的，共同体中的人具有共同的信念和命运，具有个人的同一性、归属感以及支持其行为和关系的结构。与塞尔兹尼克不同的是罗尔斯强调共同体成员间的亲密关系。爱德华和琼斯把共同体定义为：有一群人，居住在一定的地方，在组织他们的社会生活时实行一定程度的自治；他们组织社会生活时以地方为基础来满足其各方面的生活需要。② 罗斯（M. Ross）的定义更为扩展：共同体包括一群人，他们享有共同的利益或功能，如福利、农业、教育、宗教，这些利益并不包括住在社区地域内的每一个人，只包括那些在公共事务中有着特殊利益和功能的人。③ 除此之外，威廉认为，"共同体"一词似乎有一种温暖的劝说性的意味。怀特评论说，"共同体"一词一方面有一种情感上的力量，另一方面它还是一种对于发生在身边的和熟悉的社会环境的归属感。④

共同体的内涵非常丰富，但归纳起来不外乎两大类：一类是功能的观点，认为共同体是由有共同目标和共同利害关系的人组成的社会团体，强调共同体的参与、自治和归属功能；另一类是地域的观点，认为共同

---

① ［德］滕尼斯：《共同体与社会》，商务印书馆1999年版，第52—53页。
② 转引自姜芃《社区在西方：历史、理论与现状》，《史学理论研究》2000年第1期。
③ M. Ross, With B. Lappin, *Community Organization: Principle and Practice*, New York, 1967, p. 6
④ 同上。

体是在一个地区内共同生活的有组织的人群。我们赞同第一类观点,当共同体被界定为一个相对独立的地域社会之后,其内涵已经与滕尼斯所提出的作为亲密关系的生活共同体的 Gemeinschaft 概念有了很大的偏离。

这里把共同体定义为在一个地区内共同生活和有着共同目标的,以团体参与和自治为主要特征的社会团体。共同体强调对其成员归属感的培养,以团体参与和自治为其主要特征,它是一种全体成员共享、共有和共同承担责任的亲密团体。1955 年,联合国有关文件把"共同体发展"定义为"旨在通过整个共同体成员的积极参与和全面依靠共同体的首创精神,来为共同体建立一种经济条件和社会进步的过程"[1]。1966 年,在英国剑桥召开过一次非洲行政官员会议,对"共同体发展"做出以下定义:"它是通过整个共同体的积极参与和首创精神,旨在提高整个共同体生活质量的运动。"[2] 从"共同体发展"的概念中我们也可以看到,"参与性"是共同体的核心所在。

2. 共同体的特征

上面对共同体的内涵进行了分析,对共同体加以了定义,然而,共同体是个复杂的事物,影响其发展的因素是多方面的,分析其特征有利于我们深化对共同体本质的认识。[3]

第一,历史性。社区的形成和发展有着深厚的历史和文化的基础,正因为如此,共同体内成员间的联系是最强的。进一步说,共同体的特性在很大程度上反映的是习俗、语言和行为规范等的特性。历史上重要事件留下的文化遗产,以及地理环境、人口等的特征也会给予社区以影响。制度规范是历史因素的重要内容,它使共同体成员的心灵安宁,也是评价他人的依据。共同体的发展就像一个人一样,如果他知道了他的能力和局限,就可以做得更好。而对其能力和局限的探寻,就需通过对文化和历史的研究来实现。总之,文化传统是共同体内部进行对话的基础。

第二,同一性。共同体成员具有相同的历史和文化传统,因此会对

---

[1] United Nations, Social Progress through Community Development 1955, p. 17.
[2] Central Office of Information, Community Development 1966, London: COI, p. 16.
[3] 姜芃:《社区在西方:历史、理论与现状》,《史学理论研究》2000 年第 1 期。

其所在共同体产生归属感、忠诚和虔敬等，这便是共同体的同一性。同一性所蕴含的情感是在共同体形成的过程中逐渐建立起来的。同一性也可以说是社会化的自然产物，不仅对一个家庭是如此，对其他大部分机构也是如此。当某种社会化形成了，总会伴随着个人与他人的同化、个人与地方的归属以及个人参加的社团，这就是同一性的形成过程。

第三，相互依存性。共同体的形成和维持必须以成员间相互依存和互惠为基础。这种互惠和相互依存是整体的、理性的。如果个人和集团排斥他人，如果成员从互惠和合作中什么也得不到，那么，共同体就不会出现和维持。如果这种必要条件必须被满足，就不能太狭隘地理解相互依存。它必须超越个人的交换，超越为了有限目的的等价交换。为了有效地形成共同体，社区共同体就必须把个人和集团作为单位因素来集结，不能只考虑其部分的活动和作用。

第四，自治性。作为团体存在的共同体往往会受到来自外部力量的强制。为了保持共同体内的自由和有机活力，在保证共同体稳定的前提下，个人的自由和自主也应得到保护。还有就是需要培植和支持个人自主权利，只有做到这一点，共同体的自治才能实现，一个社会才会真正有价值。衡量共同体价值的一个重要标准是看它是否有助于培养个人的独立性以及责任心。作为个性和肯定自我价值的需要，个人需要进行选择和把自己归属于一定的团体。

第五，参与性。只有通过社会参与，个人的自主性才能实现。共同体成员的参与是共同体存在的反映，也是维持共同的基础，这是由于只有通过参与才能使共同体成员的多样性以及他们归属共同体的不同方式具体表现出来。从个体来看，共同体参与有利于满足其成员的各种需要，一个心理健康的人不会把自己长期置于与社会隔绝的状态。当然，人们参与的团体事务必须是与生活有关的，如教育孩子、工作、友谊等，这样才能吸引人们参与的兴趣。与个人利益相脱节的团体发动不是共同体参与的典范。

第六，综合性。以上所谈到的各项因素都需要有机构、规范、信念和实践来支持，而要维持公共生活的基础就必须充分展示上述因素的相互关系。在不同情况下，因素间的相互作用方式是不同的，而社区的质量在很大程度上依赖这些因素的特性。因此，共同体集结的紧密程度，鼓励成员的自治精神，如何调动成员的参与积极性等就成为应关注的中心问题。一个完全实现了的共同体应该实现上述要素的关系平衡。比如，我们不能忽略共同体的历史根源和文化传统，但是共同体中的团体自治和积极参与，团体的共享、共有和共同责任是形成和维护共同体的根本动力。所以，在对待影响共同体的各种因素时，应妥善处理其相互关系。

以上对共同体的有关特征所进行的分析表明，它们同时也是影响共同体发展的各种因素。这些因素作为影响共同体形成与发展的机制和动力，其发展的好坏直接关系着共同体发展的质量，因此，它们是生成共同体应具备的最基本因素，同时，也应该成为衡量共同体成熟程度的标志，而其中最为主要的因素是团体"参与"和"自治"这两个因子。

（二）幼儿班级共同体

1. 幼儿班级功能的重心倾斜

自夸美纽斯提出班级授课制以来，班级的显要功能一直是广泛地传播知识，班级所应该具有的让幼儿学会民主、平等交往，参与团体事务管理，培养幼儿自主、自治的精神等功能一直没有得到应有的重视。从班级的产生来看，它既适应了社会对大量"知识人"的需要，又是培养适应大工业生产的交往方式和建立民主的社会人的需要。为此，班级本然的功能就是教书与育人合二为一，教书重在知识的传授，而育人则重在幼儿行为习惯、良好品行、健康个性等的培养。

如果说中小学班级的功能以知识传授为主，甚或说教书与育人平分秋色，这也许还可以勉强接受，但把这一观点放在幼儿班级里是绝对不妥的。对于幼儿班级，我认为更应重视其团体的育人功能。因为对幼儿讲授抽象的知识是不符合其身心发展规律的，培养其良好的生活习惯和行为品行，让幼儿有快乐的团体生活感才是早期教育目标的重点。再者，幼儿班级是幼儿离开家庭后的第一个非常重要的社会群体，幼儿班级打破了家庭式的血缘关系，在班级里，幼儿面对的是靠理性和规范所组成的同伴关系和师幼关系。幼儿面对的不是学习多少固定的知识，而是要学会在团体中如何生活，学会协调自身需要与团体规约间的冲突。这就体现出幼儿班级功能的重心所在。

幼儿班级功能的重心倾斜要求对幼儿班级的本质进行重新认识，即要以平等和相互尊重为根本组织原则，建立一种更加民主和广泛的交往，提倡幼儿对班级事务的民主参与,注重幼儿的自治和自主精神。这种广泛的平等交往和参与自治就像知识的大面积传播和使用一样,是当代工业生产和民主社会对人的需要,是出于人们和平共处的社会普遍伦理的需要。正是这些原则和目标提供了对幼儿班级进行共同体建设的需要和契机。作为人文性的、非物质化的精神实体,班级应该在幼儿的精神发育上体现其独特优势。在和谐的交往、参与中,让幼儿的精神丰满起来,培养其责任感,学会关爱他人,尊重他人,并为建立更大的民主团体,适应更广泛的民主生活而努力。班级共同体的建立就是这样一个适合于幼儿的自主精神培养和民主个性塑造的良好的组织途径。我国学者刘焱指出,如果我们仅仅把"班级"看作教师工作的场所或管理的对象,那么幼儿必定仅仅是规范约束的对象。或应当把班级看作幼儿生活和学习的"社区",把幼儿看作"社区"的主人,把管理"社区"的责任赋予幼儿,让幼儿学习选择和负责。① 这一观点集中反映了作为共同体存在的幼儿班级的新生属性。《幼儿园教育纲要(试行)》(2001)也多次提到通过教师和幼儿的"共同生活""共同活动"来形成探究合作式的师幼互动共同体,促进教师和幼儿的共同成长。

2. 幼儿班级共同体的内涵

幼儿班级共同体是一个由情感维系的,建立在协商和相互尊重基础上的,具有共同目标的有机团体。其特征是团体事务的共同参与性,成员间的平等协商性,情感的亲密性和资源的共享性。教师引导下的幼儿的"参与""协作"和"自治"是其最基本的要素。幼儿在充满尊重、民主、互惠、自由、秩序的共同体氛围中建构知识,养成自立、自强、平等、协作的人格特质。幼儿共同体中的人际关系以各种情感为特征,如体贴、真诚、关爱、认可等,这些情感可见于家庭、邻里或其他任何社会组织之中。这样的团体能使幼儿个体生命的价值以及生活的参与达到最高的质量。

需要说明的是,这里所强调的共同体和传统意义上的集体还是有区别的。"此处的'共同体'定义,并非如某些政治人物喜欢拿来大书特书

---

① 刘焱:《幼儿游戏通论》,北京师范大学出版社2004年版,第406页。

的那种虚伪的共同体概念，也不是纯粹代表环境层次的任何一种共同体。"① 传统意义上的集体更多反映的是成人、社会的需要，如培养社会主义集体意识，或是因教育资源不足，为提高效率等而采取的大规模的知识教育，我们这里所提倡的共同体是指幼儿共同体。意大利瑞吉欧学前教育中的共同体就旨在寻求一种幼儿的完善和发展。在瑞吉欧理念中，"我就是我们"，"我因为我们而存在"，它所揭示的内涵是：一个透过人与人之间交流，达成超越个人成就的可能性。正如斐迪南·滕尼斯所指出的，与一般松散的社会组织相比，共同体这一人际结合具有其自身的特性：它是积极的、现实的、有机的生命；使人拥有一切亲密的、秘密的、单纯的公共生活，使人休戚与共，同甘共苦，相互负有责任，相互占有和享受共同的财产；它是人的一种真正的结合，在共同体里，尽管有着种种分离，但其显然的关系是结合。② 幼儿班级就是要成为这样的真正意义上的，且有着独特性的共同体。与其他类型共同体相比，在更充分的意义上，它是一种精神共同体、文化共同体和伦理共同体。

　　班级作为精神共同体，就是说它要关注每个幼儿的精神发展，使幼儿在精神上成为一个相互承认、相互关爱的统一体，引导每一个幼儿精神的健康发展。班级是每天都充溢着炽烈情感的场所，在这里幼儿心中的喜怒哀乐常常会不知不觉地流露出来。当幼儿之间、老师之间进行交往时，他们注重的是情感交流——无论这种交流是多么间接。这种情感的表示会影响到幼儿如何看待他自己的能力、喜好、价值。而这种自我感觉、自我评价、自我效能等因素便构成了幼儿的自尊。班级精神共同体要求教师主动地与幼儿进行情感交流，仅仅是出于维护纪律、秩序等，才与幼儿交流的现象是不符合共同体精神的。

　　班级作为文化共同体，为了实现人的精神丰裕，人就必须生活在优良的文化氛围中。这种文化就像空气一样让人沐浴其中，不得不时刻感受到它的存在。它是一种氛围、一种情绪，一种流动着的、穿行于个体之间的无形之物。它编织着幼儿的现实关系网，形成一个笼罩着个体身心的"钟形罩"。这是一个混沌多样的整体，然而能被个体精确地感知到，这种整体

---

① 埃德华兹：《幼儿的一百种语文》，罗雅芬译，台湾心理出版社1998年版，第339页。
② 斐迪南·滕尼斯：《共同体与社会》，商务印书馆1999年版，第52页。

被称作情境。人们的全部经历和体验都要通过情境而实现。[①] 班级作为一个共同体，就是要形成这样能让幼儿乐于身处其中的文化空间。

班级作为伦理共同体，就是要以良好的伦理关系铸造健全的精神人格。为了实现幼儿的精神增长，组建良好的文化空间，需要用伦理的关系原则如正义、平等、人道来建设班级。对于幼儿来说，互利互惠是处理伦理关系的基本准则。

3. 共同体中的幼儿：参与者、在场者

在班级共同体中，幼儿是参与者、在场者，幼儿在教师的引导下参与规范制定、活动设计、事务管理和问题决策等。幼儿是班级的主人，幼儿的一切言行都应得到重视，使幼儿时刻体验到他自己的参与感和在场感。幼儿从一进入幼儿园起就是共同体整个生活的积极贡献者。当然，共同体的形成是一个动态的过程，最初来自不同家庭的幼儿所组成的班级具有一定的偶然性和强制性，这时幼儿与班团体的关系只有隶属关系，很难说幼儿真正意识到他自己是这个班级集体中的一员。从隶属集体到共同体的形成应使幼儿在下列各个方面得到满足："懂"的满足（知识的认知领会），"会"的满足（技能方面的进步），"变好"的满足（道德态度的转化），"快乐"（解放感的获得），"得到承认"的满足（承认与被承认的问题），"有用"的满足（贡献和成果的问题）。[②] 而达成这一目标的关键是幼儿的"参与"。幼儿是在班级生活参与中明确与谁一块生活、学习的，从而在心理上产生集体认同，既把他自己、他人看作班级中平等的一分子。

在民主、友好的氛围中，在教师的引导下，大家共同参与班级规范的制定及相关事务的决策是共同体形成的重要环节。因为通过参与团体规范的制定，幼儿逐渐明确成员资格的内涵具体指向什么，自己能做什么和不能做什么。因为共同体规范是成员对想成为什么样的人的共同的认识和理解。幼儿应该在班级这样一个共同体内学会平等待人以及参与对规范的正确遵守和维护。教师要引导幼儿制定公正的程序，使任何一个成员都具有发表意见的机会，同时也要认真听取别人的意见，这就是

---

① 赫尔曼·施密茨：《新现象学》，上海译文出版社1997年版，第25页。
② 片冈德雄：《班级社会学》，北京教育出版社1993年版，第9页。

民主的过程。共同体的活动宗旨就是贯彻一种非压制和非强迫性的活动方式，调动每个人对于活动的参与热情。

4. 共同体中的教师：首席平等者

"参与""协作"和"自治"是共同体的基本要素，而这些是以成员间的平等为前提的，只有在平等的氛围中，成员间才能进行协商、认同和合作。在共同体中，我们主要从师幼间的关系来考察平等，因为同伴平等由于其自然属性是一种客观的存在。同时，良好的同伴关系常常是以良好的师幼关系为前提的。因此，教师不仅要以平等的身份获得共同体的成员资格，形成良好的师幼关系，而且要以各种行为方式保证幼儿之间的平等。教师自觉地以平等的身份把他自己融入共同体中去是建立亲密与协商、平等与合作的共同体的前提。

在共同体中，可以把教师的角色定义为"首席平等者"，教师既要以超越于幼儿群体之上的姿态指导幼儿的行为，又要以共同体中平等一员的身份成为师幼关系和同伴关系的直接参与者，这就是多尔称为的"平等者中的首席"（first among equals）。[1] 作为平等者中的首席，教师的作用没有被抛弃，而是得以重新建构，从外在于幼儿情境转化为与这一情境共存，权威也转入情境之中。教师是内在于情境的领导者，而不是外在的专制者（无论多么仁慈）。所有的教师都需要权利，至少具有两种权利：一是自然权利，其基础是教师自然而然地利用所长去帮助幼儿学习，解决问题，关心幼儿；二是专断权利或角色权利——担任教师这种角色所应有的权利——其基础是教师按照法定权利去维持安静、秩序等。幼儿欢迎教师的自然权利，而抵制教师的专断权利。而且，这两种权利难以结合，老师的专断权利越多，自然权利就越少，反之亦然。为此，我们认为教师要以两种角色来表达他自己：平等协商的榜样和共同体中的指导者。教师要以榜样的姿态，以平等协商的形式处理好他自己与幼儿、与同事间的关系，从他自己的行为出发尊重每一个幼儿，促进幼儿间关系的和谐；从与共同体整体的关系来看，让幼儿体会到其自己的智慧和力量，是幼儿可依赖的伙伴。

在交往教学论者舍费尔（K. -H. Schafer）看来，教学中存在着两种交

---

[1] 多尔：《后现代课程观》，教育科学出版社2000年版，第238页。

往形式，即对称的形式和补充的形式。① 对称的形式意味着交往的参加者，即师生，具有同样的自由余地和同等的说话权利，任何人都没有优先权或者特权，不允许任何人支配或压制别人。补充的形式则意味着交往的参加者具有不同的自由余地，他们之中有人起着主导作用，是站在给予他人的地位上的，起着补充别人不足的作用。在师幼交往中，这两种交往关系都是存在的，就互补性交往关系来说，它是幼儿身心发展有限性的需要和教师智慧性的表现。理想的教师要能够依情境的需要而灵活地调整其角色，有时候教师是正义的裁判者、公平的资源分配者，有时候又成为游戏活动的组织者和幼儿问题解决的引导者。在更多的时候，教师应是幼儿团体中平等的一员，教师参与幼儿的活动，遵守幼儿游戏活动中的规范，与幼儿一道喜怒哀乐。教师在与幼儿关系的"进进出出"中转变角色，真正成为幼儿学习、生活中的"重要他人"和"首席平等者"。

5. 共同体的二维存在：冲突与和谐

共同体中所建立的交往是一种亲密、和谐的交往，是一种既能够充分发展个性又能信奉和遵守规范的交往，是一种既能够体验自我价值又有机会认识他人价值的交往。在共同体中努力追求的是：个体与他人，个体与团体间的和谐统一。和谐是共同体的主要基调，但没有冲突的和谐是不存在的；没有冲突的共同体缺乏活力和灵气；没有冲突的共同体不会有幼儿的参与、协商和合作。其实，不管是多么和谐的班团体，冲突始终是一种客观存在。正如瑞吉欧理念所强调的，共同体是一处成人与幼儿手牵手一起合作、关怀和冲突发生的地方。"共同体是一个人们长期相互面对彼此的地方，其中有好的部分、有坏的部分和其他种种，这样的地方可能将生活提升到最高品质，也提升投入和参与的生活。"②

帮助幼儿学会与人相处，学会合作、分享及轮流是共同体生活中极为重要的目标，但过分强调采取温和的态度可能会导致对冲突价值的忽视。这里的冲突不是持久的愤怒、厌恶、暴力和憎恨，而是观点的不同和共同建构出共通性及相互了解的机会，是幼儿不同情感的表达。幼儿

---

① 李其龙：《德国教学论流派》，陕西人民教育出版社1993年版，第123页。
② 埃德华兹：《幼儿的一百种语文》，罗雅芬译，台湾心理出版社1998年版，第339—340页。

的兴奋、惊奇、欢笑，甚至是悲伤或生气，都应成为共同体生活中的基本元素。当共同体成员间一些引起惊慌或不愉快的事件或情感被宽容和成功所替代时，就是共同体建构的时刻。因为这些机会使幼儿体会到他（她）们是共同体的一部分。

教师要做的不是惧怕或忽视共同体间的冲突，而是要引导幼儿进行问题和冲突解决，支持幼儿表达出个人的想法与感觉（"我想要"，"我很生气"），教师更要帮助幼儿进行真正的协商。协商不是消除幼儿个人的想法，而是帮助幼儿完善或产生新的思维。在幼儿班级共同体中，我们要把这种智慧上的冲突看成是一种社会事件，甚至是一个令人愉快的过程。当幼儿兴高采烈地讨论某个游戏应如何连续地进行时，可以断定的是，他们在达成协作的过程中产生了快乐。教育者在教育教学中要允许幼儿协商甚至争论，提供充分的自由和机会，因为在相互关心的共同体中，冲突是成长之动力。

二 规范生成的建构性本质

（一）"边缘性参与"与规范建构

我们把幼儿的规范学习定位在社会性合作参与的特定形式之中，而不是定位在幼儿个人的头脑中。学习是以合作参与者观点的不同为中介的，学习是参与学习与境的人在学习，学习过去是，现在仍是分布在参与者之间的，而不是一个人的行动。在这里意义、理解和学习的定义都与行动的与境有关，而不是与自足的结构有关。规范学习被看成是一种特殊的社会实践活动，这种社会实践与一种被称为合法的边缘性参与的框架相联系。"边缘性意味着置身于由某个共同体定义的参与领域中多元化的、多样性的，或多或少地投入和包含于其中的存在方式。边缘性参与关系到在社会世界中的定位。变化着的定位和观点是行动者的学习轨道，是形成中的身份和共同体成员资格的一部分。"[1] 边缘性是一个积极的术语，是一个动态的概念，它暗示着一个开放的通道。而"完全参与则意味着一个知识或集体参与实践的封闭领域"[2]。

---

[1] J. 莱夫、E. 温格：《情景学习：合法的边缘性参与》，华东师范大学出版社2004年版，第6—7页。

[2] 同上。

情景学习、合法的边缘性参与提倡的是，幼儿的学习是生活世界中的存在方式，而不是打算认识它的方式。幼儿的规范学习要求幼儿投入他（她）们的学习与境中，投入学习情境得以产生的社会世界中。没有这种投入，规范就不会生成，这种合适的投入得以维持时，学习就会发生。正如理论的产生是世界中一种实践的形式，而不是离开实践的一种沉思一样，幼儿的规范学习同样是一种实践，或一系列的实践。

对于幼儿来说，规范制定中的"参与"为他（她）们提供的不仅仅是一个用于"观察的"瞭望台，关键是它包含了"参与"，把参与作为规范学习的实践方式。同时，规范制定中的参与，符合上文所提出的共同体的思想。在共同体中，幼儿拥有不同的兴趣，对班级事务做出不同的贡献，并持不同的观点。我们认为，多层次的参与是实践共同体的成员关系所必需的，"幼儿班级共同体"实际上意味着在一个活动系统中的参与，参与者共享他们对于该活动系统的理解，这种理解与他们所进行的行动，该行动在他们生活中的意义以及对所在共同体的意义有关。

幼儿在班级共同体中的合法参与，是意义性规范存在的一个前提，因为班级是幼儿、活动等的一种关系性存在，它为幼儿的规范理解和掌握提供了必要的阐释性支持。规范存在于班级文化实践中，参与到这种文化中去，是学习规范的一个认识论原则。班级中的同伴交往、师幼关系和各种活动都界定了规范建构的可能性。总之，幼儿要成为班级中的一员，要掌握其赖以生成和发展的规范就必须参与正在进行着的班级活动，接近具有丰富阅历的教师和地位相称的同伴，接触团体中的各种信息、资源，充分利用参与的机会。

幼儿的合法参与要求我们对教师在规范教育中的地位进行合理的定位。因为幼儿在实践共同体中合法的边缘性参与概念，正是对幼儿规范学习进行了"去中心"（教师中心）的分析。把教师置于权威的地位，从某种意义上说，是传统的中心化学习理论的产物。采取"去中心"的观点看待师幼关系，会出现如下理解：控制权并不掌握在教师手里，而是掌握在实践共同体中，教师只是其中的一部分而已。[1]

---

[1] J. 莱夫、E. 温格：《情景学习：合法的边缘性参与》，华东师范大学出版社2004年版，第6—7页。

(二)"主体间性"与规范生成

1. 规范与行动"二律背反"的启示

"没有什么行为方式能够由一条规范来决定,因为每一种行为方式都可以被搞得符合于规范。"① 维特根斯坦在《哲学研究》第 201 条目中提出了这一著名的"规范悖论"。这就是说,我们的一切行动都是按照规范的要求进行的,但我们又只有在行动中才能理解或"体验"规范,换言之,规范是在参与、行动之中"显示"出来的。这样,遵守规范似乎就成了一个进退两难的问题:行动常常是在我们不知道规范的前提下进行的,而我们又只能在遵守规范的条件下才能进行很好的行动。这就是维特根斯坦向我们提出的类似"二律背反"的悖论。

依维特根斯坦的原理,遵守规范是一切人类行为的必要条件。但要遵守规范,我们就必须先知道规范,我们的一切行动都由规范而起,规范是行动的前提和条件。正如幼儿玩游戏,必须先了解这种游戏的规范,从逻辑上看,这是显而易见的道理。但是,幼儿常常并不是在了解规范后才开始游戏的,实际上幼儿往往是在参与游戏中学会了规范。这样,规范就不是行动的前提,而是参与行动的结果,或者说,幼儿是在参与中、游戏中学会理解、遵守规范的,规范不是先天存在的,而是存在于幼儿和我们的行动之中的。维特根斯坦的"规范悖论"给我们的启示是:"要学游泳,必先下水。""要理解,遵守规范,只有在参与、行动中。"维特根斯坦这样乐观地写道:"不学任何的规范,只靠实践就能学会游戏。"②

反观我们的幼儿规范教育,在许多情况下,教师进行的知识概念的灌输是与规范实践相脱离的,没有协调好规范教育中"二律背反"的关系。我们应把幼儿参与规范的制定,遵守规范的活动看得比了解规范的概念更为重要。维特根斯坦本人并不关心理解概念问题,相反,在他看来,悖论的出现恰恰是由于人们过分纠缠概念的结果。因此,解决悖论的方法不是通过向幼儿澄清概念,而是要把目光转向参与规范制定和遵守规范的活动。所以,解决悖论的基础是规范实践。一旦我们把概念研究置于脑后,将其"悬搁"起来,直接关注规范活动,"走向事情本身",

---

① 维特根斯坦:《哲学研究》,商务印书馆 1996 年版,第 231 页。
② 维特根斯坦:《论确定性》,广西师范大学出版社 2002 年版,第 47 页。

就不会再有悖论的纠缠，我们的眼前就会无遮无蔽，一片光明，使用语言的我们就会完全处于"光亮之地"。这就是维特根斯坦提出"规范悖论"所要达到的真正目的。

"参与"是解决规范与行动"二律背反"悖论的关键，因为"规范悖论"的出现是脱离规范活动而静观规范的结果。"规范悖论"表明，我们往往会犯类似"在岸上学习游泳"的错误。其实，在规范活动之外无法谈论遵守或理解规范。维特根斯坦在提出这一悖论后紧接着写道："我们的答案是：如果一切事物都能被搞得符合规范，那么一切事物也能被搞得与规范相冲突。因而在这里既没有什么符合也没有什么冲突。"① 与规范符合或冲突，只能是在规范活动中才能有意义。一切规范的意义都在于我们参与规范的活动，只有在行动中，我们才能真正理解规范的意义，才能体验到生活的价值，因为规范活动本身就是人们的一种生活形式。我们要以动态的眼光看待幼儿规范教育中的悖论，把悖论放到实践中去解决。

社会规范是在幼儿与其社会环境的积极交互作用中逐渐发展或建构起来的，不理解幼儿与环境的交互作用——活动或实践的意义，就不能揭示幼儿规范发展的源泉与动力机制。在杜威那里，活动的概念被作为一项重要的规范教育的原则。杜威对道德规范进行了区分，即关于道德的观念（ideas about morality）和道德观念（moral ideas），② 前者是指能直接传授的道德知识，如诚实、友爱等知识内容，这些观念即使被幼儿掌握了也不能自动地转变为良好的品质和行为。而道德观念是能够影响和改进行为，使行为变得更好的观念，它是个人品质的一部分，因而也是行为动机的一部分。规范教育乃是自由和独立的人在实践活动中相互作用的过程。

借用维特根斯坦的话——"哲学不是理论而是活动"，我们说"幼儿的规范教育不是理论而是参与活动"。因此，幼儿在规范制定中的参与是具有重要意义的。

2. 没有"主体间性"就没有规范

康德（I. Kant）说："无规范即是无理性。"③ 哈贝马斯（J. Haber

---

① 维特根斯坦：《哲学研究》，商务印书馆1996年版，第201页。
② 杜威：《道德教育原理》，浙江教育出版社2002年版，第8—9页。
③ 康德：《逻辑学讲义》，商务印书馆1991年版，第12页。

mas）则强调，没有主体间性就没有规范。哈贝马斯在界定其理论的核心概念"交往行动"时，对"行动"（Handeln or action）和"行为"（Verhalten or behavior）进行了区分：前者一定是意向性的，而后者可以是非意向性的；行动之所以是意向性的，是因为行动是受规范支配的。哈贝马斯写道：

> 行为如果是由规范支配的，或者说是取向于规范的话，我就把它称为意向性的。规范或规则不像事件那样发生，而是根据一种主体间承认的意义［Bedeutung］而有效的。规范具有这样一种语义内容，也就是意义［Sinn］，一旦进行意义理解的主体遵守了这些规范，它就成为他的行为的理由或动机。在这种情况下，我们谈论的是行动。其行动取向于规范的行动者的意向，与该规范的这种意义相符合。只有这种取向于规范的行为，我们才称为行动，只有行动我们才称作意向性的。①

这里，我们可以看到行动的"意向性"和行动的"遵守规范性"是联系在一起的。

仅有一个人接受或运用的规范，不可能称为社会规范。一种规范的存在意味着存在于交往主体间，意味着规范被社会主体间所运用和接受。维特根斯坦曾指出："一个人以为在遵守一条规范，并不就是在遵守一条规范。因此，规范是不可能'私下地'遵守的；否则的话，以为自己在遵守一条规范，就会与遵守规范是同一回事了。"② 我们知道，"以为自己在遵守一条规范"和"确实在遵守一条规范"之间是有区别的，前者以"自我"为中心，而后者是以"主体间"的交互作用（如评价、交流意见等）为前提的。对于早期幼儿更是如此，一个幼儿（甲），如果他做出的行为没有得到另一个幼儿或教师（乙）的关注且做出反应时，他是无

---

① 转引自童世骏《没有"主体间性"就没有"规范"——论哈贝马斯的规范》，《复旦学报》（社会科学版）2002 年第 5 期。

② Ludwig Wittgenstein, *Philosophical Investigations*, translate by G. E. M. Anscombe, The Macmillam Company, 1964, p. 82.

法确切地知道他的行为是否恰当，他是不是在遵守一条规范的？规范的同一性取决于规范主体间的有效性。而规范主体间的有效性，是指只有通过一个主体（甲）在另一个主体（乙）的关注、评价面前，成功地捍卫了说他自己是遵守了一条规范的立场之后，才能说他不仅仅是认为他在遵守规范，而确实也有理由说他在遵守规范。只有在这种情况下，才存在着一条适用于甲和乙的行为规范。

皮亚杰认为，社会规范的发展源自于社会冲突情景中的相互作用。协作，特别是同伴间的协作是幼儿从他律走向自律，摆脱"道德实在论"，走出"自我中心"的根本途径。"如果幼儿在他的兄弟姐妹或他的游戏的伙伴之中发现一种能够发展协作或互相同情的交往形式，那么，他将产生一种新型的道德，一种互惠的而不是服从的道德。这才是真正意图的和主观责任的道德。"①

总之，认识到幼儿班级共同体的属性和班级规范的建构性本质是幼儿参与规范制定的前提，因为把幼儿班级看成是共同体，就会承认幼儿和教师一样都是共同体中的主人，幼儿是班级事务的参与、选择、协商和决策者；同时，规范的建构性本质要求幼儿在参与中，在主体间的交往中生成、理解和遵守规范。接下来要探讨的是，在实践中教师如何引导幼儿参与班级规范的制定。

第二节 幼儿参与班级规范制定的实践探索

一 三类班级中幼儿参与的分析

有机会共同参与班级规范与决策的制定是孩子们的权利，也是建构论教育的主要特色。幼儿能否参与班级事务的经营管理，在某种程度上反映了不同类型的师幼关系。依皮亚杰原理，幼儿与成人间的关系有两类：权威式和协作式，据此，我们把所观察到的幼儿班级分为三类：② 军营式、厂房式和共同体式。军营式的班级，以教师的过分约束、控制为

---

① 皮亚杰：《幼儿的道德判断》，山东教育出版社1984年版，第159页。
② 这种分法参照了 Rheta Devries 等人的观点，详情可参见其著：*Moral Classroom, Moral Children*, New York: Teacher College Press, 1994.

基调，幼儿几乎没有参与班级事务管理的权利和机会；厂房式的班级以机械化、小学化为基调，教师注重秩序和知识概念的学习，幼儿有时也参与经营班级管理，处于军营式与共同体式之间；而共同体式的班级正如上文所描述，它以协作的师幼关系为主，整个班级充满着民主、建构的氛围，教师创造充分的机会让幼儿参与班级事务的管理。通过对这三类班级的实践考察（半个小时的录像），可以分析幼儿参与班级规范与相关事务决策的意义。

（一）军营式的班级

教师的权威主义在这里表现得淋漓尽致，整个班级弥漫的是无条件服从的压力。"要听老师的话""走路要轻轻的""坐时双手要放在膝盖上不能动"等。教师就像军营中的长官，整个教室就像随时加入战争的"军营"一样的紧张、压抑。分析半个小时的录像后，发现幼儿对班级事务几乎没有任何参与权和发言权，幼儿们都死死地被教师管制着。下面是老师的一些典型行为表现：

- 以命令式的语言为主。
- 进行了四次武断的惩罚，如：

把一个小孩骂哭了（因小朋友没把手放在膝盖上）。

对一幼儿进行了罚站。

不让一小朋友画画（因为小朋友把纸弄到地上了）。

- 说了34句威胁的话，如：

"大家快点，否则上午的户外活动就取消了。"

"你能不说话么，是不是不想画画了。"

"再像这样，中午你就别吃饭了。"

"你太不像话了，晚上别想回家了。"

- 说了43句批评的话，如：

"J，你真没用。"

"就你不像话，不老实。"

"你这样子，我记住了，看我等会儿如何收拾你。"

- 半个小时内，小朋友打架一次，争吵两次，班级秩序失控三次。

在军营式教室里，幼儿的参与权被剥夺，幼儿的发展空间和主体性被教师永无止境的规定条文所扼杀。在教师看来，若是幼儿听话、正确回答问题就应给予奖励，幼儿行为出轨或犯错，则会受到威胁或惩罚。教师所营造的这种氛围忽视幼儿的情感和生理需求，甚至幼儿上厕所的时间也被规定得毫无弹性可言，教师往往把幼儿上厕所视为幼儿的图谋不轨：（C、J 为幼儿，T 为教师）

  C：老师，我想尿尿。
  T：不行，怎么又要尿尿，肯定在撒谎。
  C：老师，我真的要尿尿，急死我了。
  T：叫什么叫。（教师狠狠地瞪着幼儿）
  C：想哭了。
  T：J 你过来和 C 一起去厕所，看看他是不是在说谎。
  J：好的，我回来告诉你。（看样子，J 经常是老师用来监视别人的工具）

在这里，教师的大部分时间是在维持秩序中浪费掉的，这样做不仅增加了教师自己工作的压力和职业倦怠感，同时幼儿练习肢体、参与公共事务管理的机会也被剥夺。教师常常以剥夺幼儿喜欢的游戏活动（特别是户外游戏活动）机会对幼儿进行威胁：

  "如果想到户外去玩的话，大家都要把玩具收拾好。"
  （指着两个收拾动作慢的小朋友）"看样子你们是不想出去玩了，还不把积木放好。"

在军营式班级中，由于教师控制了整个班级的压抑基调，同伴关系也是不协调的，同伴以竞争为主，幼儿的告状行为较多，同伴间的互动常常在教师的背后偷偷地进行，孩子们都有被压制的共同经验。同时，教师把幼儿同伴间的冲突看成是一种消极的行为，往往采取命令的方式加以应付：

C_1：老师，K踢我了。
T：那你不可以踢他么？（老师讲反话）
C_1：我知道不可以踢他。（小朋友C没有理解老师的反话）
T：我是叫你也踢他。
C_1无言以对地走了。

C_2：老师，J捏我了。
T：你坐到后面去不就没事了。

这种以命令式为主的教室里充满了愤怒、焦虑不安和孤独感，其中最大的受害者便是幼儿。幼儿对班级常规和教师要求的遵从大多是表面化的，因为只要主管教师有事离开教室或幼儿不在教师的视域内，幼儿的表现就是另一番景象，谈话，扭动躯体，走动，还有的向我做鬼脸，也许用"天真本色"的展现来形容比较恰当。孩子们的表面服从仅仅是配合教师的个人需求，以免受教师的处罚。这与皮亚杰的精神是一致的，即在权威式的师幼关系中是不能培养幼儿的自治精神的。权威式的教育对孩子们而言，其所隐含的潜在信息就是：你应该顺从权力比你大的人。有关成人过分地控制幼儿行为的教育方式，皮亚杰提出了三种不良的后果：孩子们的行为会变得反叛，无条件的服从和有目的的行为（仅在成人的监视下才会做大人所期望做的事），便是无视幼儿参与权的结果。

在这种环境里成长的幼儿，以下的问题我们必须思考：

在未来的生活中，当他（她）们遇到类似的专制时，他（她）们是否有意识或有能力去反抗？
他（她）们是不是学会了阳奉阴违？
他（她）们是不是也学会了不顾一切地教训别人？
在未来的日子里，他（她）们会因受到这种教育而要付出什么代价？

（二）共同体式的班级

班级共同体最大的特征是充满相互尊重的气氛，鼓励幼儿参与班级

事务的经营管理,让幼儿在班级生活中尝试民主自治。分析半个小时的录像后,我们发现:

- 教师以说服性策略为主。
- 很少威胁和批评幼儿。
- 对幼儿下命令一般是在幼儿处于危险或健康的可能状态下,如:

"K,不许再推秋千了,太高了,J会有危险的。"
"P,记得要洗手,快吃饭了。"

在共同体里,每个幼儿的意见是受到大家尊重的,教师鼓励幼儿对班级事务的决策提出意见,教师常常运用"我们"这种亲切的语调,使孩子们深深地体会到参与感,并认为他们自己是团体中的重要一员。教师能站在孩子们的立场和角度思考或解决问题,精心地推敲孩子们的想法,为幼儿提供选择的机会,努力向幼儿解释遵守常规的理由,鼓励幼儿自己的想法,支持孩子们正确的价值观,引导幼儿同伴间的互助合作。

教师重视幼儿同伴间冲突的价值,教师注重引导幼儿参与冲突的解决。冲突的解决往往被视为帮助幼儿站在别人的立场和角度去思考问题,以及了解别人,如何与他人沟通的大好时机,教师常常会说:

"说出来给大家听听。"
"你要告诉他你没玩具玩的感受。"
"是你们俩的事,你们想想,有没有什么办法解决。"

在共同体里教师既是幼儿的伙伴,又是一个建构论者。教师运用建构论的思想,为幼儿提供支持性的学习环境,让幼儿在参与中探索,允许幼儿在尝试错误中学习,创造出幼儿自己解决问题的方式。

在这里,班上的许多常规是幼儿与教师一起制定的,当有新问题出现时,幼儿在教师的引导下会制定新的规定。当孩子们被问及"是谁制定这些常规的?"他们会异口同声地说:"是老师和我们一起制定的。"

在共同体里成长的幼儿的自律精神表现得比较强,根据皮亚杰的观点，良好的、协作式的关系是幼儿自律的基础，因为这有利于幼儿的"去中心化"，从"他律"走向"自律"。共同体中的幼儿不管教师在场与否，他们的表现基本上是一致的，他们学习生活的动机是内在的。比较三类班级后，我们发现，共同体内幼儿相处更融洽，幼儿们的社会交往技能更强，他们具备解决大多数同伴间冲突的能力，对大约60%的同伴间的冲突幼儿自身可以解决，还有15%的冲突在教师的引导下会得到顺利的解决。另外，共同体内的幼儿在解决问题时，更愿意听取同伴间的各种意见，会在求同存异中寻找解决问题的方式。观察发现，在军营式班级中，同伴进行冲突解决时，倾向于在肢体和情感上使用压制对方的方式。总之，这些都与幼儿的积极参与分不开。

（三）厂房式的班级

厂房式的班级以机械性、程序化为基调，整个班级的氛围还是以压抑为主。因为幼儿必须服从标准化的作业流程，就像厂房里生成产品一样的机械化。它没有共同体班级中的民主参与气氛，但也不像军营班级氛围那样具有负面效应。整体来看，幼儿的参与程度是较低的。分析录像后发现：

- 老师以程序化、小学化的行为方式为主。
- 老师下了62次命令，如：

"你必须把玩具收拾好。"

"等大家都坐好了，我才会说话。"

- 有批评和惩罚，但没有军营式班级用得多，发现批评15次，惩罚2次，如：

在全班进行经验分享的团体活动时，一个小朋友因老是插嘴，被老师拉到教室的角落进行罚站。

- 半个小时内，失控一次。

在厂房式的班级里，教师基本上能平和地与幼儿进行交流，但又显得不够投入。幼儿很少有机会进行自我管理和表达的机会，与军营一样，只有当幼儿正确地回答教师的问题或教师觉得幼儿听话时，教师才会对幼儿进行鼓励。整体而言，这里还有一点轻松的气氛，教师有时会给幼儿进行自我规范的机会，但教师过分要求幼儿保持安静和秩序。

教师对于幼儿同伴间冲突的价值认识不够，教师更多的是站在自身而不是幼儿的角度来看待幼儿问题。教师往往强迫幼儿进行道歉，或向他们灌输理由以避免孩子们的身体伤害。

这是一种折中式的模式，它缺乏生机与活力，幼儿在这必须小心翼翼，似乎缺乏信心。在这种看似有序，但缺乏参与的氛围中培养幼儿的自治精神是比较困难的。

通过对三种班级中幼儿参与及其发展的分析，我们把幼儿参与班级规范制定与相关事务的意义概括如下：

- 可以培养幼儿对班级的归属感。

通过参与班级规范的制定，幼儿会了解制定和遵守规范的必要性。由参与班上事务的决定，孩子们可以清楚地知道，这些决定是真正属于他们自己的，孩子们将会有机会了解他们为何需要和遵守这些常规。这种在参与班级事务的过程中所产生的归属感或拥有感，可以培养孩子们对班级事务的责任心。一旦孩子们养成这种责任心，他们会逐渐把遵守班级常规视为他们分内的事。

- 可以培养幼儿自我规范和协作的精神。

孩子们共同参与班级常规与决策的制定，是幼儿参与公共事务管理的一次尝试，其中的教师和孩子们都在练习如何才能做到自我规范，是教师给予孩子们自主规范其行为的机会，是教师减少他律性规范，进而提升孩子们自律精神的方法。孩子们共同参与班级常规与决策的制定，可以营造一个大家相互尊重的情境。这里，教师在孩子们面前会尽量减少不必要的权威。教师是幼儿的引导者，教师与孩子们之间的互助合作，可以带动幼儿同伴间的互助合作。

二　幼儿参与规范制定的指导策略

幼儿具有班级事务的参与权是不容置疑的。但是，信奉建构论的教师不会将制定规范的责任全部交给幼儿，而是在孩子们制定常规的过程中扮演引导者的角色，借此发展幼儿制定常规所应具有的原则和技能。由于幼儿身心发展的有限性和班级作为共同体所具有的历史文化传统性，有一些规范往往是以预成的方式存在的。比如，幼儿班级生活各个环节的时间安排，对幼儿来说，参与制定的可能性是很小的。但大多数规范不是预先就存在的，幼儿是可以他（她）们自己的方式参与制定的。有经验的教师往往非常重视这种参与的机会，与幼儿保持协作的关系，运用各种策略引导幼儿积极参与规范的制定。

通过长期观察，我们对如何引导孩子自己制定班级规范的策略总结如下，同时举例加以说明。

（一）结合问题引导幼儿参与规范制定

让幼儿参与规范制定的一个前提是"幼儿需要原则"，即当幼儿面临需要解决的问题时，才是引导幼儿参与规范制定的好时机。然而，这一原则并没有引起教师的重视。我们观察发现，为了使刚入园的小朋友尽快适应班级生活，许多教师往往采取下面两种不合理的做法：

1. 刻意地对孩子们详述常规条文，如"必须高高兴兴上幼儿园"，"早上进门要向老师问好"，"不能乱扔玩具"……这种口述条文的方式基本上是否定、命令式的，幼儿进园的第一个感受就是无形的约束和控制。对于早期幼儿来说，可能无法理解教师为何要求他们遵守常规，他们会将所谓的"常规"与大人们禁止他们做的事（禁令）联想在一起。这里体现的是一种制约关系，是一种单方面的强求和特权的运用。这不利于幼儿走出"自我中心状态"，正如皮亚杰所指出的："制约和幼稚的自我中心总是联系在一起的。的确，因为幼儿不能与成人建立真正的互助协作，幼儿便继续使自己封闭在自我之中。"① 也就是说，教师的规范灌输和传述并不能促使幼儿进行自我约束和自治，他们永远会觉得，这些常规是由外在的力量强加于他们身上的，这是造成幼儿自我中心的主要因素。幼儿可能会服从那种成人制定的规范，但是这些规范始终是处于幼儿主体良知之外的，没能转变成他们的行为。这就是幼儿虽然把规范视为神圣的东西，但却没有真正践行它们的原因。

2. 随意要求孩子们为他们的班级制定常规，如在开学时，许多教师都会提出类似的问题："你们（幼儿）想想看，我们班里需要哪些大家应遵守的常规？"然而，幼儿的反应，一是大多数小朋友对教师的提问无言以对。这是因为教师的问题太泛，小朋友不感兴趣或是对"什么是常规"

---

① 让·皮亚杰：《幼儿的道德判断》，山东教育出版社1984年版，第64页。

不理解。二是小朋友们常常会建议一些跟班上关系不密切的常规，比如说："不要和陌生人讲话"，"不要跑到隔壁班上去"等，小朋友们为了某些不相关的常规议题争论不休。当我询问一个小朋友为什么要提出"不要跑到隔壁班上去"时，他的回答是："是老师叫我们制定的。"也就是说，孩子们之所以会对常规的议题提出他们的看法，仅仅是因为老师要求他们如此而已，而不是出于他们个人的需求，并进一步思考如何规范其行为。对小朋友而言，这类问题来得太过于空泛，而且会将他们误导至以否定字眼为主的"禁令"及关无的议题上。

班级生活中充满着各种参与的契机，关键的问题是教师要善于发现和利用。下面观察到的案例可以带给我们一些启示：

当班上有几个小朋友经常到老师处告发 K 和 J 老是用脚踩玩具娃娃时，老师认为，引导孩子们制定"爱护玩具"的常规的好时机到了。

老师用以下的方式加以引导："我发现，我们班上有一个需要大家一起来解决的问题，这就是如何爱护我们的玩具娃娃。我们一起来想想看，我们该如何去爱护我们的玩具娃娃？"这样的讨论模式，可以将孩子们的注意点集中在某一个问题上，以便大家共同讨论。以下的规定是由该班上的孩子们自己制定出来的：

要小心点——不能弄坏我们的娃娃。
不能乱扔我们的娃娃。
要轻轻地抱娃娃。
请不要用力拉娃娃的头发。
不能踩或坐在娃娃的上面。
要给娃娃穿衣服，不能让它生病。
要做娃娃的妈妈。
要经常给娃娃洗脸。

以上的例子说明了让孩子们参与班级规范制定的重要性，因为这些规定对孩子们而言是有意义的。同时，观察发现，孩子们的意见常常是具有独创性的，有些提议甚至是成人从来没有想过的。"要像妈妈一样爱护娃娃"，"要给娃娃穿衣戴帽"，在幼儿看来，爱护娃娃已不仅仅是不摔它，不打它，而应是一种心灵上的关爱。从某种程度上看，孩子们对常规的判断能力往往胜过成人，因为成人往往很难跳出自身的圈子，站在幼儿的角度来思考这些问题。

总之，在引导孩子们自己制定班级常规时，教师要将孩子们的讨论点集中在一些潜在（可能发生）的问题上，如老师可以用引导的方式问孩子们："大家想想看，全班小朋友是否可以同时进入积木区玩积木呢？""是否有什么方法，能让每个小朋友都玩到积木游戏呢？"

(二) 引导幼儿学会交流性讨论

幼儿参与规范的制定离不开班级主体间的协商，这就要求幼儿学会交流性的讨论。幼儿哲学家李普曼曾指出："幼儿从非常小的时候就开始对苏格拉底和柏拉图等所感兴趣的真理、善良、公平、美德、思想等问题感到困惑，并为之着迷，进行讨论。"① 讨论是个人的思想和他人发生联系的主要方式，没有讨论，幼儿也就没有理由假设别人和他持同样的观点，也不知道他自己和别人的观点是否合理或正确。要把幼儿班级看成是一个"探究群体"（community of inquiry），在其中，个体可以自由地和充满智慧地交往和对话，即进行"群体探究"（community inquiry）。自由表达、探究精神和合作态度是"探究群体"的本质特征。

交流性对话强调对话者之间的平等，交流性对话与争辩不同，争辩是为了击败对方，为取得胜利可以不择手段，反而远离真理；对话是为了明理，要分析双方的论点，提倡合作与相互鼓励。哲学家哈贝马斯对交流性讨论与策略性讨论进行了区分，交流性讨论的目的是使我们的观点处于最有说服力的位置，最终是那些推理严密而不是那些技能纯熟者成为赢家。与策略性讨论追求结果的单一化不同，交流性讨论追求的是结果的多样化。交流性对话的运用，有利于形成班级多方面的尊重和合作，形成协商式的、公平与关爱式的氛围。

了解了交流性讨论的内涵和重要性之后，接下来的问题是如何引导幼儿进行交流性讨论。对于幼儿来说，学会"倾听和表达"是进行交流

---

① 李普曼：《教室里的哲学》，山西教育出版社 1997 年版，第 114 页。

性讨论的主要技能,如果幼儿没有掌握这一技能,幼儿在讨论中将会表现出"自我中心"的倾向,他会在别人发言时不顾别人的感受而大声喧哗、走动,甚或会打架吵闹。为了让幼儿讨论相互之间的观点,首先必须学会听清别人说了些什么。当然,在一开始就要求幼儿做到这一点是较困难的。下面我们观察到的某小班林老师的策略可以借鉴。

小朋友们进行团体分享时,H小朋友正在介绍他们小组刚才在积木区所搭的城堡。班上大多数的幼儿在认真听H的介绍,可少数的幼儿有走动的,大声说话的,还有相互嬉戏的,教室里有点混乱。林老师坐在地上正整理幼儿刚才制作的作品,装着没发现这一切。我想林老师是想让幼儿们体验一下"混乱"所带来的滋味,这样有利于幼儿体会到学会倾听的重要性,结果不出所料:

J(H小组的一个小朋友大声叫起来):太吵了,我们都听不见了。

班上许多小朋友:太吵了、太吵了,林老师。

H:我不想说了。

林老师:是太吵了,H在和我们分享他们的城堡,我们要认真地听呀!不认真听,就是不尊重别人,别人会伤心的,很可能下次你说话时别人也不听呢。

K:是的,H好像不高兴了。

林老师:大家想想看,我们应该如何认真听别人讲话?

L:不发出声音。

林老师:嗯,好的,L,当H在和我们分享他们的快乐时,我看见你看着他,并且认真地听他讲话。

L:是的,我喜欢听。

林老师:H,L认真地听你讲话,你觉得如何?

H:我很高兴。

林老师:是的,当你们在听我说话时,我也觉得很高兴。我告诉你们一个秘密,当我抬头看到你们的眼睛看着我,我就知道你们在听我讲话,我就好高兴。

小朋友们：我们知道了，老师讲话时要看老师的眼睛。

林老师：对了，别人和你讲话，你们要看着他（她）的眼睛。

在教师的引导下，通过几天的讨论，孩子们对如何倾听达成了许多一致的观点：

- 当别人说话时，我们应看着别人的眼睛。
- 当别人说话时，我们要静静地听。
- 要给每个人发言的机会。

当然，规范出台后，要求所有的小朋友都能很好地遵守是不可能的，没过几天就发现，在团体分享活动中，当别的小朋友在发言时，有三五个小朋友就没有遵守刚刚制定的规范，他们在大声地交谈着他们自己上午做了些什么。面对这种情况该怎么办？如果教师一味地批评这几个小朋友，他们也许会保持一会儿安静，但通过权威式的批评对幼儿造成的危害更大。林老师是这样处理的：

林老师：前几天，我们班的小朋友们对如何认真倾听别人说话制定了几条规范，可现在你们看看，有些小朋友就不记得了。

J：对，K和B老是在说话。

林老师：那该怎么办？

G：老师要说他们才好。

S：他们还说话，就不让他们参加活动。

许多小朋友：好耶，不让他们参加我们的活动。

K：我是不记得了。

林老师：好的，大家想想看，K说他不记得我们制定的规定了，那该怎么办？

J：那就让我来告诉他们，"别人说话时要看着他（她）的眼睛，要坐好"，还有……

F：还有要安静，别人也可以发言（每个人都有发言的机会）。

林老师：好的，那我们在这些规定的基础上再加上一条：
- 对于不认真听别人发言的小朋友，我们要提醒他，如果提醒后，他还是影响别人发言，我们就请他离开我们大家的活动。

小朋友：好耶！

这里的提醒可以由教师或幼儿进行，这是一种对教师权威的分享。对于交流性讨论来说，光学会倾听还是不够的，幼儿还必须学会如何表达他自己的观点。当然，这与每个幼儿的言语发展水平有关，但给予恰当的训练也是有必要的。下面"打电话式"的游戏也许是较好的方法：

将幼儿分为若干组，每组由三个幼儿组成。第一个幼儿简要地大声告诉第二个幼儿关于他自己的一些事情（第三个幼儿也能听到），第二个幼儿尽可能准确地复述给第三个幼儿，由第三个幼儿判断这个复述是否准确。接着由第二个幼儿告诉第三个幼儿，第三个幼儿复述给第一个幼儿，由第一个幼儿充当"判决者"。如此类推，直到每一个幼儿都充当了一次"判决者"。

这个游戏的目的在于促进每一个幼儿都能准确地解释演讲者所陈述的内容，幼儿在这既学习了表达，又学习了倾听。

（三）为幼儿参与提供支架

刚开始，引导幼儿参与班级常规的制定是件比较困难的事，所以我们要求教师一定要根据实际需要给幼儿一个支架。根据维果茨基的"最近发展区"理论，幼儿虽然不能独立地解决问题，但是，可以通过成人指导或有经验的幼儿帮助，使幼儿成为解决问题的主人。"最近发展区"理论为教师成为幼儿参与规范制定的支架和权威分享者提供了科学的心理依据。

教师常常会因幼儿不能出色地完成她们交给他（她）的任务，而贬低幼儿的参与能力，教师们常常抱怨道："他们还没准备好。""他们还没达到某某水平"。这是对幼儿发展状况的一知半解，教师们往往忽视幼儿发展的潜在水平。幼儿有时的行为可能具有自我中心的倾向，他们可能不会认真倾听别人的发言，不会有序地轮流去积木区等。但是，当班级里有支持性架构时，幼儿的反应可能是另一番景象。比如，清晰的界限（一张小椅子、一块方地毯、一个小话筒、明确的发言程序等）就有利于幼儿有序地进行团体交流；积木区旁挂上几个入区时必须佩带的小牌，向幼儿说清楚积木作品保留的时间等支持性要素，幼儿就会轮流去积木区。幼儿参与班级事务的管理离不开老师的支持性架构。

让我们回到上面林老师的班上，当林老师发现，幼儿们抢着发言而使讨论陷于混乱状态时，她为幼儿提供了一个"话筒"，同时宣布了一条规定：只有拿到话筒的小朋友才可以说话。话筒在小朋友的手里不断地传递，团体中的分享顺畅地进行着。老师这一新的支持系统，鼓励了幼儿的积极参与，促进了幼儿更好的倾听。

为了促进幼儿的讨论技能，林老师经常要求小朋友复述或归纳别的小朋友和老师所说的话。在团体时间里，林老师常常生成一些话题来引导幼儿进行讨论，如，"如果我们班上来了新伙伴，我们该怎么办？……""我想和小朋友一起做某某活动，你们看看需要哪些材料？……""J小朋友的妈妈说，J昨天回家后开始刷牙了，你们觉得怎样？……"等等。

在教师的引导和支持下，幼儿们真正地参与了班级规范的制定，参与了班级事务的管理，学会做出民主的决定，幼儿体会到实实在在的权利与责任，这有利于幼儿社会与道德能力的发展。

教师向幼儿解析制定某项规范的理由是教师提供支架的主要形式之一，是教师与幼儿"协作式"关系的体现。教师应该向孩子们说明制定常规的目的，是让他们的教室成为一个安全而且快乐的园地，而不是纯粹约束孩子们的言行。教师可以和班上的孩子们共同讨论，使幼儿们意识到维护班级事务和大家的安全与健康是他们共同的责任。当幼儿对规范存在的原因有所理解时，他（她）们就不会以一种逐字逐句和实在论的方式对待他们所"尊敬"的规范。为了尽快帮助幼儿走出"实在论"的状态，成人必须把他自己置于幼儿的地位，必须与幼儿一样履行规范所约定的责任与义务。

（四）引导幼儿参与规范的修改

规范的可修改性、弹性是幼儿思想的一种自由表达。规范不是外在的和强迫性的，是可以对它进行修改并使其适应于集体和个人需要的。强调规范的弹性具有重要的意义，它有利于幼儿摆脱"实在论"的观点。"规范并不把它看成是神灵所默认的真理，它排除来自神灵的神性，也没有历史的永恒性。规范乃是自主地和逐渐地制定起来的。"[1] 规范是幼儿与教师、幼儿与幼儿间协作的结果，当新问题出现时，主体间可以进行新的协作，以修改原有的规范。

以下的例子发生在某大班教室里，该班有一项规定是孩子们之前制定的：孩子们在积木区搭好的作品，最多可以保留一天的时间，然后就必须拆除且收拾干净。可有一天上午，幼儿C告诉教师（T），她觉得非常难过，因为她在积木区搭好的城堡已经过了一天，按规定下午必须拆除。可C想要保留她的城堡，因为她希望她爸爸下午来接她时，可以看到它的作品（平时都是妈妈来接她的）。为此，教师把这一问题向小朋友们提了出来，即是否有必要改变有关积木作品保留时间的规定。

T：大家想想，我们是否应该继续保持这项规定呢？

J：就只能保留一天，这是规定。

K：要拆掉C的城堡，C的爸爸就看不到了，C会好难过的。

S：那就保留三天。

T：三天？J说保留一天，可以吗？

H：不要三天。

T：S认为积木作品可以保留三天，而你说不可以，为什么？

H：假如S可以将她的积木（作品）保留三天，那我的也可

---

[1] 让·皮亚杰：《幼儿的道德判断》，山东教育出版社1984年版，第76—77页。

以保留三天吗？

M：假如 S 的积木可以保留三天，而我们的不可以，那就不行。

C：假如你们要的话，你们的也可以保留三天啊！

T：所以，你们都认为可以保留三天，是这样吗？

Y：我认为保留三天太长了，那样我们就不能经常玩积木了。

T：Y 的想法不错，C，保持两天如何？这样的话，下午你不必拆掉你的城堡，你爸爸就可以看到你的城堡了。

C：好的。

大部分孩子：好，两天。

T：好吧！看起来大多数小朋友都想将积木作品保留两天。既然是大多数小朋友的决定，那就按新规定试试看，并看看这样做了之后会有什么影响。假如行不通的话，我们可以回到原来的规定，或者我们大家另外想一个更好的办法。好，所以我们现在的决议是：每位孩子搭好的积木作品可以在积木区保留两天的时间，请大家要互相提醒并记住噢。

在上面的例子中，教师抓住是否要修改规范的机会，引导幼儿充分讨论，将解决问题看成是孩子们的一个开放的空间。这种做法可以让孩子们了解到，常规并非是神圣不可侵犯且不可改变的；相反地，常规是为了某些选定的目的而存在的。当常规不再符合原先构想的目的，或者当情况发生改变时，常规也应适时地改变。正如皮亚杰所言："任何人都无权不经过合法的途径来引进一种革新，即如果有人要引进一种革新，他必须预先说服他的同伴，并且事先服从大多数人的裁决。所以，可能有一些分歧……而意见总是可以加以讨论的。"[①]

（五）引导幼儿生成正向性规范

正向性规范是指用正面的、积极的语言对规范进行表述。正向性规范以鼓励，而不是禁止为主。如"爱护玩具"与"不能乱扔玩具"不同，

---

① 让·皮亚杰：《幼儿的道德判断》，山东教育出版社1984年版，第77页。

前者具有正向性，以鼓励为主。引导幼儿生成正向性规范是协助幼儿"去中心化"的需要。依皮亚杰的观点，由于早期幼儿身心发展的有限性，他（她）们对外界权威具有盲目服从的倾向，他（她）们往往会把规范看成是"神圣的、权威式的"存在物。在他（她）们看来，教师的要求、约定是一种"绝对律令"。而当孩子们有机会为他们自己的班级制定常规时，他们往往也会提出一些"律令式"的约定，它们往往被表述成"不能这样，也不能那样"。教师不应该拒绝这种"负面式"的常规，但是，在孩子们制定常规时，教师应该尽量引导他们生成正向性的常规。正向性常规给人一种协商式的感受，是幼儿个人合法权利的表达，如"不能独占秋千"与"大家轮流荡秋千"给幼儿的感受是不一样的，前者强调的是一种约束、禁令，而后者注重的是大家的分享和权利。下面是两个中班幼儿在打架后，教师引导部分幼儿的讨论（T为教师，其他为幼儿）：

T：你们刚才看到了，有人打架了，那样好不好？
S：不好，别人会哭的。
T：对，那会打疼别人的，那我们该怎么办？
J：不可以打人！
T：好，J的意思是说我们"要友好相处"，对吗？我把它记下来。
K：刚才H对G说话的声音太大了，不要那么大声说话。（H、G是刚刚参与打架的小朋友）
T：噢，我知道你的意思，要轻轻地说话，对吗？
K：点头。
T：K真棒！那大家想想，还有没有其他好办法让我们好好相处？
G：不能骂人
T：对了，要有礼貌。
P：我们可以经常握握手。
T：很好，我记下来了，要有礼貌，经常握握手，还有么？
J：不应该一个人玩（玩具）好久。

T：对了，要轮流玩玩具，我记下了。

……

T：我给大家总结一下，我们大家想了好多好的办法，以后大家会好好相处的，大家记住了：第一条，对人要友好；第二条，轻轻地说话；第三条，经常握握手；第四条，要有礼貌；第五条，轮流玩玩具……好，就这些了。我相信我们大家制定的这些规定，可以帮助我们成为更快乐的人。

幼儿在表述规范时，往往是以"禁止什么，不能做什么"等形式出现的。这里教师的作用是引导幼儿理解和生成正向性规范。

为了避免孩子们仅从教师方面听到一些负面的想法，教师可以将制定常规的词句说成，例如"让我们班上能够安全又快乐的方法"，"我们该记得的事"或"但愿别人对我……"但是，假如孩子们愿意使用"常规"或"规定"这样的字眼，教师这时也应该尊重孩子们的想法，例如，教师可以把词句改成："使我们的教室成为快乐园地的必备常规"。这样，才能让孩子们有机会亲自思考制定和遵守这些常规的必要性，让他们体会到，制定班级规范不仅是教师的要求，也是幼儿自身需要得到满足的方式，是幼儿参与班级事务的体现。

（六）引导幼儿用他们自己的方式表达规范

规范是幼儿情感"意向性"的表达，通过规范表达他们认为应如何关爱人和物的观点，表达他（她）们对其自己和别人的期望。语言表达不仅能帮助幼儿增强对其自己情感的某些节制，也帮助他（她）们在将情感付诸行动时有所控制。借着使用词句来表达他们自己对规范的理解，幼儿也不断地理清着自己的感受，并且依此来判断别人的感受。例如：

"我们要爱护小娃娃，这样它会很高兴。"

"和大家一起轮流荡秋千，别的小朋友会喜欢我的。"

"K看起来很友善，和她一起玩一定很快乐。"

"如果我经常打架，大家就不喜欢我了。"

"我们一起游戏吧，我们都会高兴的。"

"我向老师笑，老师也笑了。"
…………

这种用来确认他自己与他人情绪表露的能力，可以帮助小朋友学会友善，爱护他身边的一切。在幼儿看来，规范不是冷冰冰的，规范与他（她）们的情感世界联系在一起，幼儿有权用充满情感的言语来表达他自己的思想。

孩子们制定规范时所用的词语可能不是很精美，但我们应接受它。常规的精神比其表达形式更为重要。另外，若用孩子们经常使用的词汇对常规进行表述，他们会更易记住和遵守这些常规。我就发现有几位小朋友自豪地告诉老师：

> J：老师，这是我说（制定）出来的规定，好不好。
> K：老师，我好厉害吧，"给小宝宝洗脸"是我想出来的。
> N：你们是知道的，我说了好几条规定了，老师还表扬我呢，"你们不可以在教室里乱跑"，还有"不能大喊大叫"，"还有……还有，急死我了，想不起来了，问老师去。"有小朋友笑话他记不起来了，"不许笑，我去找老师，对了，告诉她，我们再加一条规定：'不许笑话别人'"。

也许，孩子们在制定常规时所用的词句有不合乎要求的地方，但幼儿们却非常清楚地了解这些词句所代表的意思，这更有利于提醒孩子们思考。

另外，欣赏孩子们的表达方式，教师就必须尊重幼儿对常规条文的组织能力，不要强迫孩子们接受他们的逻辑推理能力以及无法理解的条文。教师可以结合以下例子进行阐述：

> 在团体分享活动时，老师针对上午出现的打架和争吵事件要求孩子们讨论如何能更好地相处。大班的孩子们积极地参与讨论并提出了六项规定：不可以打架，不可以骂人，不可以对人大喊大叫，不可以抢别人先拿到的玩具，不可以拿走别人从

家里带来的东西，不可以踢人家。而 H 则建议道："这么多，太啰嗦了"，用"不可以伤害别人"的规定就可以了，并建议把其他的条文删除。老师要他做出解释，H 解释说："不可以伤害别人，这句话已经包括那五项规定了。"老师赞同 H 的建议，但却遭到班上大多数孩子的反对。因为班上其他孩子无法理解 H 的想法。于是，老师建议，以投票的方式逐项地让孩子们来决定是否要删除那六项条文。然而，当孩子们投票删除"不可以踢人家"这项常规时，K 却大声说："那我可以踢别人啰！反正我们又没有同意这项规定。"经过观察孩子们投票与讨论的情形，老师发现，孩子们之间的讨论、协商次数愈多，愈是让老师清楚地知道，其实班上的孩子大部分都不能理解 H 所说的那项条文的意思。大多数孩子都觉得，班上常规有具体化的必要。于是，老师尊重大多数孩子的建议，让其保留那六项详细的常规。而老师对 H 说："其实你的提法很不错，老师也很喜欢，只是其他小朋友今天暂时无法同意你的看法，以后他们会明白的。"

（七）引导幼儿以契约的方式公布规范

规范是一种重要的班级文化，以契约的方式对班规进行记录和公布具有重要的意义。在观察中我们发现，即使是幼儿自己提出了那些规定，过了一两天他们常常就不记得了。因此，在教师的引导下，以契约的方式公布规范是有必要的。教师可以引导幼儿记录下所制定的规范，并要求幼儿以他们自己的方式签上名字，贴在幼儿容易看到的地方。我们曾在某大班发现一个有几十页的"幼儿常规记事本"，经过教师的介绍，我们弄清了来历：

"我们班在我和林老师的引导下，全班的幼儿经常会共同参加班级常规的制定与讨论。在每次讨论时，老师和幼儿会把他（她）们提出的规定记在"幼儿常规记事本"里。我们要求每一页记一条常规，且协助提出该条款的幼儿对其进行解释。尔后，我们要求全班的幼儿在上面签名，当然，是用幼儿们喜欢的方式，如按手指，画一个他自己喜欢的动物等。

当这些程序完了以后，我们会以活页的形式进行装订，现在已有30多页了。

当我随手打开"幼儿常规记事本"时，我看到常规主题是"我们要做好朋友"，旁边歪歪斜斜地注释道："不可以打人，不可以骂人，还有要和别人一起玩玩具。"至于底下的签名，有用笔写的，有用字母代替的，还有许多小朋友画上他们自己喜爱的小动物来代表自己……看后，着实叫人兴奋和惊叹！

幼儿参与记录和公布常规具有重要的意义，因为幼儿在这一过程中会深深地感觉到，他们是班级的主人，他们是班级的"立法者"，是班级事务决策程序公正的执行者和监督者。同时，孩子们自己制定、记录和公布常规也等于向孩子们强调：班级的规约并非来自外人的要求，而是他们自己的需要。正如教师所言：当有人违规或发生冲突需要裁决时，幼儿们常常会利用"幼儿常规记事本"，他（她）们会翻开它，并指出某一规定，向违背规范的幼儿说："看看，这里有规定的，你（们）应该知道谁错了，我们必须遵守我们的规定。"

观察发现，美中不足的是，教师常常把常规看成是幼儿间的契约，而忽视了这也是教师与幼儿间的约定。比如在"幼儿常规记事本"中，教师就没有签名，教师应该意识到她自己是班级共同体中平等的一员，也应在大家同意的常规条文下签名，并和大家一起遵守这些规范。正如皮亚杰所言，成人可以凭借他自己对别人所表现出来的责任感，来发展孩子们的社会道德能力。

当然，上面强调的是正式契约，我们也不能忽视教师与幼儿之间的心理契约，它是一种主观性的、精神性的、非正式的契约。心理契约是"没有明文规定的一整套期望"，卢梭等人认为，它不仅具有期望的性质，也有对"义务的承诺与互惠"。我们认为，幼儿对教师的信赖，教师对幼儿的期望是二者间的心理契约。契约隐含着各方的平等、自由和互利互惠的精神，它应逐渐成为调整师幼关系的一个基本准绳。

第 七 章

规范协商生成的博弈分析

　　倘若博弈论是一家公司,那么,它的口号将是"没有人是一座孤岛"。这是因为博弈论关注的是相互依存性(interdependence),即群体内的每个个体所做选择会影响整个人群的状态。

——普拉伊特·K. 杜塔[①]

　　前面从师幼交往的层面探讨了规范实践合理性的相关问题,接下来将从幼儿同伴交往层面对规范的实践合理性做进一步的分析。从同伴交往角度看,幼儿班级规范本质上是主体间在交往互动中协商、博弈生成的产物。之所以运用博弈论对规范的协商生成进行分析,是因为规范的协商生成与博弈均衡存在着异曲同工之处。博弈均衡所追求的从冲突到协作、从自利到互惠符合幼儿的身心发展需求和幼儿规范形成的规律。本章先对博弈论的内涵、组成要素和类型等进行概述,在此基础上对规范的互惠价值、规范协商生成的条件及路径等问题进行分析,最后对教师是否需要介入幼儿同伴间的博弈冲突,对规范协商生成中教师的指导策略等问题进行探讨。

第一节　共同参与的博弈

一　博弈论的视角

　　博弈是一个分析冲突、协作等行为相互转换的工具。博弈的英文为

[①]　普拉伊特·K. 杜塔:《策略与博弈》,上海财经大学出版社2005年版,第3页。

Game，一般将它翻译成游戏。在西方，Game 的意义不同于汉语中的游戏，而是指人们遵循一定规范下的，以成为赢家为目的的活动。"博弈"一词来源于棋弈、桥牌及战争中所使用的术语，本意是研究游戏参与者各自所选的策略的科学。[1] 博弈论（Game Theory）最初是经济学的一个分支，它所研究的是"结果无法由个人完全控制而须视群体的共同决策而定时，个人为了取胜应该采取何种策略"的学问。[2] 正如该理论的创始人约翰·冯·诺伊曼（John von Neumann）在 1928 年所发表的有关论文中所阐述的，任何一种群体游戏，例如剪刀、石头和布，都是一种群体环境之下如何做决策的问题，因为各个策略之间存在着互动关系，而团体游戏策略运用应该有其规范与原理可循，由此便诞生了一门新的学问——博弈理论。现代博弈论的含义则大大扩展和引申了，成为一门研究相互作用的行为主体进行决策和这种决策的均衡问题的理论，也是一门研究主体行为在发生直接相互作用时，由矛盾冲突向协作互惠转化过程中的条件、方式和结果类型等问题的颇具数学分析特色的理论。

一般认为，博弈论的建立是以 1944 年冯·诺伊曼和摩根斯坦恩（Oscar Morgenstren）所撰写的《博弈论和经济行为》一书的出版为标志的。[3] 1994 年诺贝尔经济学奖得主约翰·海萨尼（John C. Harsanyi）、约翰·纳什（John F. Nash）以及德国人莱因哈德·泽尔腾（Reinhard Selten）对博弈论的贡献促使博弈论在各领域得到了广泛而成功的应用。当然，博弈并不是一种新的现象，而是古已有之的，可以说，有人类就有博弈。博弈是现实生活中一种随处可见的现象，人们只要在各种行动方案或策略中做出选择，就是在进行博弈。两个小朋友决定谁先荡秋千，三个小朋友一同在积木区游戏或同伴间决定谁当医生和病人等都是在博弈。

冲突是人类灾难的主要源泉，合作是构建繁荣社会的先决条件。长期以来，社会科学家们一直试图理解冲突与合作的内在原因。博弈论的产生为我们研究人际互动中的冲突与合作等行为提供了一个有效的、系统的分析工具。当代英国经济学家肯·宾默尔教授说："从博弈论的角度

---

[1] 倪瑞华：《道德难题的博弈论解析》，《中南财经政法大学学报》2005 年第 4 期。
[2] 徐治道：《博弈论的基本内容及其发展取向》，《江苏经济探讨》1996 年第 5 期。
[3] 张峰：《博弈逻辑述评》，《福建论坛》（人文社会科学版）2004 年第 3 期。

对伦理问题进行研究可以从中得到很多领悟。"① 我们可以看到："在人际博弈中人们逐渐地从自利走向互惠互利和他利。"正是基于此，本书试着从博弈的视角来分析幼儿是如何从冲突走向协作，从自利趋向互惠，从而生成规范的过程。

二 博弈论的内涵

（一）"囚徒困境"和"秋千博弈"

1. 囚徒困境

"囚徒困境"（prisoners'dilemma）是博弈论的典型范例。它描述的是两个犯罪嫌疑人被警方逮捕后分开进行审问的情况。给出的条件是"坦白从宽，抗拒从严"，即是说，双方坦白交代犯罪事实，两人都会受处罚，但不会从重处罚，依据法律每人将入狱 3 年；如果双方都不招供，由于证据不足，他们将被指控从事了某种轻微的犯罪，判入狱 1 年；如果一方招供而另一方不招供，那么不招供者将被从严处罚，入狱 5 年，而招供者将被从宽处理，无罪释放。分别用 A、B 代表这两个囚犯，他们的支付矩阵见表 7-1 所示。

表 7-1　　　　　　　　　囚徒困境的支付矩阵

A＼B	招供	不招供
招供	-3, -3	0, -5
不招供	-5, 0	-1, -1

表 7-2　　　　　　　　　秋千博弈的支付矩阵

A＼B	独占	轮流
独占	-1, -1	1, -1
轮流	-1, 1	1, 1

---

① 肯·宾默尔：《博弈论与社会契约——公平博弈》，上海财经大学出版社 2003 年版，第 1 页。

从表 7-1 中我们可以推出这样几点：(1) 对 A、B 两人最好的结果是两人都不坦白，都只判一年；(2) 但由于局中 A、B 都是有理性的人，具有推理决策的能力，目的是追求自利的最大化，同时由于分开审问而无法沟通，或者不能完全相信对方，A、B 都害怕对方坦白而自己没有坦白，这样导致的结果是对方无罪，自己被判 5 年；(3) 最终结果往往是两人都坦白，各判 3 年。这种局面被称为"纳什均衡"，也叫"非合作均衡"。

2. 秋千博弈

幼儿同伴交往的过程在一定程度上就是同伴博弈的过程。下面说说我们常常看见的"秋千博弈"。

在户外活动时，小朋友 A、B 同时到达秋千旁边，他们都想荡秋千，于是发生了以下的情境：

A：我想玩。（手紧紧地抓住了绳子，准备往秋千上坐）
B：我也想玩。（手也抓住秋千的绳子不放）
双方僵持在一起，谁也没玩上秋千，过了一会，
B：我们轮流玩吧。（同时 B 放开了手）
A：那我先玩。
A 开始荡起了秋千，而 B 在旁边观看，可 A 却一直不下来。
A：你下来吧，该我玩了。
B：我再玩一下。
A 继续等待，而 B 似乎没有下来的意思。
A：你骗人。
B 不理会 A，A 生气了，他抓住了秋千的绳子，B 也荡不成了。
B：那好，我们轮流玩。
A：好的，那你快下来。
B 下来了，A、B 轮流玩起了秋千。

根据上面的情境，我们把小朋友玩到秋千赋值 1，反之则赋值 -1。于是 A、B 小朋友可能会遇到以下四种情况：(1) A、B 都想独占秋千而

发生争执并出现僵局，其结果是两人都玩不成秋千，记为（-1，-1）；（2）A独占秋千，B妥协，没玩秋千，记为（1，-1）；（3）A妥协，而B独占秋千，记为（-1，1）；（4）A、B轮流玩秋千，双方获利，记为（1，1）。他们的支付矩阵见表7-2所示。

这里的幼儿与上面的囚犯一样也往往是从自利的角度进行思考的，即都想先玩和多玩秋千。但秋千博弈与囚徒困境的不同之处在于幼儿同伴间的接触是面对面的，而不像囚犯那样是在单独审讯时做出的选择。因而幼儿同伴双方到底如何玩秋千的规范是可以进行多次协商、博弈的。开始，小朋友A、B双方可能都拉着秋千的绳，这样，他们很快就会发现谁也玩不成秋千。随后，A方或B方妥协而另一方独自玩耍，但这马上会受到对方的反对。最后，一方提出轮流的策略得到另一方的同意，促使双方都有秋千可玩。至此，从自利、独占秋千到互惠、共享秋千的规范就产生了，这便是博弈的产物，相对于上面"囚徒困境"的非合作博弈，我们把"秋千博弈"称为"合作博弈"。

以上两个例子有着广泛而深刻的意义，它表明在冲突与合作的过程中坚持"互利互惠"原则的重要性。在两难选择过程中，充分体现出个人理性与他人（集体）理性的冲突。因为当各人都只顾追求自身利益时，导致的最终结果是对所有人都不利。上面两个囚犯正是只从自身利益出发，同时都选择了招认，从而使双方都被判3年。而两个幼儿正是由于最后选择了"轮流""互惠"而使双方都能玩到秋千，从而满足了自己的利益需求。从这里我们可以看出，在一个相互依存的同伴或团体中，必须思考如下的问题：

- 每一个个体猜测其他个体的选择是什么？（如，上面的小朋友A或B试图猜测对方的想法）
- 每个人将采取什么样的行动？（当最佳的行动依赖于其他人的所作所为时，这个问题尤其重要，如小朋友A开始采取的是独占秋千，后来发现，采取轮流是最好的行为）
- 这些行动会产生什么样的结局？对于整个群体或他人而言，这个结局好吗？（如小朋友B在采取独占或轮流玩秋千时，要考虑B的反应）

- 如果群体或同伴间不止一次地互相作用，会有任何差异吗？（经过 A、B 间多次的冲突与协商，会产生"轮流"的规范）
- 如果每一个个体对同伴或群体内其他个体的相关信息没有把握，答案将发生怎样的变化？（如上面的小朋友 A 可能会因 B 的独占行为而生气、伤心，假如 B 没有察觉到 A 的这些反应，则可能不利于轮流规范的生成）

以上这些正是博弈论所要探讨的问题。

（二）博弈论的概念分析

上面引入的两个博弈模型存在着一些共同点，每个例子中都至少有两个参与者，他们在博弈中都有其切身利益，这在博弈中常常被称为局中人。每个局中人会理性地依其最大利益而做出某种选择，这种选择毫无疑问会影响到其他局中人的利益。博弈中"各个局中人理性地采取或选择其策略行动，使得在这种相互制约、相互影响的依存关系中，尽可能地提高其利益所得，这正是博弈理论的关键所在"[1]。就像幼儿游戏中的各方使出浑身解数使他们自己尽可能赢或至少不输一样，将英文"Game Theory"翻译成"博弈论"，其原因盖出于此。

博弈论，是研究结果无法由个人完全控制而需视群体的共同决策而定时，个人为了取胜应该如何选择策略或如何做出行动的学问。[2] 相互依存性是博弈的根本属性。所谓的相互依存性是指博弈中的任何一方都会受到其他局中人行为的影响，反过来，他的行为也会影响到其他局中人。相互依存性的存在决定了博弈的结果依赖于每个局中人的某种作为，没有一个人能够完全控制所要发生的事情，也没有一个局中人处于孤立的状态。博弈的相互依存性常常使其处于冲突、协作或由冲突趋向协作的状态。在很大程度上博弈是通过冲突与协作的动态转换而表现出来的。

就拿七八个小朋友都同时进积木区游戏来分析，他们开始可能都想

---

[1] 施锡铨:《博弈论》，上海财经大学出版社 2000 年版，第 5—8 页。
[2] 同上。

着自己的玩法，争夺积木材料。可接下来幼儿会发现，由于空间太小，积木数量不够，人数太多等，他（她）们无法开展游戏，产生了各种冲突。再接下来，经过幼儿的亲身体验，老师的精心引导，积木区游戏中的冲突会向协作转化。在博弈中，幼儿们发现了每次进区的合理人数，大家要轮流进行积木游戏，积木作品可以保持多久，要整理积木等契约式规范。

博弈论的基本概念涉及参与人、行动策略、信息、支付、结果和均衡等，而参与人、行动策略和支付是博弈所需的最少要素。[①] 为了对博弈做进一步的理解，有必要对这些基本概念进行界定：

参与人（players）：博弈中至少涉及两个独立的博弈参与者。参与人指的是博弈中的决策主体，他的目的是通过采取行动或策略而努力使他自己的效用或利益最大化。但他的行动好处或利益大小取决于其他的参与者。参与人可能是个人、团体，甚或是自然界（也称为虚拟参与人）。

行动和策略（actions and strategies）：行动是参与人的决策变量，而策略是参与者选择行动的规范，它告诉参与人在什么时候选择什么行动（如"人不犯我，我不犯人；人若犯我，我必犯人"是一种战略，这里的"犯"与"不犯"是两种不同的行动，策略规定了什么时候选择"犯"与"不犯"）。当然，在许多情况下，行动与策略是难以区分的。参与人必须有供选择的行动策略和一个较好定义的偏好函数，如秋千博弈中的"独占或轮流"，囚徒困境中的"招供或不招供"就是行动策略选择，而"要先玩秋千，多玩会儿秋千"和"从轻处罚"就是它们的选择偏好。行动策略的顺序对于博弈的结果具有重要的意义，如在秋千博弈中，如果小朋友 A 在 B 提出"轮流"时就选择了这一策略，那么 B 会更早地玩上秋千。

支付（payoff）：参与者在不同策略组合下会得到一定的支付，我们往往用支付矩阵来表示参与者在各种策略组合下的支付。如当幼儿 A、B 都选择独占策略时，他们的可玩时间都为 0，而任意一方选择独占，对方选择轮流时，他们双方要么有秋千可玩，要么没得玩。参与者在无形中会根据其支付来选择某一行动策略。

---

① 张维迎：《博弈论与信息经济学》，上海人民出版社 2000 年版，第 34—67 页。

信息（information）：信息是参与博弈的知识，特别是有关做出某个选择，其他参与人的特征和行动的知识。如在秋千博弈中，小朋友 B 生气了，因没有秋千玩而伤心，轮流策略的提议等都构成了 A 参与博弈的信息。在博弈中，追求完美信息是很重要的，但这常常是很难做到的。所谓完美信息是指一个参与人对其他参与人的行动选择有准确的了解。如在囚徒困境中，A 做出的选择是在不知道 B 将做出何种选择时形成的，这就是不完美信息。而在秋千博弈中，A、B 是在知道对方的选择时做出其抉择的，可以说是完美信息。完美信息有利于局中人在博弈中达成协作，生成互惠的规范，因为它保证双方都了解对方的意图和对各自的约束。在囚徒困境中，假如允许 A、B 双方进行沟通，促使双方达成完美信息状态，双方则会站在"互利""双赢"的角度同时选择不招认的策略，从而使双方只被判 1 年。

结果（outcome）：是参与博弈者最终对策略的选择所造成的确定支付。如秋千博弈中的"轮流"这一结果，而囚徒困境中双方选择"招供"这一结果。

均衡（equilibrium）：均衡是博弈分析中重要的概念，是所有参与人的最优行动策略组合。1950 年，身为研究生的纳什提出了有名的纳什均衡问题，即在一策略组合中，所有的参与者都面临着这样一种情况：当其他人不改变策略时，他此时的策略是最好的。在纳什均衡点上，每一理性的参与者往往不会有单独的改变策略的冲动。如在囚徒困境中，存在唯一的纳什均衡点，即两个囚犯均选择"招认"，这是一稳定的结果，而秋千博弈的均衡点是"轮流"。

（三）双赢博弈——博弈的理想类型

1. 双赢博弈、零和博弈与负和博弈

从博弈的均衡结果来看，博弈分为合作性博弈（双赢或正和博弈）与非合作性博弈（零和博弈与负和博弈）。

所谓合作性博弈是指参与者虽从其自身的利益出发，但所选择的行动及其结果对双方或多方均有利，即从自利出发达成了互惠，最终取得了"双赢"或"多赢"的结局，所以合作性博弈也可称为双赢或正和博弈，它是我们所追求的博弈。如前面的"秋千博弈"就是合作性、互惠性博弈。

所谓非合作性博弈是指参与者的行动选择对双方或多方均不利，即各方虽进行了个人最佳选择和决策，但没有达成协议，没能为团体或双方带来最大的利益，从而使他自己或他方的利益受损。非合作性博弈可能会出现两种结局，即零和博弈与负和博弈。

"负和博弈"的典型特征是"两败俱伤"。所谓"负和博弈"是指在人际互动中，矛盾双方由于相互冲突，不能达成统一，导致双方关系紧张，各自利益在冲突中受损。如：

> 中班的小朋友S和M都在积木区搭积木，当双方同时去抢积木区的小汽车时，冲突就产生了：
> S：我只有一辆小汽车。
> M：哈哈，我拿到了三辆。
> S：给我一辆。
> M：不行，我的停车场好大，可以放三个。
> S：我的更大，你给我一辆。
> M：就不行，我先拿到的。（意思是说，是我先拿到三辆的）
> S：那我抢。
> S跑过去，抢走了M所搭的停车场上的一辆小汽车。
> M：在汽车还给我。
> S：不行。
> M非常生气，他用力推倒了S的停车场，接着是S用力推倒了M的停车场，两人打起来了。

由于S和M仅从自身利益着想，没能达成双方利益的均衡点，结果是两败俱伤。

零和博弈的典型特征为"战胜一方"。零和博弈表现为冲突各方的目标存在着根本差异，一方目标的实现必须以另一方目标的放弃为代价，结果是导致冲突的升级和激化。零和博弈常常以一方的妥协或失败而告终。我们看下面的例子：

中班的小朋友 P 在图书区看一本关于恐龙的故事书，个子高高的 J 走进来了。

J：把恐龙书给我。

P：我还没看完。

J：给我。

P：不给。

J 用力抢走了 P 手中的书。

P：坏蛋。

小朋友 P 离开了。

对于负和博弈与零和博弈我们要有合理的认识。首先，它们不利于互惠性、契约性规范的形成，对它们不给予合理的引导，常常会给幼儿造成心理上的伤害。其次，这种非协作性的博弈在一定程度上提供了促使同伴双方走向协作的动力，因为他们在冲突中体验到了不协作所带来的后果，这为他们以后协作博弈提供了始动力。最后，我们要看到，造成负和博弈与零和博弈的主要原因是幼儿的"自我中心状态"。在日常言语中，"自我中心"的意义是指一切事物回复到它本身，回复到一个自觉的自我。皮亚杰用"自我中心"这一术语来指明幼儿不能区别一个人自己的观点和别人的观点，不能区别一个人自己的活动和对象的变化，把一切都看作与他自己有关，是他的一部分。不能把"自我中心"认为含有自私或自高自大的意思，自我中心"并不是说，幼儿的自我有所扩张"①。

合作博弈强调同伴或团体共有利益，强调公正和互惠；而非合作博弈强调的是个人自利，个人最优决策和选择，其结果可能是有效的，也可能是无效的，因此，我们要积极引导幼儿进行合作性的双赢博弈。

2. 静态博弈和动态博弈

从博弈参与人的行动顺序来看，可以把博弈分为静态博弈和动态博弈。静态博弈是指参与者同时采取行动，或者尽管参与者的行动顺序有先后，但后行动者不知先行动者所采取的行动；动态博弈指双方的行动

---

① 让·皮亚杰：《幼儿的心理发展》，山东教育出版社 1982 年版，第 104 页。

有先后顺序，并且后行动者知道先行动者所采取的行动策略。如"囚徒困境"是静态博弈，而"秋千博弈"是动态博弈。因为囚犯双方是在不知对方的行动选择的情况下进行抉择的，而幼儿 A、B 是在知道对方行动选择的基础上进行抉择的。

3. 完全信息博弈与不完全信息博弈

从知识的拥有程度来看，博弈分为完全信息博弈与不完全信息博弈。完全信息博弈是指参与者对所有其他参与者的特征、战略空间及其策略组合下的支付情况有较准确的了解，否则就是不完全信息博弈。不完全信息博弈至少有一个参与者不能确切知道其他参与者的支付情况。对于完全信息博弈，参与者所做的努力是使他自己的期望支付或期望效用最大化。如"囚徒困境"是完全信息下的静态博弈，因为囚犯双方是知道各自策略下的支付的。

总之，通过以上对博弈概念及其分类的探索，以下几点必须引起我们的注意：

● 在同伴或群体的互动中，双方或各方的利益具有相互依存性。其中每一个行为主体不能因为单方面改变他自己的策略而增加利益，也就是说，每个个体选择的策略是对其他局中人所选择策略的最佳反应，即博弈均衡体现了一种"相互依存""互利互惠"的思想。

● 促成合作性博弈，因为合作性博弈是一种"双赢""正和"博弈。这要求教师在必要时对幼儿间的博弈进行引导，促进非合作性博弈向合作性博弈的转化，引导幼儿从"自利走向互惠"。

● 为幼儿的同伴交往创设良好的、开放的环境。这样有利于幼儿掌握完全的博弈信息，了解对方的需要，体验对方的情感，为进行动态的、多次的博弈奠定基础，促进幼儿从冲突走向合作。

第二节 规范协商生成的博弈分析

幼儿班级规范在本质上是幼儿同伴、幼儿与教师间协商互动、交往合作、冲突解决的产物，它是由主体间协商、博弈而生成的班级团体成员所拥有的认知、态度和行为的持续的参照标准。从幼儿班级规范的本质上看，我们就能发现班级规范与博弈分析的异曲同工之处。因为同伴或群体间的相互作用构成了各种博弈,博弈中的理性人追求他自己最大化利益的特性符合幼儿的"自我中心状态"的心理特征,博弈均衡所追求的从冲突到协作,从自利到互惠符合幼儿的发展需求和幼儿规范形成的规律。因此,运用博弈论分析幼儿班级规范的相关问题是非常合适的。这里,将对规范的互惠价值、规范的生成条件及生成路径等问题进行探讨。

一 互惠的规范价值定位

(一) 利己与利他的博弈辨析

正如皮亚杰所揭示的,早期幼儿是"道德实在论者",在大多数情况下他(她)们处于"自我中心"的思维状态。这不是在贬低幼儿,这里所强调的是要依据早期幼儿的身心发展水平来开展教育。也就是说,幼儿在大多数情况下是一个纯朴自利的客观实体,要求他们常常做到"大公无私,舍己为人"是不可能的和可笑的(其实,这样要求成人也是不符合人之本性的,成人也是做不到的)。对于幼儿来说,在认可其自利的基础上,引导他(她)们走向互利互惠是我们追求的目标。这会在以下"利己与利他的博弈辨析"中得到证实。

幼儿的同伴生活其实就是一种博弈生活,冲突、合作成为同伴生活的主要基调。"利己与利他"博弈模型的建立基于下面我们所观察到的案例:

> 大班的积木区里有4个小朋友在搭积木,他们自由地分成两组,我们把它们各称为 A(A_1、A_2)和 B(B_1、B_2)。随着收拾玩具的音乐响起,小朋友们意识到接下来他们应该收拾好积木,并准备去户外活动了。
> A_1:我们要把积木放回去了。
> A_2:是的,音乐响了。
> A_2:你们(B_1、B_2)还玩啊,要把积木放好了。
> B_1:知道了,谁要你们管。
> A_1:我们是一起的,要一起把积木放回去(同在一个区里,积木由大家一起整理)。

B_1 小声地说：B_2，我们再玩一会儿积木，让他们先去放。

B_2：好，让他们先放积木。（B_1、B_2 偷偷地笑）

A_2：你们怎么还不把积木放回去。

B_1：我们在放呀。

A_1：你们（B_1、B_2）骗人，等下积木放不完了。

A_2：气死我了，你们（B_1、B_2）都不放，我们也不放了。

A_1、A_2 都停了下来，站到了 B_1 和 B_2 的跟前。

双方僵持了一会儿，B_1、B_2 不理睬他们。

A_2：哎呀，没时间了。

A_1：还是快放吧，等下老师不让我们去外面的（户外活动）。

B_1：啊，那不行。

B_2：那好吧，我们大家一起来吧。

他们一起收拾积木，没过一会儿，积木区就整理好了。

以这个案例为基础，我们来进行利己与利他的博弈分析。A、B 两组幼儿合作完成一项工作（收拾积木）。其中出现了三种情况：一是双方中的一方偷懒，而由另一方收拾积木；二是双方都不收拾积木；三是最后双方协作收拾积木。根据这三种情况，我们可以做如下假设：第一种情况，B 在工作中逃避责任不做，待 A 完成工作后就一起去户外活动，且教师会认为这是他们共同完成的工作，B 没有工作却同样享有工作完成后所带来的一切，是纯粹的"利己"行为，对 B 的利益来说这个占尽便宜的对策是最好的，可记为 10 分。而 A 单独完成了所有的工作，却被 B 凭空分享占有，权衡得失，这个吃亏的对策对 A 的利益来说可记为 0 分。第二种情况，A、B 都收拾积木，利用这段时间背着教师做各自的事情，也不是一无所获，故两组在记分上均可记为 2 分。第三种情况，A、B 采取合作的态度，都为双方着想，采取"互利互惠"的行为，就可以尽快完成工作，均可去户外活动，各记为 6 分。这样，在这个博弈中，A、B 均有两种对策：（1）利己；（2）利他。他们的支付矩阵如表 7–3 所示。

表 7-3　　　　　　　　　利己与利他的支付矩阵

A \ B	利己	互惠利他
利己	(2, 2)	(10, 0)
互惠利他	(0, 10)	(6, 6)

很明显，从这个矩阵来看，如果 A、B 都采取合作的策略（这里不是纯粹的利他而是互惠利他），大家都会得到 6 分，这才是最佳的（Optimal）选择方案，即双赢策略。这就是说，幼儿个人选择所导致的最优结果并不是整体选择的最优结果，这就是困境（Dilemma），这里个人理性与整体理性发生了矛盾。而 A、B 都坚持"互惠利他"，走向共同合作，根据系统论观点，整体利益达到最大化，即 6+6＞10+0＞2+2，从而使双方的利益达到最大化。

（二）互惠的"金色规范"

从上面的博弈分析中了解到，A、B 两组幼儿只有在协作的情况下，他们的利益才能得到最大的保障，即都有机会去户外做游戏。这种博弈生成的互惠规范被数学家拉波尔波特称为"金色规范"。他解释说："博弈者在博弈中除了个人兴趣以外，还有另外的想法。因为对个人而言总是存在着这样的愿望，即达到很难达到的'合理性'结果，这就必须要有一定的社会价值被博弈者所接受。如果他们能接受这一社会价值的话，那么'合作'，哪怕是在一次性博弈中也有可能成为现实。"[1] 他继续解释一次性博弈的理由，因为每个人在博弈中首先会提出这样一个问题："什么时候对双方来说是最好的？"回答是："当结果是合作性的时候。"接下来的一个问题是："什么是必要条件，从而使人们达到这一选择？"回答是："对方都相信对方，对方将做出同自己一样的选择。"[2] 因为合作有利于系统的均衡，而这"合作博弈"可以使双方相对成本最小。故拉波尔波特将这次合作性博弈称为"金色的"，意即是最好的选择。而此时，"如果博弈者放弃合作，那么他在最好情况下所得到的平均赢利小于

---

[1] 转引自戴维·伊斯顿《政治生活的系统分析》，华夏出版社 1999 年版，第 24 页。
[2] 同上书，第 57 页。

在合作情况下至少可得到的赢利",所以,"交往和交往的可能性是合作性对策不可缺少的一部分"①。根据"金色规范",以自我为中心的幼儿个体想取得个人利益的最优化就必须接受协作的决策方案,由此从利己走向互惠性利他。当然,一次性合作博弈是一种较难达到的最优选择,合作往往是多次博弈的结果。"利己"的个人采取"触发策略"(触发策略指博弈者首先试探着合作,一旦发觉对方不合作,也用不合作相报复,利用后续阶段博弈的制约作用达成均衡的策略),这是一个摸索、学习、提高自身知识能力,逐渐走出自我中心状态的过程,这样,个人的理性转化为整体理性,由利己走向互惠性利他。

正如博弈中的理性人一样,幼儿在同伴交往中,对他自己的利益常常是给予优先考虑的。但是,在同伴的压力和给定的约束条件下,他们也在学会平衡,兼顾自己与别人的需要。正是在班级共同体交往实践的冲突与协作中,逐步生成和发展着公共性的、契约性的交往规范。

由此可以得出的结论是,协作性、互惠性是幼儿交往规范的根本特性:从利益归属上看,坚持"利己优先,兼顾利他"的原则;从行动策略上,要求幼儿从追求自身利益的最大化到兼顾同伴或团体利益的最优化,从冲突趋向协作,在共生、共享中生存、发展。

二 规范协商生成的前提条件

(一)合理认识同伴冲突的价值

就教师来说,正视幼儿同伴冲突的合理价值,是幼儿进行博弈的必要条件之一。因为规范博弈生成的过程正是幼儿学会冲突解决到互惠协作的过程,冲突的存在为幼儿的规范理解和实践提出了需求和动力。

1. 冲突的概念

对冲突的定义,学术界众说纷纭,莫衷一是,首先我们看看心理学上的观点。在朱智贤主编的《心理学大词典》中,"冲突是指两个或两个以上的需要同时存在而又处于矛盾的一种心理状态。可分为内部需要与外部限制的冲突、外部需要之间的冲突和内部需要之间的冲突三类"②。

---

① 戴维·伊斯顿:《政治生活的系统分析》,华夏出版社1999年版,第57页。
② 朱智贤:《心理学大词典》,北京师范大学出版社1989年版,第71页。

而张春兴主编的《张氏心理学词典》中解析得更为详细。冲突是指：（1）同时出现两个（或数个）彼此对立或互不相容的冲突、动机欲望或目标时，个体无法使之均获满足，但又不愿将其中部分放弃的心理失衡现象；（2）因动机或欲望不能并存，个体不能从中得到满足时所形成的左右为难或进退两难的心理困境；（3）人与人之间彼此意见不合，甚至动武打斗的情景，也称人际冲突；（4）在弗洛伊德的学说中，人格结构中的本我、自我和超我三者之间的协调现象，也称为冲突。[1] 美国学者雷伯指出：冲突是一个用来指具有相互对立的事件、动机、目的、行动、冲突等情境的极为广义的术语。[2] 在社会心理学中，徐凤姝将人与人之间的排斥、敌视和侵犯等称为人际冲突。俞文钊认为，冲突是由于工作群体或个人，试图满足自身需要而使另一工作群体或个人遭受挫折的社会心理现象，冲突表现为，由于双方的观点、需要、欲望、利益或要求不兼容而引起的一种激烈争斗。周晓虹认为，冲突是人与人或群体之间为了某种目标或价值观念而相互斗争、压制、破坏甚至消灭对方的方式或过程。[3]

社会学领域对冲突的研究也非常丰富，但主要是从这几个角度进行界定的：（1）把冲突理解为一种对抗的社会互动的方式或过程，如在《中国大百科全书》中，冲突是人与人、群体与群体之间激烈对立的社会互动方式和过程，冲突是人们之间一种直接的反对关系；[4] 托马斯（Thomas, K. W.）认为，冲突是起始于参与者觉察到他人侵害或准备侵害自身利益的一个社会互动过程；特纳认为，冲突是"双方之间公开与直接的互动，在冲突的每一方的行动都是力图阻止对方达到目标"；罗宾斯（Robbins, S. P.）认为，冲突是一个过程，在这个过程中，A借由某些阻挠性的行为，致力抵制B之企图，结果迫使B在获取其目标或增进其利益方面遭受挫折。（2）把冲突理解为因争夺稀缺资源而进行的对抗，如美国社会学家波谱诺认为，作为合作的对立面，冲突是针对珍稀物品

---

[1] 张春兴：《张氏心理学词典》，东华书局1989年版，第145页。
[2] ［美］阿瑟·S. 雷伯：《心理学词典》，上海译文出版社1996年版，第21页。
[3] 周晓虹：《现代社会心理学》，上海人民出版社1996年版，第317页。
[4] 《中国大百科全书》（社会学卷），中国大百科全书出版社1991年版，第18页。

或价值的斗争。为了达到所向往的目标，打败对手是必要的。冲突的根源在于利益和有价值物的有限性，个人在追求这些稀缺资源时必须展开竞争，为了满足其愿望，每个人都尽力征服别人；[①] 科塞认为，冲突是为了价值和一定的地位、权力和资源而提出要求的斗争，以及双方的目的是使对手中立化、受损失或被消灭。（3）冲突是双方的互不兼容性，如达伦多夫用"争夺、竞争、争斗、紧张以及社会力量之间明显的冲撞"来表示冲突；[②] 雷文（Raven，B. H.）认为，冲突是"由于实际的或希望的反应的互不兼容性而产生的两个或多个社会成员之间的紧张程度"；琼斯（Jones，E. E.）认为，冲突是一个人被驱动去做两个或更多个互不兼容的反应时所处的状态；黄培伦认为，冲突是"行为主体之间，由于目的、手段分歧而导致的行为对立状态，可以从三个方面去理解冲突：冲突是特殊的关系行为，冲突的行为主体可以是个体、群体或组织，冲突分歧外化为行为"。

综观以上的观点可以看出：（1）在心理学中，往往从个体或群体的需要、动机、利益或欲望是否得到满足来研究冲突，即冲突是人的需要、动机、利益或欲望未满足而引起的对抗；（2）人的冲突存在着两种表现形式：一是个体内在的冲突，以琼斯等人为代表，一个人被驱动去追求两个或更多个互不兼容的动机或欲望时所形成的左右为难或进退两难的心理困境；二是个体间的冲突，以雷文等人为代表，冲突是人与人之间的观点、需要、欲望、利益或要求不兼容而引起的对抗，也称人际冲突。这两种定义都认为冲突来自于互不兼容性，但前者注重个人内部的互不兼容性，后者注重两个或更多个体之间的互不兼容性。冲突可分为两大类：一类是个人内的冲突，如角色冲突、认知冲突、目标冲突、价值观冲突、道德冲突等；另一类是人际冲突，如亲子冲突、同伴冲突、师幼冲突、角色冲突等。（3）这些定义的共同点是都强调冲突的对抗、斗争特性。（4）大多数学者把人际冲突理解为一种对抗性的社会互动的方式

---

① ［美］戴维·波谱诺：《社会学》，李强等译，中国人民大学出版社1999年版，第133页。

② ［美］达伦多夫：《工业社会中的阶级与阶层冲突》，斯坦福大学出版社1957年版，第135页。

或过程。

根据研究的需要，我们重点关注的是个体间的人际冲突，我们赞同人际冲突的社会互动观，即认为人际冲突是人际交往中普遍存在的一种社会互动行为。人际冲突不同于个体内部的动机、思想冲突，也不同于有组织的社会群体之间的冲突，而是个体与个体之间的互动关系，是至少两个人之间的社会交换过程。对于它的把握我们须注意以下几点：（1）冲突是一种互动的历程。冲突是一个动态、不断改变的历程，其中可能存在对抗、敌意、妥协、协作等各种形态的转换。结果如何，要看冲突中双方的互动过程如何。（2）冲突是一种来自互不兼容性的对立行为。这种对立（Opposition）的表现形式和程度存在着差别，可能是消极冷漠、沉默抗议，也可能是明显的攻击行为，侵犯伤害对方。（3）冲突是一种主观的感受。是否存在冲突是一个知觉问题，如果没有"知觉到"（Perceived）冲突的存在，就没有所谓的冲突。在冲突中，个体会感觉到愤怒、敌意、恐惧或怀疑等外显或内隐的种种情绪。

人际冲突具有以下特性：一是客观性，即人际冲突是客观存在的，是人群互动关系过程中不可避免的社会现象；二是双重性，既有破坏性，也有建设性，破坏性冲突会对个体心理、人际关系和组织绩效造成有害影响，建设性冲突则可能导致问题的建设性解决，而这往往是人们忽略的一面；三是对抗性，即没有相互反对就没有所谓人际冲突；四是互动性，即人际相互影响和相互作用。人际交往主体之间的互动方式是多种多样的，有人际合作、人际冲突、利他和侵犯等，人际冲突是人际互动的一种重要方式。

2. 对同伴冲突的理解

（1）关于同伴冲突

在早期儿童心理发展的理论中，冲突是一个核心的概念。在弗洛伊德看来，儿童个性和社会性的发展是儿童在协调自我需要和服从社会需要的冲突中进行的。当社会允许适当的身体满足时，这种冲突便可以获得满意的解决，但是，如果这种需要得不到满足或满足过度时，个体就会在以后的成人生活中反映出这种遗留行为。艾里克森认为，正在成长中的儿童与社会环境之间存在着普遍的冲突，儿童在不同的发展时期面临着不同的发展任务或危机，即儿童心理需要和社会需要之间的冲突，这种冲突的顺利解决是儿童心理健康发展的关键。在皮亚杰看来，同伴间的交往互动、冲突协作是儿童发展自治精神，走出自我中心状态的主要动力。皮亚杰指出，个体已有的认知结构与外部环境的冲突是促进个体认知发展的主要机制。应该说，心理学家对早期儿童相关冲突的研究更多的是间接性的关注，而对其的直接研究不是十分丰富。正如 CHS 所指出的，对于早期儿童同伴冲突研究缺乏的原因有：（1）冲突在定义上被等同于攻击性行为；（2）长期以来，心理学家忽视从互动层面研究冲突，注重的是对个体内部冲突的研究。因此，如何界定同伴冲突具有重要的意义。

根据上面关于冲突的界定，我们认为，幼儿同伴冲突是幼儿班级同伴交往中普遍存在的一种相互对抗的社会互动过程。幼儿同伴冲突有其自身的独特性：

首先，它是一种对称性的人际互动过程。幼儿同伴因其先天具有的自然平等性，决定了同伴互动过程中双方具有类似的行动反应，双方彼此的行为相互依赖、互相制约，构成一个动态的行为过程，这就决定了同伴冲突在幼儿身心发展中的重要地位。同伴间的平等地位促使幼儿的冲突解决往往更多地采取协商和折中策略。

其次，冲突是幼儿生活的一部分。冲突是幼儿的一种生活方式，他（她）们在谈话中有冲突，在游戏中有冲突，为物（玩具的使用）而冲突……冲突是幼儿的必然，因为幼儿间以"自我为中心"的倾向在生成冲突的同时，又需要冲突对其消解。合作、争吵、游戏等构成了幼儿世界，没有冲突的幼儿世界将是缺乏活力和动力的世界。

最后，幼儿同伴冲突是一种直接的对抗关系，即冲突双方有直接的、面对面的对抗，冲突往往通过外化的情绪或行为表露出来。这与成人常常出现的隐蔽的、间接式的冲突不同。

（2）关于同伴冲突、攻击和竞争

对同伴冲突、攻击和竞争等的区分，可以加强我们对同伴冲突的理解。在幼儿教育中人们常常把冲突与攻击等同起来，其实，它们是有区别的。冲突是儿童互动的双方间的一种对立状态，其重点在于考察双方相互作用的过程，它以一方对另一方做出某种动作、要求，而另一方以某种反应与之对抗为标志。攻击行为研究的重点则是个人，我们可以把它定义为幼儿个体所表现出的恶意的推、咬、踢及其他伤害他人身体的行为或在言语上侮辱诋毁他人。从涵盖的范围来看，冲突包括的范围更大，任何行为都可能引起冲突。正如Garvey所言："要想提前预测冲突是不可能的，几乎任何评价都能遇到挑战，甚至看起来毫无敌意的建议或需求也会引发冲突。"攻击是冲突过程中可能发生的众多行为类型的一种，是为了战胜对方而采取的一种消极策略。另外，从动机来看，幼儿间的攻击常常是以伤害对方为目的的，而双方在冲突中的目的往往是想继续其先前的行为或实现对对方的影响，并不一定伴随着伤害他人的意图。

冲突与竞争都可以看作人们为了一定的利益而互相排斥的对抗的行为过程。但竞争是一种遵守规则的合作性冲突，且在竞争中双方往往指向共同的某个目标；而冲突在大多数情况下是没有规则可依的，也不一定围绕共同的目的而展开，其强度更为激烈，带有一定的破坏性。

（3）关于同伴冲突与个体内部冲突

幼儿同伴冲突是幼儿同伴间的互不兼容性及不同个性的表现。人际冲突的解决，需要幼儿走出自我中心的状态，以及站在别人的角度和立场来思考问题的能力。皮亚杰指出，孩子们的社会互动与冲突是他们发展逻辑概念的必要条件。当儿童有机会经验别人对他们的任何反应时，事实上，他们已开始体会所谓的逻辑一致性和事情的真相。幼儿班级主体间的冲突是幼儿体会别人感受、观念和愿望的成长背景。冲突会引起个体内在的反省，引发孩子们思考如何对付不同意见和问题的探讨。通过同伴间的人际冲突，幼儿学会调整他自己与别人的想法，更能站在别人的立场上思考问题，幼儿的人际理解力得到不断提升。

个体内在的冲突主要是指幼儿个体内在的心理结构与建构新知识间的矛盾或不平衡，如认知冲突、角色冲突等。皮亚杰非常注重个体的内在冲突，他认为，冲突是幼儿学习的始动力。当儿童经历内在的认知冲突时，他们采用同化或顺应的过程来建构或改变其内部结构，学习便发生了。平衡是一种内在的、器质性的属性，只有不平衡，或发生认知冲突时，儿童才会出现认知发展。在幼儿的内在结构（图式）上产生一个干扰事件，会使其观念与他所观察到的事实无法匹配。内在的冲突通过同化和顺应间的平衡来解决。有关个体内在冲突的例子，在我们的日常生活中经常会碰到，我们以一位幼儿探索其影子与身体间的关系为例：

孩子们常常对他们自己的影子感兴趣,当孩子走向一道墙壁时,他会发现墙壁上有他的影子;当孩子靠近或远离墙壁时,墙壁上的影子也会忽大忽小;甚至当他走向另一个墙壁时,他可能会惊奇地发现,影子怎么就不见了。孩子可能对这些问题向成人问个不停,这说明孩子们心中所期待的与事实发生的结果间,产生了心理上的矛盾与冲突,这会促使孩子对物体、光和影子三者间的关系发生浓厚的兴趣。

个体内在的冲突理论,要求成人为幼儿创设一个能引起冲突的环境,让幼儿在与环境的冲突互动中主动地建构知识。只有当外界输入给幼儿的信息与幼儿的图式不相匹配时,冲突才会产生,幼儿才会发展。理想的情况是学习材料不能被幼儿立即同化,但也不能太难,使幼儿无法适应。允许幼儿自己解决问题,得到错误答案也能产生认知矛盾。

同伴冲突与个体的内部冲突是两个相互独立又相互依赖的过程。个体内部冲突可能会引起同伴冲突,比如,我们发现,幼儿间常常为谁充当某个社会所赞扬的角色(如警察、医生、教师)而发生冲突,这其实是由其个体内在的冲突所引起的。

3. 同伴冲突的价值

幼儿正是在冲突中学会如何协调个人需求与别人或团体需求的。在与他人交往时,幼儿会发现他自己陷入渴求友谊、归属与渴望自主、独立两者间的困境中。"我要J的车"这样一句话,很可能与"我要和J一起玩"发生冲突。对幼儿重要的一件事,就是让他们体验两种压力,即维持拥有影响力的需求与被包容、被接纳的情感要求。想要调和这些需求对任何年龄的人而言,都不是件容易的事,虽然如此,它对幼儿而言是一件重要的事,因为幼儿从此会试着从协商中达成各种不同程度的成功。

幼儿同伴冲突是幼儿同伴间互不兼容性及不同个性的表现。人际冲突的解决,需要幼儿走出自我中心的状态,以及站在别人的立场上思考问题的能力。皮亚杰指出,孩子们的社会互动与冲突是他们发展逻辑概念的必要条件。当幼儿有机会经验别人对他们的反应时,事实上,他们已开始体会所谓的逻辑一致性和事情的真相。幼儿班级主体间的冲突是幼儿体会别人感受、观念和愿望的成长背景。冲突会引起个体内在的反省，引发孩子们思考如何对付不同意见和问题的探讨。通过同伴间的人际冲突，幼儿学会调整他自己与别人的想法，更能站在别人的立场上思考问题，幼儿的人际理解力不断得到提升。冲突（尤其是地位相当的同伴间的冲突）是去自我中心的关键因素。在解决冲突的过程中，个体能够逐渐获得观点采择能力，学会协商、互助与合作，增长社会经验和规范意识，提高社会交往能力，并最终促进个体社会化的进程和良好个性品质的发展。

心理学家 I. 罗伯逊认为，幼儿的社会化过程是在不断解决个人内部冲突和与他人（主要是同伴）的冲突中得到发展的。冲突是个体秩序与外在秩序的对话，是个体秩序顺应外界秩序，也是个体同化外界秩序的过程。冲突也是原有水平遭遇新的挑战，原有的认知走向新的发展水平的过程。美国心理学专家卡伦·霍妮认为，能够在体验冲突时又意识到冲突，尽管这可能叫人痛苦，但却可以说也是一种宝贵的才能。我们愈是正视冲突并寻找自我解决的方法，就愈能获得更多的内心自由和更大的力量。[①]

冲突的处理方式影响着冲突的价值发挥，这就要求教师在必要时对幼儿同伴间的冲突进行引导，因为建设性冲突较少把最初的问题扩大或升级，幼儿同伴一般会采用协商、折中等解决策略，它对幼儿认知和社会性发展具有积极的作用。[②] 比如，我们发现，幼儿间常常为谁充当某个社会所赞扬的角色（如警察、医生、教师）而发生冲突，教师对它加以引导，便会成为建设性冲突。以下是两个正在争执中的小朋友的谈话：

J：医生好厉害，我是医生。

K：对，医生好厉害，所以我也要当医生。

J：那没有病人怎么办？

[①] 卡伦·霍妮：《我们的内心冲突》，贵州人民出版社 2004 年版，第 45—46 页。

[②] Nina Howe, Christina M. Rinaldi, Melissa Jennings, and Harrie Petrakos, "No! The Lambs Can Stay Out Because They Got Cozies: Constructive and Destructive Sibling Conflict, Pretend Play, and Social Understanding," *Child Development*, 2002, 73, 5, 1460–1473.

K：啊，不行，没病人，我没病人了，不行的。
J：就你（指着K）当病人。
K：可我好想当医生，可又没病人。
J：不管，我就是医生了
K：不行！
J：（强行拿着K的手）你坐下，我要给你看病了。
K：（用力推开J，并大声地喊道）你走开，别碰我。
……

冲突产生了。

这里描述了由内在角色冲突而引起的为争夺某一角色的同伴人际冲突。内在的角色冲突表现在幼儿当医生还是当病人上。当双方的角色期望一致（如都想当医生）而使对方的角色期望没能实现，活动无法开展时，同伴间可能会发生冲突。同伴冲突的解决离不开个体内部冲突的作用，如果上述幼儿能走出"自我中心"的状态，双方的冲突就会得到较好的解决。我们接着上面的例子往下延伸，教师（T）看到K和J所起的冲突后，她介入了他们的争执：

T：你们都想当医生，我来当病人好不好？
K和J：耶，好。
T：不过我有个要求，在我当完病人后，我也要当医生，可不可以？
K：啊，好吧。
T：J，你同意等下我当医生么？
J：同意，不过我想和你一起当医生。
T：好的，我知道了。

接下来是教师当病人，而后J和教师一起当医生，最后是K和教师一起当医生……教师走后，J和K玩起他们的新游戏，即妈妈与孩子的游戏，但他们是开始交替不同的角色。

通过教师这一中介，小朋友尝试着轮流扮演不同的角色，促使个体内在的角色冲突在体验中逐渐得到缓解，从而使双方在角色期望上获得互惠的满足，有利于同伴冲突的解决。

（二）拥有"共同知识"

就博弈双方来说，拥有"共同知识"（common knowledge）有利于博弈的开展。1969年，刘易斯（Lewis）定义了共同知识的概念，奥曼对共同知识（认识）的概念进行了模型化处理。根据他们的观点，一个人的行为依赖于他的所知，然后又依赖于他知道其他行为人所知道的他的所知——这个过程不断进行下去，这就导致了"互动认识论"的整体发展。[①] 奥曼1976年还提出了相关均衡（correlated equilibrium）的概念，在纳什均衡中，每个局中人都独立行动，而如果局中人可以根据某个共同观测到的信号选择行动，就可能出现相关均衡，相关均衡也可能是局中人事前磋商的结果，相关均衡可以使所有局中人受益。[②]

这对幼儿规范生成的启发是，幼儿在表达其需要的同时，也要善于观察、体验对方的情感、需要，要培养幼儿的观点采择、移情等能力，否则博弈双方会出现信息中断，达不成"双赢博弈"。我们看下面的例子：

中班的小朋友在玩双人接球游戏，J和H一起玩，可H在接到J的球后却一个人拍起来了。

J：你还不把球（传）给我。

H：我拍球好厉害吧。

J：你还一个人拍，我生气了。

H不理J。

J：等下我也一个人拍。

H：好了，好了，我给你了。

J和H又互传起来了。

[①] 潘天群：《博弈生存：社会现象的博弈论解读》，中央编译出版社2002年版，第116—118页。

[②] Amy Greenwald, "Modern Game Theory: Deduction vs. Inductive," Published in American, *Economic* Review, 1997: 42–45.

这里 J 表达了他的个人意愿，同时他很生气，并且使幼儿 H 知道如果他老是一个人拍球的话，他也要一个人拍球。这些信息的传达迫使幼儿 H 进行妥协，使双方的游戏继续下去。

　　　　大班的小朋友 L 和 N 都在表演区打扮他们自己，L 先拿到了一块漂亮的花丝巾，N 跑过来抢这块丝巾。
　　N：我想要它。
　　L：我也想要。
　　N：昨天我用过。（意思是说，是我经常用的，你不能用）
　　L：现在是我先拿到的，等一下让你玩。
　　N：那好吧。
　　N 找别的围巾去了。

幼儿同伴间的博弈与成人间的博弈存在着很大的差异，因为幼儿常常只是对他人外在化、显性的意愿做出反应，所以，要求幼儿博弈双方信息的公开化与及时化，特别是幼儿对当事人的不合理行为能及时地察觉到。如上面 L 就表达了他的意愿："现在是我先拿到丝巾的，我该先玩，否则是不公平的。"

（三）平等、有序和宽松的氛围

就整体的环境条件而言，博弈特别是双赢博弈得以产生的前提是班级氛围的公正、平等、有序，因为在一个自由、宽松的氛围中，幼儿能顺畅地进行交往互动。这样幼儿才能掌握完全的博弈信息，了解对方的需要，体验对方的情感，为进行动态的、多次的博弈奠定基础，促进幼儿从冲突走向合作。通过交往互动，幼儿可以提升人际关系推理的能力——具有互相沟通、共同决策、相互支持等解决日常冲突与问题的能力。目前，幼儿园较为重视幼儿的数理逻辑能力的培养，但对幼儿的人际关系推理能力不大重视。在一个人数众多的集体中，要处理成员与其他亲密伙伴间的关系，人际推理能力是必不可少的。

公正宽松的氛围有利于幼儿间的"互助合作"。所谓"互助合作"指的是，人与人之间不同观点的协调，逐步地调整其立场，并设法了解他人的想法，接受别人的提议，甚或修正他自己的提议或想法。当孩子们之间有冲突和不同意见时,他们自然会发现相互协调的必要性。孩子们的友谊关系和社交情感能触动他们一起玩的欲望,而这种常一起玩的习惯,会使孩子们之间互助合作模式变得多样化。当孩子们之间的互助关系逐渐瓦解时,他们心里会自然而然地产生互助合作和解决问题的动机。

孩子们在自由和有序的环境中,常常能相互分享彼此间不同的观念和想法,可以促使幼儿进一步了解别人和他自己。而这种了解别人和他自己的感受就会创造出更多的互利互惠的条件。在孩子们的游戏过程中经常发现,幼儿们感兴趣的往往不是游戏的内容,而是同伴之间的互动。孩子们之间互助合作的经验,可以成为发展他们人际交往能力的基础,可以让他们思考人际关系中有关公平和正义的问题。

三 规范协商生成的路径分析

幼儿班级规范是班级主体重复互动的结果,是幼儿行为均衡的表现形式。幼儿在追求自身利益最大化的同时,协调着自身与同伴、自身与团体间的关系。这个协调过程就是幼儿形成一定规范的过程,我们从以下几个方面对规范生成的路径进行分析。

(一) 重复博弈

就博弈自身而言,博弈必须是重复的,或者说,幼儿班级规范的生成常常是多次交往互动的结果。规范是交往主体行为模式的固定产物,它反映了班级主体对行为模式的共同认知和期望,这种固定化的产物是主体多次冲突与合作的需求和存在。

通过多次博弈,幼儿认识到协作,即互利互惠的重要意义。没有这种互惠性,个人长远利益的实现是不可能的,同伴、团体的和平与合作是不可能的,幼儿要走出"自我中心"的思维状态也是不可能的。通过多次博弈,幼儿逐渐摒弃不正义的原则,这就是正义和平等理念的起源。

博弈论中最典型的案例大概就是前面所说的"囚徒困境"了。在这一事例中,对每位参与人来说,"招认"是他们的占优策略,所以纳什均衡的组合是(招认,招认)。但仔细分析会发现,这个博弈还有一个结果对双方来说比这一结果更有利,那就是双方合作(抵赖,抵赖)。如果是一次性博弈,(招认,招认)这一纳什均衡的结果是合理的,也符合逻辑。但是,如果博弈是长期的,双方是可以进行交流的,且是重复进行的时候，对双方最有利的（抵赖，抵赖）就可能是符合实际的策略了。

当然，多次博弈可能是幼儿与同一主体间的博弈，也可能是幼儿就同一属性事件与不同主体间的博弈。通过下面的例子，对重复博弈会有更好的理解：

8：15左右，刚入园不久的中班小朋友A、B来到了图书区。
A：我昨天看了奥特曼，他好厉害。
B：我早就看了，我家里还有奥特曼的玩具。
A：哎呀！这里没有奥特曼（的书）。
B：我是奥特曼，你是怪兽。
A：不行，我是奥特曼，你才是怪兽。
B：你就当一次怪兽吧，等下你当奥特曼。
A：那好。
B：我是奥特曼，哈、哈……
A：嗞、嗞……（怪兽的声音）
B：打、打……（做出与怪兽搏斗的样子）
双方在各自的角色中持续了一会儿。
A：好了，现在我是奥特曼，你是怪兽。
B：我还是奥特曼。
A：不行，我才是奥特曼。
B：你是怪兽，打、打……怪兽输了。
A：现在我是奥特曼了。
B没理会A的请求，继续他的表演。
A：那我不和你玩了。
A走出了图书区。

这里A和B进行了一次角色选择的博弈，他们双方都想当奥特曼。从各自利益满足来看，小朋友B当上了奥特曼，而小朋友A的愿望没有得到实现。因此，在这个一次性博弈中，协作式的规范并没有形成，原因在于B的自我中心状态，这是一个"零和博弈"，即一方得利而另一方受损。接下来我们看一下这两个小朋友及小朋友 C 下午在娃娃家出现的再次博弈的状况：

下午 4:20，小朋友 A 和 C 先来到娃娃家，过了一会儿，B 也来了。

A：你来干吗？我不跟你玩。

B：我们当奥特曼，你（C）当怪兽。

A：那好，我是奥特曼，嘟、嘟……奥特曼出发了。

B：C，你是怪兽，你要学怪兽的样子。

C：我好怕怪兽，我不当怪兽。

A：你（C）不会当，那你（B）当。

B：不行，我是奥特曼，我不是怪兽。

A：你就是怪兽啦。

B：噢、噢，我是奥特曼。

A：我们不和你玩了，老是你奥特曼（指向上午 B 的行为）。

A：C，你过来，我们不和他玩。

B：那好吧，我先当怪兽。

A 和 C：好耶，我们是奥特曼，出发啰。

B：我不怕当怪兽，你来啊，嗞、嗞……

A 和 B 轮流当起了怪兽，三个小朋友在协作、轮流中快乐地进行了游戏。而小朋友 B 为什么也同意当怪兽呢？这是重复博弈的结果，因为在重复博弈中，B 又一次体会到如果他不当怪兽所带来的威胁，即他将无法当成奥特曼。这种矛盾冲突迫使 B 进行妥协，走出自我中心状态。可以猜想到的是，以后 A、B 小朋友在遇到类似情况下，可能会坚持"轮流互惠"的原则。

重复博弈表明，在许多情况下，规范不是外部施压的产物。保持幼儿自主性、合理的自利动机，为幼儿创设同伴交往的机会，就会生成许多显性或隐性的规范。多次博弈必然会产生契约式的规范，因为在冲突与协作中，幼儿学会了将利己、利他和正义三者统一起来。

一方面，在重复博弈中，幼儿认识到必须采取基于回报的合作方针，才能实现他自己的长远利益。"人若利我"，"我必利人"，从而产生互惠互利的利他主义。另一方面，通过多次博弈，双方策略会在信任、互惠的基础上稳定下来，这个稳定过程是博弈者在实践中不断摸索而总结出来的经验。总结经验的过程也就是博弈者不断学习和自我教育的过程，是幼儿逐步学会走出自我中心的过程。这个策略的实现意味着人们追求短期利益到追求长期利益，再到追求共同利益的转变。这里包含着一个从手段转变为目标的过程。共同利益最大化本来是达到个人利益最大化的手段，现在手段变成目的，这就是互惠规范的产生。

（二）一报还一报

"一报还一报"策略在以"自我为中心"的幼儿同伴交往中具有重要的意义。"一报还一报"既强调回报，又强调报复。它善于报复，这样可以使对方不敢肆意欺骗；它忍让大度，能够很快恢复幼儿双方间的互惠合作；它清晰明了，对方很容易理解其意图，由此维持了长期的协作关系。[①]"一报还一报"可能是反击自私者占便宜的有效策略，因为合作不能是无条件的，无条件的合作不仅伤害了自己，而且伤害了这个成功的剥削者接下来会遇到的无辜者。无条件合作将会宠坏对方，这说明是回报而不是无条件合作可以成为行为规范的基础。合作不仅帮助自己，而且帮助了同伴。一个基于回报的策略能让幼儿从双方合作中得到实惠。"一报还一报"的事件在幼儿同伴交往中比比皆是：

小朋友A今天从家中带来了他自己喜欢的奥运吉祥娃娃，B很喜欢它，于是他走向A。

B：噢，这娃娃真好看。

A：是的，我妈妈给我买的。

B：可以让我抱抱么？

A：不行，你（昨天）带来的小白兔都不让我玩。

B：我会给你玩的。（意思是说，下次我带来给你玩）

[①] ［美］麦迪·里德雷：《美德的起源：人类本能与协作的进化》，中央编译出版社2004年版，第59页。

A：那好吧，你就抱一会儿。
B：我会带小白兔来的。

这里，小朋友 A 对 B 进行了报复，"你昨天不把玩具给我玩，我今天也不把我的给你玩"。正是这种"一报还一报"的互动让幼儿体验到自我中心所带来的后果，从而最终生成互利互惠的规范。

小朋友 A 正在荡秋千，小朋友 B 走过来了。
A：你来干吗？
B：我也想荡秋千。
A：不行，我刚刚才玩。
B：我就玩一下。
A：骗人，你老是这样。
B：就玩一下。
A：不好，你玩了就不会下来的。
B：就一下。
A：我不信！（大叫起来）
……………
不管 B 如何要求，A 就是不同意 B 玩秋千。

当然，这里双方最终并没有达成一致的协议，但我们认为 B 已尝到了（已往）自利所带来的报复，这也许会促使其进行反思，对其走出自我中心的状态是非常有意义的。

要强调的是，"一报还一报"赢得胜利不是靠打击对方，也不是靠比对方做得更好，而是靠引出对方的合作，采取对双方都有好处的行动，只要对方合作你也合作就会有好处。"一报还一报"的过程是一个不断学习、探索的过程，幼儿逐渐懂得了"你为我挠痒，我也得为你挠痒"，"人利我，我利人"，"人不利我，我不利人"，"人帮我、我帮人"这样一些行为规范。这些都是道德规范的通俗表述，由此建立起了一个互惠互利的机制。互惠互利是人性中不可缺少的一部分，这一点休谟在其《人性论》中做了描述，他说：

我就学会了对别人进行服务，虽然我对他并没有真正的好意，因为我预料到，他会报答我的服务，以期得到同样的另一次服务，并且也为了同我或同其他人维持同样的互助关系。因此，在我为他服务了而他从我的行为中得到利益以后，他就被诱导了来履行他的义务，因为他预见到他的拒绝会有什么后果。①

从"自利与互惠"的博弈分析中我们可以看到，早期幼儿的典型行为是"利己优先，兼顾利他"，这就是他们的交往规范、生存规范，这是一种合理的客观存在。但是，这种互惠规范的形成有一个动态的甚或是艰巨的过程。因为幼儿的"自我中心状态"促使其在班级生活中追求利益最大化，这必然导致同伴相互之间的矛盾与冲突。

（三）讨价还价

讨价还价（bargaining set）是日常生活中常见的现象，它主要指向幼儿同伴间的一些"谈判"。讨价还价使得利益冲突各方寻求对他们自己尽可能有利的协议。讨价还价的力量来自于自我约束的能力，并且表明一方可以通过公然恶化他自己的选择来改善其地位。在讨价还价的过程中，处于弱势的一方通常也可能会成为强者。讨价还价正如选数博弈，两个人你选一个数我选一个数，当两人选的数相同时两人都得到奖励，否则就一无所获。在这个博弈中，均衡点有无数个，那么实际上会出现哪一个均衡点呢？这就是一个讨价还价的过程。

中班的小朋友P在玩放风筝游戏，个子高高的H走过来了。
H：把风筝给我玩！
P：我才玩。
H：就要给我玩。
P：我就玩一下。
H过来抢走了P手中的风筝，玩了起来。
P：坏蛋！抢我的风筝。
H：我不是（坏蛋）。

---

① 休谟：《人性论》，商务印书馆1997年版，第561—562页。

P：是我先玩的，老师说过的。（意思是说，老师说过谁先拿到谁先玩）

H：我也想玩。

P：那是我的。（还是强调自己先拿到风筝的）

H：那我玩一会，你玩，我玩。（意思是说，轮流玩）

P：那好吧。

H和P一起高兴地放风筝了。

这里双方进行了"讨价还价"，H凭借个头大抢走了P的风筝，P使用他所掌握的凸显信息（salient information）——谁先拿到玩具谁先玩的班级约定，向H进行了讨价还价，以便达到合作共赢的局面，达成的均衡点是"轮流"。

尽管幼儿在讨价还价的谈判过程中包含着利益主体各自的利益倾向所产生的冲突，但是在双方利益区间内，必然存在着一些点，这些点会使得博弈多方的利益达到一致，这就是讨价还价思想理论的核心所在。托马斯（Thomas, K. W.）从满足自身利益和满足他人利益两个维度对博弈冲突策略进行了研究。其中，要满足自己利益的愿望依赖于追求个人目标的武断或不武断的程度，想满足其他人利益的愿望取决于合作或不合作的程度。在此基础上，托马斯提出解决冲突的五种策略：（1）回避方式（avoiding），就是既不满足自身利益也不满足对方的利益，试图不让冲突发生，置身事外；（2）强迫方式（competing），就是只考虑自身利益，为达到目标而无视他人利益；（3）迁就方式（accommodating），就是只考虑对方利益而牺牲自身利益，或屈从于对方意愿；（4）合作方式（collaborating），就是尽可能满足双方利益，即寻求双赢局面；（5）折中方式（compromising），就是双方都有所让步（见图7-1）。[①]

从图7-1中可以看出，合作是冲突解决的最佳均衡点，但对于幼儿来说，讨价还价往往形成不错的结果，就是双方的妥协和折中。接下来我们看看"积木作品能保持多久的例子"。

[①] 樊富珉、张翔：《人际冲突与冲突管理研究综述》，《中国矿业大学学报》（社会科学版）2003年第3期。

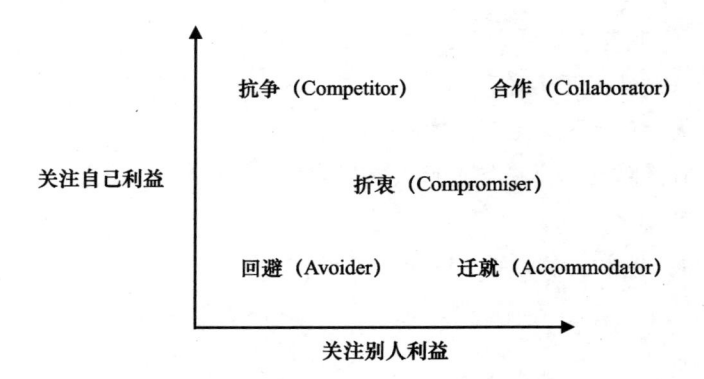

```
         ↑
         │    抗争（Competitor）        合作（Collaborator）
关注自己利益 │
         │              折衷（Compromiser）
         │
         │    回避（Avoider）          迁就（Accommodator）
         │
         └─────────────────────────────────→
                      关注别人利益
```

图7-1　托马斯冲突处理策略模式

最近大班的许多小朋友特别喜欢去积木区搭城堡，许多小朋友因太喜欢他们自己的积木作品而不愿意拆掉它们，于是就出现了积木作品能保留几天的问题，老师就这一问题在团体分享时间里组织小朋友进行讨论。（T为老师，其他为幼儿）

T：刚才，积木区有小朋友吵架了，你们知道为什么吗？

许多幼儿：不知道。

T：那刚才在积木区玩的小朋友说说看，你们为什么吵架？

J：我们没有积木了。

T：那为什么没有积木了？

K：N和Y不让我们拆他们的城堡。

T：噢，我们知道了，你们去积木区玩，发现没有积木了，所以你们想拆N和Y昨天搭的城堡，而他们不让你们拆，对吗？

J：是的。

T：那好吧，我们大家一起来想想，小朋友在积木区所搭的作品能保留多久？

N：保留五天就好。

Y：对，五天。

K：不行，太久了，我们没得玩了。

H：太久了，没得玩了。

J：就三天。

T：为什么保留三天？

J：我爸爸就可以看到城堡。
H：保留两天好了。
T：为什么是两天？
H：两天，他爸爸也可以看到城堡。
T：J，你认为两天可以吗？
J：我今天搭完的，明天，可以，可以。
T：小朋友都同意两天吗？
K：就一天。
许多小朋友：对，就放一天，我们都没得玩呢。
T：那好吧，我们班上的许多小朋友都想玩积木，所以小朋友所搭的积木作品一般只保留一天，如果某个小朋友有特殊需要而不愿意拆掉自己的作品，要向大家说明情况，并且最多也只能保留两天，好吗？
小朋友：好的，耶。

这里是一个集体讨价还价的过程，积木作品的保留时间从五天、三天、两天，最后的聚焦点是"保留一天，有特殊情况保留两天"。讨价还价协议的达成类似于多方期望的协调，只有当某一方提出的结果多方都可以接受时，这个协议才有可能达成。因为这个结果在各自的利益区间内，这个结果对各方都有吸引力。当一方知道另一方对此结果会予以注意时，他们就会选择这一点，这也就形成了"聚焦点"（focal point）。

第三节 规范博弈生成中的教师指导

规范协商、博弈生成的一个重要前提是幼儿同伴或群体能站在互利互惠的角度来看待他们所遇到的问题，而这对"自我中心"的早期幼儿来说却是件不易之事。因此，在幼儿的交往博弈中，教师在必要时可给予恰当的指导，这样有利于幼儿走出自我中心的状态，促使负和博弈或零和博弈向双赢博弈或多赢博弈转化。但是，并不是所有的冲突与合作都需要教师的干预。"学前幼儿宁愿不要成人的干预去自己解决冲突，自己解决冲突是他们面对道德冲突时优先选择的方式"①，幼儿对规范、道德的理解主要来自与同伴的相互作用。因此，现在的问题不是要不要管的问题，而是什么时候"管"和什么时候"放"的问题。接下来我们对"行为窗理论"进行阐述，这有利于这一问题的解决。

一 "行为窗"与问题归属

班级是一个充满活力且具不确定性和未知性的生活共同体，它需要充满机智、灵活应变的教师。通过同伴的协商、博弈而生成规范，这在本义上不需要成人过多的干涉。但由于幼儿身心发展的有限性，有时对幼儿同伴间的交往互动给予一定的引导是必要的。问题是教师要学会在合理的时机、用合理的方式对幼儿加以引导。下面的行为用"行为窗理论"来解决这一问题具有一定的价值。

"行为窗"最核心的理论基础是托马斯·戈登（Thomas Gordon）的"纪律就是自我控制"思想，即唯一真正有效的纪律是自我控制，它产生于幼儿的内心。为了帮助儿童控制其行为以及做决定变得更加自主，教师必须放弃对幼儿的"控制权"。他认为，幼儿能够使用内在自我控制感时，课堂纪律就能发挥最好的效果。为此他专门设计"行为窗"来帮助教师促进幼儿自我控制能力的发展。他不仅对传统的班级管理中的"权威主义"进行了批判，同时也对教师运用奖励、惩罚和输—赢冲突解决方案等策略进行了深刻的反思。在戈登看来，权威是一种环境，它通过四种形式表现出来：（1）专门的技能，在于一个人特殊的知识、经验、培训、技能、智慧和教育；（2）工作描述；（3）承诺、协定或约定；（4）权力，控制他人反对自己意愿的能力并对他们施加影响。依靠专门技能、工作描述或约定，教师可以对幼儿施加积极的影响，但是当教师用权力来控制幼儿而不是影响他们时，教师的作用就大大降低了。正如戈登所言："作为一个社会，我们必须迫切地接受这样的目标。我们必须找到并且教授一些方法取代在处理他人问题时使用的权力和权威——不论孩子或成人——这些替代方法培养出的人是这样的，他们有足够的勇气、自治力和自律性。当服从权威与他们内心的是非观念相背时，他们

---

① 纳希：《道德领域中的教育》，黑龙江人民出版社2003年版，第21页。

会加以抵抗而不被权威控制。""当你放弃使用你的权力去控制他们时，你能从年轻人身上获得更多的信息，你越用权威去控制别人，你就越不能对他们的生活产生什么影响。"

戈登非常反对基于奖励的纪律，他指出：使用奖励来尽量控制孩子的行为真的太普遍了，其有效性很少受到质疑……然而事实是，许多教师和家长的实践说明，奖励使用得太过频繁，便不太容易取得成功，同时其成效也不大。使用奖励控制孩子的失败之处在于这种方法要求控制者有高水平的技巧能力——只有少数家长和教师有能力达到这样的水平。考虑到使这种复杂的方法产生效果的各种条件和大量时间，我相信通过奖励进行行为修正决不是实用的方法，无论对于家长和教师都是如此。通过奖励来影响幼儿，对幼儿行为的长期发展会带来消极的影响，如幼儿可能关心的是行为的外在目的而不是理想行为和学习本身，当幼儿偶尔没有得到奖励时，他们会把奖励与惩罚等同起来。

戈登也非常反对基于惩罚的纪律，就惩罚来说，其长远的负面影响有：受到惩罚的幼儿会有被轻视、恼怒和敌视的情绪；受到惩罚的幼儿会失去与教师合作的渴望；受到惩罚的幼儿用撒谎和欺骗来回避惩罚的可能性会大大增加。

"行为窗"是一种教师和幼儿用来判断是否存在行为问题，明确问题归属，使幼儿行为视觉化，以增强幼儿协作与自控能力的有效窗口。[①] 通过"行为窗"可以界定教师是否需要对幼儿的行为做出反应。行为窗理论认为，违纪行为是一种成人的观念，是成人认为幼儿的某个或某些行为对成人产生了不理想的后果，强调的是教师而不是幼儿对违纪行为有不好的感受。行为窗理论指出，教师必须放弃对待违纪行为的传统观念，而要把培养幼儿的协作与自我控制能力放在第一位。为此，教师要学会明确是教师本人还是幼儿应该面对某个特定问题，从而学会是否需要教师的介入。

[①] "行为窗"这一概念是由托马斯·戈登（Thomas Gordon）提出的，可参见琼斯《全面课堂管理：创建一个共同的班集体》，中国轻工业出版社2002年版。

表 7-4　　　　　　　　　　"行为窗"展示（一）

行为窗	问题归属	对教师而言的可接受性	是否需要教师的介入
幼儿引起的问题只对应幼儿本人	幼儿个体的问题	可接受的行为	不需介入
对教师或其他小朋友产生一定的消极影响，但幼儿自己可以进行处理	幼儿们的问题，老师没有问题	可接受的行为	不需介入
会对教师或其他小朋友产生消极影响，且幼儿自身解决不了的行为问题	教师和幼儿同时有问题	不可接受的，需加以引导的行为	需要介入

"行为窗"底部列出的行为对于教师来说是不可接受的，因为教师是拥有这个问题的人。例如：

某中班小朋友 A 经常推倒积木而伤害其他小朋友，这就是一个教师必须进行干预和引导的问题了。因为 A 的行为不仅可能伤害其他小朋友，同时也给整个班级的游戏活动带来了干扰。这说明教师和小朋友 A 都拥有这个问题，而 A 自身无法解决这个问题，因此，教师有义务对 A 的行为加以引导，以保证其他小朋友的安全，促进班级活动的顺利进行。

"行为窗"顶部列出的行为在教师看来是可以接受的，尽管它们在教师的眼里也是很棘手的问题。例如：

幼儿 B 可能因某种需要没有得到满足而生闷气，心情非常不好，但他并没有影响别人，所以拥有这个问题的是幼儿 B 自己，他的行为对教师来说应该是可以接受的。当然，如果该幼儿的情绪表现非常强烈，教师对其加以一定的疏导也是非常必要的。

"行为窗"的中部是幼儿们的问题，教师没有问题。虽然幼儿对教师或其他小朋友有可能产生一定的消极影响，但幼儿自己可以进行处理，这类行为占据了幼儿班级生活中的大部分。例如：

> 幼儿 G 和 L 因为一块积木而发生了争执，但争执并没有给对方造成什么不良的影响，当然，结果也许是双方的协作，或是一方的妥协。只要幼儿双方没有安全隐患，没有影响到班级活动的顺利开展，老师就不一定要进行干预。对于幼儿来说，这些协作或妥协的体验是其走出"自我中心状态"的必要条件。

当然，"行为窗"不是一成不变的，正如戈登所说："一天又一天的过去，你可能不可避免地会有所改变，你会有不同的情绪，遇到不同孩子，置身不同的环境中。"同时在问题归属和区别行动动向时一定要考虑到教师的情绪（平静还是不安）、学生的行为（安静或细心，攻击性或吵闹）和环境（室内还是室外，休息时间还是课堂教学等）。

"行为窗理论"带来的启示是：为了帮助幼儿走向互惠、协作，努力控制他们自己的行为以及做决定时变得更加自主，教师必须放弃对幼儿无理性的"控制权"。教师对幼儿行为的干预主要是当"教师与幼儿都拥有问题"时，在大多数情况下，只要没有安全隐患，幼儿同伴的冲突可以让他（她）们自己学会解决。就过分约束来说，其长远的负面影响有：受到约束的幼儿会有被轻视、恼怒和敌视的情绪；受到约束的幼儿会失去与同伴、教师合作的渴望；受到约束的幼儿用撒谎和欺骗来回避惩罚的可能性会大大增加。

在理解了"行为窗"和明确了问题归属后，教师可以运用下述三种技能（对抗技能、帮助技能和预防技能）来增加与幼儿进行交流的可能性。这些技能不仅适用于对问题行为的合理、科学处理，而且对正在进行的良好互动有着巩固的作用。

（一）对抗技能

正如"行为窗"展示（二）底部所示，对抗技能一般在教师拥有问题时使用，它可以帮助教师运用合理的策略，采取积极有效的、无敌意的方式与幼儿的违纪行为进行对抗，以满足其需要。常用的技能有改变环境，传递"我信息"而不触发幼儿的应对机制，转换对抗方式和使用无失败冲突解决方法等。

表 7–5 "行为窗"展示（二）

行为窗	问题归属	技能集合
幼儿引起的问题只对应幼儿本人	幼儿拥有问题	帮助技能
幼儿的行为对教师和他自己都没有消极影响	没有问题	预防技能
幼儿的行为对教师引起了问题	教师拥有问题	对抗技能

1. 改变环境 包括丰富单调的环境或限制环境中令人分心的事物等，教师通过创设一个积极的环境来满足幼儿的需要，间接地消除或减弱不良行为的发生。如儿童活动室的环境改变和创设对他们行为的影响很大，戴（Day，D. E.）、柏金斯（Perkins，E. P.）指出：在托幼机构中有三个因素与幼儿的行为和发展有关，它们是"物理环境和空间的利用、材料的可获得性和运用、成人与幼儿交互作用的数量与质量"[1]。如活动室有畅通的通道，有互不干扰、界限清晰的活动区，材料合理摆放和留有较大的自由空间以及提供私人空间等有利于儿童产生积极的行为。菲特（Fitt，S.）发现，将活动室分隔成每组 5—8 个儿童的几个大区域经常会导致噪音增大以及儿童吵嚷行为的增加，而将活动室分隔成 2—3 个儿童一起学习的活动区域，儿童则会安静地进行交往。史密斯和格林（Smith，P. K. and Green，M.）发现，在托幼儿机构中所发生的大部分冲突（如攻击性行为）都是与材料的数量和陈放有关的，如材料若是限制了幼儿的活动，有可能增加成人对儿童活动的介入和监督行为。

2. 传递"我信息" 当教师由于幼儿的妨碍而无法满足教师要求或权力时，教师该以"我信息"表述其感想而不是责骂幼儿。"我信息"与"你信息"相对，是一种声明，教师通过这种声明表达他们是如何思考或看待他人的行为及其结果的。当教师在尝试影响儿童时才会使用这种声明，如教师说："我好难过，我不能集中精力，因为教室里太吵了"，这

---

[1] Day, D. E., *Early Childhood Education: A Human Ecological Approach*, Scott Foresman and Company, 1983, p. 164.

是一种"我信息"的表达方式。"我信息"指向的是别人的感受,这有利于儿童站在别人的立场上来审视其行为,它往往只描述问题的情形和教师的感受,对幼儿没有伤害。而"你信息"往往指向对幼儿行为的指责,"你们太吵了""你怎么又在捣乱?"这是一种权威主义的体现,包括了对儿童强烈的判断和贬低。当教师在尝试影响儿童时决不能使用这种声明。完整的"我信息"声明需要包括三件事情:(1)引出教师问题的行为;(2)教师对这种行为的感想;(3)这种行为为什么会引起问题。

3. 转换方式　当教师发现"我信息"不起效而引来幼儿的抵制时,改变对抗方式是非常有必要的。如用倾听/理解的方式取代发送/武断的态度会使幼儿变得更加合作,因为幼儿会体会到教师对其感受的理解。如教师对时常旷课的幼儿A传递"我信息":"任何一名幼儿旷课都会很伤心",幼儿A:"我母亲最近经常生病,来学校不是我唯一要做的事情,有时旷课也是迫于无奈。"转换方式后,教师的回答:"看来你家里有困难,我们能帮你做点什么?"当教师发现"我信息"不起效而引发幼儿的抵制时,教师决不能用权力来约束幼儿的行为,否则会引起幼儿运用各种应对机制来抵制教师的控制权力,如"攻击、逃避和屈服"等。幼儿会攻击与他自己产生冲突的人,若不能取胜就会趋向逃避以避免这种冲突;若没有出现攻击和逃避行为,幼儿很可能会产生屈服现象。

4. 使用无失败冲突解决方法　这种方法是针对"赢—输冲突解决方法"而提出的。"赢—输冲突解决方法"是通过产生"胜利者"和"失败者"的方式结束争端(暂时性的),这种方法会使教师处于危险之中,因为教师总以胜利者的姿态出现,而给儿童以致命的打击。如儿童A和儿童B打起来,教师要求A向B道歉后,看似问题已解决,但幼儿A可能会觉得冤枉和羞辱,因而不会和儿童B或教师合作了。而无失败冲突解决方法是通过双方都作为胜利者来解决争端的方法,在这里避免使用权力,自我可以得到保护,人际关系也不会受到破坏。如,当两幼儿打架时,教师可以让他们谈论各自的感受,共同寻求双方都可以接受的方案。

(二)帮助技能

这种技能集合处于行为窗中的最上面,正如"行为窗"展示(二)所示,这是幼儿拥有问题时适用的,帮助技能包括倾听技能和避免交流障碍技能。

1. 倾听技能　当幼儿遇到问题时，教师首先要做的是善于倾听而不是急于替幼儿解决问题。教师要掌握"被动倾听，确认回应，敞开心扉和积极倾听"策略。"被动倾听"是指教师用积极的沉默来鼓励儿童谈论他自己的困扰，教师可以运用姿势、身体上的接近、眼神接触和在儿童说话时加以提醒等方式对儿童表示关注。"确认回应"可以是口头的，如"我明白了"，也可以是非口头的，如"点头、微笑或身体动作等"，表示对儿童的关注。敞开心扉是指教师用非判断性的和开放性的言辞邀请幼儿谈论他自己的问题。"积极倾听"要求重复幼儿的语言，它表明教师关注且理解幼儿所说的话，而不要求做出判断和评价。

2. 避免交流障碍技能　当教师与幼儿进行交流时，教师往往会因大意而造成一些障碍，从而阻碍了幼儿交谈的愿望。戈登指出，这些障碍有命令、警告、说教、批评、训斥、辱骂、分析、称赞、保证、质疑和退缩等。

(三) 预防技能

这种技能集合处于"行为窗"中的中间部分，正如"行为窗"展示(二) 所示，这是在教师和幼儿都没有问题时适用的，戈登提出的目的在于维持和谐课堂氛围的预防性技能包括"预防性我信息""合作性制定规则"和"参与式管理"。

1. 预防性我信息　"预防性我信息"和"预防性你信息"是相对的。"预防性我信息"尝试预先制止有可能会对别人造成消极影响的未来行为。如教师说："下周一我们要去公园参观，我想同学们将有个愉快的时光，大家不能乱摘花草，且要待在一起不要走散了。"这有助于预防消极行为的发生。而"预防性你信息"往往用来斥责幼儿过去的行为，应尽量少用："上次去公园参观你的表现太差了，这次要注意。"

2. 合作性制定规则　由教师与幼儿共同制定的规范对于保障班级的安全、有效与和谐是非常有效的。合作性规则的制定与无失败冲突解决方法是十分相似的，因为每个人的需要都得到了关注，教师和幼儿都是胜利者。幼儿可以自由地讨论各自的想法和需要，在民主的气氛中就规则达成一致。

3. 参与式管理　依戈登来看，最有效的课堂是教师与儿童共享管理权利，即教师与儿童共同制定班级规则、布置教室、安排和决策大家喜欢的活动。这有利于激励幼儿，给予他们更多的自信和自尊，鼓励他们承担风险和对行为更负责。作为参与式管理的一部分，戈登提供了一种解决问题的程序：第一，确定和详细说明问题或情况；第二，提供可选择的方法；第三，评价这些可供选择的建议；第四，做出决定；第五，实施解决方案或者决定；第六，进行后续评估，若方案不能令人满意就必须进行调整或修改。

二　规范协商生成中的教师指导策略

在明确了教师对同伴交往进行引导的时机后，接下来要探讨的是教师如何引导的问题。

（一）鼓励幼儿解决冲突

规范生成以幼儿与同伴间的多次博弈为基础，幼儿只有在冲突解决中多次体验协作所带来的最大满足，才能促成互利互惠性规范的生成。当幼儿遇到问题时，教师要做的是善于倾听，而不是急于替幼儿解决问题。教师要掌握"被动倾听，确认回应，敞开心扉和积极倾听"策略。"被动倾听"是指教师用积极的沉默来鼓励幼儿谈论他自己的困扰，教师可以运用姿势、身体上的接近、眼神接触和在幼儿说话时加以提醒等方式对幼儿表示关注。"确认回应"可以是口头的，如"我明白了"，也可以是非口头的，如"点头、微笑或身体动作等"，表示对幼儿的关注。敞开心扉是指教师用非判断性的和开放性的言辞邀请幼儿谈论他自己的问题。"积极倾听"要求重复幼儿的语言，它表明教师关注且理解幼儿所说的话，而不要求做出判断和评价。

给予幼儿明确、特定的信息而避免浮泛的陈述，有利于鼓励幼儿进行问题解决。学前幼儿处于具体形象思维时期，当信息以具体明确的方式传达时，早期幼儿的学习能力表现最佳。因此，为了帮助早期幼儿意识到双方的争执，要避免浮泛的陈述，如下面的陈述是不合理的：

"你应该学会与别人分享。"
"你应该学会关爱别人。"

"你应该学会帮助别人。"
"你应该关心小动物。"
…………

我们要给幼儿能够发展"协作""分享"细节的特定信息，如，当教师看到两个小朋友因抢汽车而发生争执时，她（T）这样说是合理的：

T：A、B，你们别争吵了，A想想看，你要的是货车，这才与你的工厂相符合；而B，你要的是小汽车，你所搭的是小区停车场。
A：对的，我应该要货车。
B：我要小汽车。
T：那好吧，现在你们自己去解决吧。

以冷静的态度引导幼儿同伴进行思考和协作是非常必要的。幼儿间的冲突有时伴有剧烈的情绪反应，但是教师要尽可能地在孩子面前控制自己的身体语言、脸部表情和语气腔调，这有利于幼儿保持冷静而对冲突事件进行思考。以下是一个教师（T）在小朋友S和G为了争夺同一块围巾而发生冲突时所用的方法。她以平稳、实际的口吻说：

T：S、G，我知道，你们俩都很想要那块围巾，让我们一起来想想有什么方法可以解决问题。
S：可我们都想要。
G：不知道（不知道怎么办）。
T：你们可以轮流戴呀，S，G想先戴这条围巾五分钟，你要不要注意，当闹钟长长的小手指向6时，就该你戴了（G这两天对闹钟的小手很感兴趣）。
G：好耶，我看着闹钟长长的小手，到6，噢，这里，这里。

如此的谈话可以帮助在争执中的幼儿冷静下来，使得问题的分享与解决成为可能。教师以明确的语言表述S和G两人的情感作为开端，之后，明确地指出你们可以一同解决这个问题。最后，在解决问题时，教师清晰地进行了陈述，使得轮流互惠的规范得以建立。

当然，鼓励幼儿进行问题解决最主要的是意识到冲突是幼儿们自己的事情，相信孩子们有能力解决问题。在孩子的冲突解决中，透过分享经验中的喜悦和亲密感，可以使同伴学会在协作的基础上建立起深厚的"友谊关系"，即从"自利"走向"互利互惠"再到"利他"。

让幼儿在问题解决中成为主动的参与者，而非替他们解决问题，能够满足幼儿独立的需要。在他们以独立的个体探索家庭以外的人际关系与世界之时，给予他们自主掌控的感受。让他们主动地解决问题，鼓励幼儿的主动性，达成幼儿自己完成事情的愿望。像是"让我们一起来解决问题"这类的声音，鼓励了每一位幼儿在产生争端的事件中扮演积极解决问题的角色。正是这些独立自主的机会给予幼儿认同规范存在的必要性，因为他们体验到个体的自主需要常常受到别人的挑战。他们尝试着学习控制自己的需求，以免引起别人对他的对抗情绪。学习冲突解决，要求幼儿认同同伴的情感，这有利于幼儿的移情发展，从对方角度来思考问题，帮助幼儿走出"自我中心"的思维状态，促进互惠规范的生成。

（二）协助幼儿拥有"完整信息"

规范博弈生成的前提之一是双方拥有"共同的知识"。幼儿完整的表达与认真的倾听有利于双方获得"完整的信息"。因此，教师要帮助发生冲突的孩子们相互了解对方的观点，理解对方的感受，体会对方的心情是很重要的，这有利于幼儿的"去中心化"。由于孩子们表达和倾听技能的不成熟，这常常会阻碍他们之间的相互了解。因此，当孩子间发生冲突时，教师扮演着很重要的调解角色，教师要协助孩子们澄清他们的观念，让他们重复问题的发生过程，协助孩子们互相交换他们的想法和感受。下面我们通过一些例子来加以说明：

中班的许多小朋友在玩拍球游戏，J没抢到K的皮球，便打起K来。老师（T）发现后，用手臂轻轻地抱着J。同时她也在协助J走出自我中心，并让他了解打人的后果。

K：我的手好痛，他打的。

T：喔，J，你听到没有？摸摸K的手。K，请你再告诉J一遍。

K：我不喜欢他，他打我。

T：你（J）的感受如何？

J：他不高兴了。

T：对了，你打他，他不高兴了。

K：我不和你一起玩了。

T：（面向J）你听见了，你打他，他现在不想和你一块儿玩了。

J：（从老师的手臂中挣脱）我要走了。

T：你现在感觉好一点了吗？K。

K：是的（点点头）。

T：那就好，下次他不会再打你了。

以上的例子显示，J似乎没有走出自我中心的状态，并借此思索K的感受。但是，J可以从此处学到，他打人可能得到的结果是什么。经过多次的博弈，J也许已在逐渐学习如何协调他自己与别人间的需求了。至于K，可以确定的是，从表达他自己的感受及老师对他的认同上，似乎已经得到了抚慰。接着，我们再看看以下有关大班孩子在积木区打人的事件。

在积木区一起玩的孩子H和B同时打起了P，P哭着求救于老师。

P：他们（H、B）一起打我，还用积木。

T：喔，我想你一定很伤心，是吗？

P：就是这儿，他们一起打我这儿。

T：我知道了，不过，P，我想问你一个问题，今天早上你打了H和B，你还记得吗？

P：没有。

T：没有？你捏了他们后，接着还打了他们。他们当时好伤心，对吗？

P：是的。

T：你现在为什么难过？

P：他们打痛了我。

T：那你打他们，他们也会痛，会难过，对吗？

P：是的。

T：H和B，P知道打人会使人难过，我想P以后不会打人了，P，对吗？

P：（点点头）是的。

T：那H和B，你们一起过来和P握握手，好吗？

H：你（P）不打我们，我们就是好朋友了（三个小朋友握手）。

P：耶，我们去玩吧！

这里P被两个小朋友打，是因为他经常打别人，"一报还一报"在这里得到了很好的体现，正是这种"一报还一报"迫使幼儿要对他自己的行为进行思考。当然，教师在这里发挥了重要的作用，因为教师协助小朋友P表达出他自己被人打的感受，从而思考他打了别人后，别人的感受，逐渐引导其走出"自我中心"的状态。

孩子们有权表达他们自己的感受，即使是某位小朋友的行为不对，教师仍要尊重这位孩子的感受和意见表达。因为从他或她的观点里，也许他或她所采取的行为是合理的。教师应在听取双方的理由和意见的基础上，对幼儿们的行为加以是非判断，对他（她）们进行引导。"我看得出你们双方都很生气，你们可以告诉我，刚才发生了什么，好吗？"听完双方的感受后，教师才能认同孩子们的一些感受，"我知道你很难过，因为，L拿了你的汽车"。只有这样，教师才能公平合理地引导幼儿从自利走向互惠。

（三）传递"我信息"

当幼儿的行为对同伴或团体造成消极影响且教师必须进行干预时，教师应用"我信息"表述自己的感想而不是责骂幼儿。"我信息"与"你信息"相对，它是一种声明，教师通过这种声明来表达他们是如何思考或看待他人的行为及其结果的。当教师在尝试影响幼儿时才会使用这种声明，完整的"我信息"声明需要包括三个部分：（1）引出造成问题的行为；（2）教师对这种行为的感想；（3）这种行为引起问题的原因。如：

> 教师说："我好难过，我都感觉到他的手好痛，因为你用那么大的力打他"，这是一种"我信息"的表达式。这里，"用那么大的力打他"是造成问题的行为；"我好难过"是教师对这种行为的感想，引起的问题是"他的手好痛"。

"我信息"指向的是别人的感受，这有利于幼儿站在别人的立场来审视其行为，它往往只描述问题的情形、教师和同伴的感受，对幼儿没有伤害。而"你信息"往往指向对幼儿行为的指责，"你怎么可以打他？""你们太吵了。""你怎么又在捣乱？"这是一种权威主义的体现，它包含着对幼儿强烈的斥责和贬低，当教师在引导幼儿解决问题时，决不能使用这种声明。

为了促进幼儿理解和生成互惠性规范，教师应常常采取"预防性我信息"。"预防性我信息"尝试着预先制止有可能会对别人造成消极影响的"自我中心"行为。如教师说："我们班上大家都同意，积木区一次只能有4位小朋友玩，如果许多小朋友都想玩的话，大家要学会轮流，并且，积木作品的保留时间是两天。"这种方式有助于预防幼儿"自我中心"的行为。

当教师与幼儿进行交流时，教师往往会因大意而造成一些障碍，从而阻碍了幼儿进行交谈的愿望。这些障碍有命令、警告、说教、批评、训斥、辱骂、质疑和退缩等。教师如用倾听/理解的方式取代命令/武断的态度，会使幼儿变得更加合作，因为幼儿会体会到教师对其感受的理解。

（四）无失败冲突解决方法

"无失败冲突解决方法"是针对"赢—输冲突解决方法"而提出的。"赢—输冲突解决方法"是通过产生"胜利者"和"失败者"的方式结束争端的（暂时性的），这种方法使教师及失败者处于危险之中，因为教师总以胜利者的姿态出现，而给幼儿以致命的打击。如：

幼儿 A 打了幼儿 B，教师只顾要求 A 向 B 道歉，看似问题已解决，但幼儿 A 可能会觉得冤枉和羞辱，因而不会和 B 或教师合作了。

"无失败冲突解决方法"是通过双方协作，双方都成为受惠的公平者。这里避免乱用权利，幼儿的自尊可以得到保护，同伴的人际关系也不会被破坏。我们通过下面的案例进行解析：

在大班积木区的游戏中，P 拿走了一块在 E 附近的积木。
E：我需要这个，你不能拿走！
P 拿了积木快速地走开了。
E：老师，他拿了我的积木。
T：那你告诉他了吗？
E：有啊！
T：我可以跟你一起去找他，你再告诉他这件事。
E：请你（P）将这块积木还给我。
P：我现在要用啊！
E：这块木板是我的。（用手抓住了他想要的木板）
T：E，等等，木板能拿给我吗？（老师拿到了木板，以免两个幼儿间的冲突激化）
E：好吧。
T：现在我想知道的是，是谁先拿到这块积木的？
E：我先拿到的。
P：我先拿到的，我拿的时候，你没用啊！
T：我知道了，P 以为 E 不用这块积木才拿它的，对吗？
P 点点头。
E：我做船尾正好要这一块！
T：P，你这城堡好像换一块也行，你可以换一块么？
P：那好吧。
T：E，你去帮 P 找一块好吗？
E：好的。

E 找到了 P 所需要的木板后，拿到了他所需的积木继续搭船去了。

这里教师没有盲目地批评 P 拿走了 E 先拿到的积木，而是作为一个协商中介了解了整个事情的经过。她既坚持谁先拿到谁先用的原则，又要求 E 帮助 P 找一块积木，以弥补 P 的需要，从而使各方的游戏继续下去，体现了互利互惠的原则。

（五）引导幼儿公平协商

我们要强调的是，在幼儿规范博弈生成和理解的过程中，我们反对教师以强迫的方式要求孩子们刻意表现出分享与谦让。教师应使幼儿们知道，当某个东西属于某个孩子（如幼儿自己制作的玩具）或者幼儿先拿到某个玩具时，幼儿是有优先使用权的。若教师依然强迫这些孩子必须与其他孩子分享这些东西，这对他们而言是很霸道和不尊重的。我们一直强调，孩子们个人的权益应该得到尊重，教师的介入应该将重点摆在如何教孩子们以沟通、协作的方式来解决问题。

"你是否问过他，他愿不愿意和你一起玩那艘船？如果他只想一个人玩，那你就再等等，因为是他先拿到的，他也说他刚刚玩"。

"你可以问问她，看看她是否愿意帮你一起完成拼图。如果她不想帮你，那么你就自个儿完成，或者找其他朋友来帮你。"

"他不把他的奥运娃娃给你玩，你就别再打扰他了，奥运娃娃是他从家里带来的，他有权决定给谁玩的"。

通过这些话语，教师向幼儿表达的是：我们要尊重别人所拥有的合理权利，同时我们也有权享受自己所拥有的合理权利。假如有某项东西是全班孩子都可以使用的，这时教师就可以用非强迫的方式鼓励孩子们分享这一东西。这样做也可以让孩子们有机会思考如何公平地使用这些东西。例如，在美工区，一个订书机就可能会引起孩子们之间的冲突。这时教师应站在孩子们的立场上支持他们应该享有的权益，同时也应该鼓励他们通过沟通协助的方式分享权益，培养他们互助合作的精神。"我看到 W 正在用那订书机,你可以去问问他,当他用完,可否让你用一下?"

促进幼儿公平解决冲突的主要途径是引导幼儿轮流使用玩具。例如,张老师(T)班上刚添置了一个拼图玩具,在活动时间里,许多孩子都想玩拼图,以下是 T 帮助 N 和 A 进行沟通协作,引导他们二人公平地轮流使用。

T:你们怎么了?

N:他不让我玩这拼图。

T:还没轮到你吗?N。(面向 A 说)你已经拼完了吗?A。

A:我还没玩呢。

T:好,那你要告诉 N,当你拼玩后,拼图就可以给他玩。

A:我说过,可他不愿意。

T:A,你刚刚对 N 说了什么?

A:我说这次拼完后就会让他玩。

T:好的,(面向 N)你听到他的话了么?他说他拼完后就会给你玩。(面向 A)你何时会结束,A。N,我们来看时钟,看看何时 A 会结束。好,现在长针指到 3 这里。

A:当长针指到 5,我会结束。

T:长针到 5,好。(面向 N)当长针指到 5 时,他就会将拼图给你,好吗?

N:好。

T:好,那你就看着长针到 5 时,通知他将拼图让给你。

从这段对话中,我们可以看出,教师很尊重 A 个人使用拼图的权益,因为是他先拿到的,同时,她也注意到 N 想和 A 轮流玩的愿望。她对待 A 的方式,是将 A 视为一个明辨是非的人,并认为当他拼完时,就会将拼图给 N。另外,她也认为 N 想和 A 轮流玩的愿望是很合适的,并呼吁 A 回应 N 的请求。最后在教师的协助下,双方通过协作的方式解决了他们之间的冲突。

(六) 提升人际关系建构能力

所谓人际关系建构能力指的是，幼儿能走出"自我中心"去考量他人的观点，并学会如何通过沟通与协作的方式，与他人的不同观念达到协调一致。当孩子们对同伴的想法和情感产生兴趣，并开始发展协作、互惠和友谊等关系时，他们之间自然而然会发展出各式各样的沟通技巧和经验分享的模式。教师应协助孩子们发展这方面的能力，在生活中引导孩子们互助合作的行为，而且会在他们发生冲突时，趁机让他们了解彼此不同的观点。

孩子们人际关系的建构能力主要体现于孩子们之间发生紧张关系时的沟通技能和方式上。这种方式可能是温和的、强烈的，也可能是协作的或是强迫的。根据塞尔曼的理论，早期幼儿人际关系建构能力的发展有一个过程，首先是自我中心和任性、冲动的阶段，它经常是肢体性的，而且缺乏互动上的协调性。这一阶段的互动行为有时只是一种手段，如追赶、躲藏或是其他类型的畏缩等；有时是一种强制性的行为，如打人、碰撞、抢东西等。其次是单边式的互动方式，包括盲目的顺从或单方面的要求、命令或威胁或讨好等。再次是交互式的交往，也就是回应性的互动，例如选择性地顺从对方的意愿，接受或建议对方以物换物，说服对方或给予对方理由……最后是共同作用式的交往互动，即同伴间能互利共生，而且知道如何与对方折中妥协，以便与对方保持长久的友谊关系。[1] 对于幼儿来说，我们的目标是促进他们从单边式的互动向交互式的交往发展。我们看看下面"我想和你一起玩"的例子：

> 周一，中班的三个小朋友 H、J 和 K 在积木区玩，小朋友 P 进入积木区，并开始玩起小动物来，却受到 H 的排挤。H："你不可以在这儿玩。" P："我可以"，他接着玩它的小动物。J："对，我们就不喜欢和你玩"，同时 J 抢回了 P 手中的小动物，放回了他们正在搭建的动物园里，P 走出了积木区。
>
> 过了一会儿，小朋友 N 也想进积木区玩，她在积木区旁看

---

[1] D. Rheta, *Moral Classroom*, *Moral Children*, New York: Teacher College Press, 1994, pp. 46–47.

了一会儿。N:"你们在搭动物园吗?"J:"是的,你怎么知道的?"N:"我昨天和妈妈刚去过动物园。"H:"啊,你去过动物园,那里有什么动物?"N:"有好多……"说着,说着,N 逐渐地获得了积木区小朋友的认可。N 一边给他们讲述她见过的动物,一边和他们一起进行着游戏。这样 N 很快就进入整个游戏活动,而没有给游戏带来任何干扰和不愉快。

以上的例子说明,幼儿对人际相互作用时的情感信息及有关线索的察觉非常重要,而这就是人际关系建构能力的主要表现。这里 P 之所以失败,是因为他没有觉察到其他小朋友在搭动物园,当他把动物拿走时,必定会引起其他小朋友的不满。而小朋友 N 却能觉察到这一点,并且巧妙地利用她刚去过动物园这一信息,引起其他小朋友的兴趣,成功地进入游戏活动。

(七) 运用相互式的约束力

相互式的约束力是相对于赎罪式的约束力而言的,因为前者来自于同伴间的自然交往,而后者是教师对幼儿人为施压的产物。对幼儿实施赎罪或惩罚式的约束,是一种独断专行的表现,处罚者其实是在向幼儿传递一种报复的意念,因为在这里孩子们的失当行为和他们所受到的处罚之间并无任何真正的关联。相反,来自同伴间相互式的约束力会使幼儿学会公平地处理问题。教师可以利用孩子们之间的约束力,来改善幼儿行为,形成互利互惠的交往规范。相互式的约束力向幼儿强调的是,孩子们的所有行为都发生在他(她)们自己架构的社交网络内,而当他(她)们的行为失当时,将导致他们社交关系的断裂。当某位小朋友独占某一玩具,而剥夺其他小朋友享用的权利时,或当一个小朋友经常说谎而欺骗别人时,其他小朋友肯定会对此感到生气。孩子的失当行为破坏了他与同伴之间的社交关系,相互式的约束力将产生一些共同的特征,如失望、生气或失去孩子们的信赖等。行为失当的孩子会被大家清楚地告知,彼此的关系已经破裂,而且他或她(破坏者)不再能享受之前的关系所带来的快乐和利益。

就一个有效的约束力来说,孩子们必须学会评估社交结构瓦解后可能带来的后果,并且要引导幼儿学会修复原有的关系结构。当班上发生这种事情时，教师只需提醒幼儿，破坏同伴间的关系可能会带来什么样的后果。皮亚杰指出："处理孩子的失当行为，不一定要让他们受到痛苦的处罚。教师可以利用来自孩子们之间的相互式约束力，达到让犯错者清楚地知道自己失当行为的目的。"① 根据皮亚杰的理论，我们把相互式的约束力归为四种：

1. 自然后果，即利用孩子失当行为所产生的后果对幼儿进行一定的规约。当违规的孩子知道他（她）所带来的错误会让团体或他（她）自己遭到不便时，这种自然后果就具有社会性教育意义。假如有人不小心弄坏或丢失了几块拼图的话，拼图对大家和破坏者将变得不好玩；假如某个幼儿在捣乱而不认真聆听老师解析团体游戏的规范的话，这位小朋友可能会因不知如何游戏而被其他游戏伙伴拒绝。

2. 补偿，补偿的意思是指，当孩子们有过失行为时，孩子们必须付出、修补或替换他们所破坏的东西，如：

> J 和 K 是大班的孩子，一天下午离园前，J 不小心把 K 从家中带来的恐龙书弄破了，K 伤心得哭了起来，并说道："是叔叔从上海买的新书。"面对这一状况，J 不知所措，于是老师道："J，你看，你不小心把他的书弄破了，K 好伤心，要不要把他的书修补好？"J："好的"。于是在教师的帮助下，J 开始用胶水等材料对 K 的书进行修补。同时，J 主动把自己从家中带来的关于机器人的故事书给 K 看，K 的情绪也逐渐地稳定下来。

其实，J 在这里不仅仅是对物的修复，同时也是对即将破裂的交往关系的一种弥补。当犯错者表现出一种精神上的悔悟或进行道歉时，也是补偿行为的一种形式。

3. 剥夺违规者相应的权利

当某玩具被故意地不当使用而导致破坏时，剥夺孩子使用该玩具的权利，可以协助他（她）建立起对其行为负责的态度。当我询问大班积木区的几个小朋友：是否应该允许那些乱扔积木的小朋友继续使用积木？

---

① J. Piaget, *The Moral Judgment of Child*, London: Free Press, 1932, p. 206.

他们的反应是较一致的:"不应该让他们玩。"原因是"这会好乱","这违反了规定"等。

4. 被排除,是指孩子侵犯他人利益时的一种自然后果。当某小朋友侵犯其他孩子的权利时,他(她)可能被排除在某项游戏活动之外,或不再是别人的友好伙伴了。比如,我们观察发现:

> 在下午户外活动时,大班4个小朋友正在一起玩老师上午教他们的传球游戏。可问题是幼儿F接到球后总喜欢在地上拍几下,然后再传给别的小朋友。于是,K说:"不要拍了,直接传给我。"F在K的催促下,将球快速地传递给了K,但在接下来的回合中,F又出现了自己拍球的情况。这回K和其他几个小朋友急了,K说:"我们不和你玩了,走开。"在大家的威胁下,F遵守了规范,并和大家一起继续着游戏。

相互式的约束力是同伴间一种无形的约束力量,它有利于幼儿走出"自我中心"的状态,站在互利互惠的角度来为对方着想,它为幼儿同伴间契约式规范的生成和理解提供了良好的契机。当然,有一点要强调的是,任何相互式的约束力,都可能会以惩罚性的方式实施,再加上孩子们也常将这种约束力理解为赎罪式的。因此,对孩子实施相互的约束时,教师要对孩子充满人文关怀,要对孩子解释他的做法,给予情绪上的支持。

(八)引入表决活动

表决活动的进行是孩子们学习自我行为规范的历程。通过表决,每个孩子将会发现,他们的意见受到了大家的重视,而且被赋予了相等的价值(一人一票或一次),这有利于他们建构起幼儿平等互惠的观念。通过表决,幼儿会逐渐提升交往与协商的能力,因为表决活动要求幼儿组织自己的思想和表达自己的意见,表决涉及不同观点的碰撞,孩子在表决中学习放弃自己的观点与说服别人的观点。通过表决,幼儿逐渐学会如何平衡个人需要与同伴或团体的需要,了解个人需要有时必须服从多数人的需要。我们通过下面的例子加以分析:

王老师所在的大班中，最近经常出现许多小朋友不愿意收拾玩具的现象，原因是当收拾玩具的音乐响起后，许多小朋友不愿意放弃自己喜欢的游戏。针对这一现象，王老师在团体活动时，组织班上的小朋友进行讨论。（T为老师，其他为幼儿）

T：最近我发现，当收拾玩具的音乐响起后，出现了许多小朋友不愿意收拾玩具的现象。

J：对，他们（H、K和L）刚才就不愿意收拾积木。

T：K，刚才你们为什么不愿意收拾积木？

K：我们还没搭完城堡呢。

T：我们知道了，你是说虽然音乐响起来了，但你们的城堡还没搭完，所以你们不愿意收拾积木，对吗？

K点点头。

T：那我们大家说说看，当收拾玩具的音乐响了后，小朋友们是要收拾玩具，还是要继续玩没有做完的游戏？

L：我们的城堡还没完呢。

T：L，你是说音乐响了后，还可以继续游戏，是吗？

L：是的。

P：不行的，音乐响了，就要收拾玩具了。

R：可他们的城堡还没搭完呀！

M：我听到音乐，就会收玩具的。

T：为什么？

M：我们还要去户外呢。

T：M，你是说，收拾玩具后，我们还有其他活动，对吗？

M：点点头。

许多小朋友：对的，还有其他活动。

T：那就说，大多数小朋友都同意音乐响起后就要收玩具的规定，对吗？

小朋友们：对。

T：那好，大家记住了，音乐响起后，我们就要收拾玩具。

这里大多数小朋友在教师的引导下参与了讨论，最后大多数人的意见是"音乐响起后，小朋友就要开始收拾玩具"。通过幼儿们的表决，幼儿对规范的理解更为深刻，并进一步提升了幼儿参与班级事务和进行自我规范的能力。当然，表决活动的开展要求教师注意表决主题和方式的选择。从主题上看，一般应是涉及班级公共事务的事情，幼儿个人的事情不应拿到班上进行表决。从表决方式上看，简单的举手是不合适的，让他（她）们说说自己选择的原因也是必要的。

第 八 章

幼儿社会规范教育的随想

第一节　爱与自由：幼儿社会规范教育的润滑剂

爱是开展幼儿社会教育的基础，有了爱的教育是有养分的教育，是渗透心灵的教育。自由是开展幼儿社会教育的终极目的，在规约与自由的张力中进行规则教育是一门艺术。

一　爱孩子，更要会爱孩子

爱孩子是大人的本能，但会爱孩子却是一门艺术。孩子摔倒了马上扶起来，孩子提问后马上告知答案，孩子遇到困难马上给予解决，看似爱孩子，其实未必是真爱孩子。

爱孩子首先要多花时间陪孩子，保障亲子团聚是孩子的一种权利。良好的亲子陪伴是孩子健康成长的必备条件，父母的爱和陪伴才是孩子人生的起跑线，是最重要的教育资源。亲子团聚权的长期被剥夺，造成的是孩子"亲情空洞"。贵州毕节四名留守儿童在家自杀，并非因为贫困而走上绝路，家里有粮有肉有钱，唯独没有父母的身影，他们是被骨肉分离，缺情少爱的亲情空洞所吞噬的。孩子的监护人确实要担负起家庭教育的责任与义务，同时还要提升自身亲子教育的能力。尊重和保护儿童权利是家庭教育的起点和归宿。

爱孩子不应只关注孩子的学习成绩，我们要洞悉时代的脉搏，做一名与时俱进的家长。这是一个知识经济时代，我们需要培养孩子善于学习，敢于创新的精神；这是一个信息化的时代，我们需要孩子具有适应社会，学会自控的能力；这是一个开放的时代，我们需要培养孩子善于交往，开拓创新的能力；这是一个市场经济发挥决定性作用的时代，我们需要培养孩子竞争与合作、诚信与自强的品格；这是一个法制的时代，我们需要培养孩子知法用法，享有权利，履行义务的意识。在这个时代，培养孩子自主、自立、自强、自尊、自信、自律的品质，保护好孩子的个性十分重要。

爱孩子不应只关注孩子的物质需要，更要关注孩子的精神成长。随着社会的发展，家庭的物质供给力不断增强，孩子的精神成长需要应引起全社会的高度重视。特别是在孩子"渴望父母足够的倾听和认同，渴望获得友谊和学会做人，渴望有参与体验和实践的机会，渴望成为生活和未来的主人"等方面要给予高度重视。

爱孩子就要给孩子思考与做事的权利。过分地溺爱孩子，事事包办、亲力亲为，是在剥夺孩子思考与做事的机会，是对孩子应有权利的蔑视。孩子只有在思考中才能锤炼其思维，在做事中才能发展其能力。意大利儿童教育家蒙台梭利说过："儿童生来具有潜在的能力，主动思考与探究是儿童的本性。"儿童正是依靠这种自主探索的能力，了解周围事物，丰富生活经验，学会做出选择，同时不断地学习如何交往，适应集体生活及应对各种情况。

爱孩子就要理解与宽容孩子的不足，坚定孩子的长处与自信。因为我是菊花，所以请别让我在夏天开花；因为我是白杨，所以请别指望从我身上摘下松子。爱孩子就要懂得孩子，懂得孩子与成人一样不可能十全十美。为了成长，请允许孩子犯些错误，让孩子自己在生活中学习如何生活。爱孩子就要理解孩子，理解孩子不可能样样精通但却要充分相信每个孩子有其自己的优势领域。正如美国心理学教授霍华德·加德纳所言，孩子的潜能是多维的，每一个孩子都是一个潜在的天才儿童，有的孩子善于表达与交往，有的孩子善于逻辑推理与空间建构，还有的孩子可能善于音乐与舞蹈……爱孩子就要善于观察孩子，在观察中发现孩子的优势，在活动中积极培养孩子的潜能。

爱孩子就要对孩子永远充满期待，永不放弃，不会因孩子一点过失，或一次失败而喋喋不休，最终挫伤的是孩子的自信心。心理学上有副对联，左边："说你行，你就行，不行也行；右边：说不行，就不行，行也不行；横批：不"期待"不行。要想使孩子发展得更好，就应该给他传递积极的期望。积极的期望会促使孩子向好的方向发展，消极的期望则会使孩子向坏的方向发展。相传古希腊有个典故：雕刻家皮格马利翁深深地爱上了他自己用象牙雕刻的美丽少女，并天天希望少女能够变成活生生的人。他的期待和祈祷最终感动了爱神，爱神赋予少女雕像以生命，最终皮格马利翁与他自己钟爱的少女结为伉俪。成人对孩子的期待，有如催化剂、加热剂，它是信任、鼓励，更是动力，它会不断地推动孩子自信、自立和自强。

爱孩子就要给孩子一个岗位，勤劳是一切美德之根。家务劳动是孩子的精神需求和成长权利，是家庭教育的重要途径，对形成孩子良好的劳动习惯和积极的劳动态度，学会感恩具有重要的价值。爱孩子就要给孩子创造一个安宁的学习、生活环境，跟孩子一起读书，看报。要求孩子喜欢学习，家长自己就要喜欢学习，特别是三代人共同学习。

二 让幼儿在自由与规矩的张力中成长

有这么一则寓言故事，说的是河水对河岸咆哮："你像两堵墙立在我的身边，阻挡我随意流淌，限制我的发展……"河岸严肃而认真地回答道："正是由于我的存在，淙淙河流才能汇聚成滔滔巨流！"河水不听劝告，冲毁堤岸，漫野横流……河流渐渐消失了。

这则寓言形象地告诉我们：自由是我们的权利，但规则却是自由的边界。那么在我们的教育中该如何培养宝宝既自由活泼又规则有序呢？让我们一起走进这一话题吧。

（一）读懂孩子的自由与规矩

追求自由是孩子的天性。幼儿具有身心发展的不成熟性和社会经验的不充分性，这种特性必然会催生出幼儿强烈的好奇心和探索欲望。所以大多数幼儿在大多数情况下会表现出好奇，好问，好动的天性，这是孩子追求自由的表现。正如意大利幼儿教育家蒙台梭利所言："幼儿生来具有潜在的能力。"幼儿正是依靠这种自由探索的能力来了解周围的事和人，丰富其生活经验，学会做出恰当的选择，同时不断学习如何交往，适应集体生活及应对各种情况。幼儿在探索世界的同时也塑造着他自己，幼儿自由探索的经历对形成其个性具有重要的意义。

追求自由是孩子的权利。幼儿期是人的一生发展的关键期，幼儿是身心发展可塑性大且具有独立人格的人。研究表明，刚出生的婴儿大脑重量大约为390克，相当于成人的1/3；但在幼儿末期，其脑重量约达1300克，为成人的9/10，神经系统的发育与调节功能日益完善。也就是说，幼儿期是人的大脑发育的关键期。但研究也表明，这种关键期要真正成为现实，需要幼儿在刺激丰富且适宜的环境中不断活动与探索。生物学家研究发现，生活在刺激丰富且可以自由探索环境中的小白鼠的脑细胞更为发达，这给我们的启示是：给予幼儿丰富多彩的游戏材料和尽可能多的自由探索的机会，已超出自由权本身的意义，它同时也是幼儿的一种发展权。

规矩是孩子健康成长的保障。"规"指的是圆规，"矩"指的是尺子。没有规和矩，当然无法做成方形或圆形的东西，后来比喻做任何事都要有一定的规矩、规则、做法，否则就无法成功。规矩对孩子来说具有安全、健康的功能，同时规矩是孩子同伴交往，适应社会的前提和保障。我们看下面的案例：

> 珍珍妈妈一直主张让孩子自由自主，所以珍珍从小是在自由过度的环境中长大的。现在珍珍上了幼儿园，烦恼也跟着来了。每天，总有老师"告状"，不是说珍珍总是与小朋友吵架，就是说如果小朋友不按她的意思玩，珍珍便会又吵又闹。珍珍在受到小朋友的排斥和老师的批评后不愿意上幼儿园了。

案例中的珍珍由于从小生活在一个过度自由的环境中，最终导致的是她与同伴交往和入园的适应困难。

规矩是孩子健康成长的需要。规矩代表一定的秩序和规律，孩子与成人一样，我们需要生活在一定的秩序和规矩中，否则孩子就会出现无序现象，从而出现不安和烦躁。为此养成孩子良好的生活习惯，有序地安排孩子生活中的每一个环节，学会学习交往，使其逐渐适应集体生活的规则具有重要意义。

（二）规矩是自由的边界

追求自由是孩子的天性和权利，但给孩子自由，并不意味着完全放任，规则是孩子自由的边界。著名幼儿教育家蒙台梭利明确说过："让孩子学会辨别是非，知道什么是不应当的行为，如任性、无理、暴力、不守秩序及妨碍团体的活动都要受到严厉的禁止，逐渐加以杜绝，这是基本的规矩。"

1. 孩子需要掌握的四大类规矩

自由的前提是不损害他人的权利，不影响他人的自由。要让幼儿在规则所允许的范围下充分地获得自由成长，家长需要清晰、准确地了解界限，明确哪些规则是幼儿必须遵守的，在底线范围内让孩子最大限度地充分拥有自由。具体来说，要引导孩子在生活中逐渐掌握如下几类规矩：

交往类规矩。这类规矩主要是让幼儿学习轮流、协商、合作、倾听、分享、表达等规矩与技能，如能有礼貌地与人交往；知道别人的想法有时和自己不一样，能倾听和接受别人的意见，不能接受时会说明理由；不欺负别人，也不允许别人欺负自己；会用礼貌的方式向长辈表达其要求和想法等。

集体生活类规矩。这类规矩主要在于保障集体生活的有效运转，如能遵守游戏和公共场所的规则；知道不经允许不能拿别人的东西，借别人的东西要归还；爱惜物品，用别人的东西时也知道要爱护；做了错事敢于承认，不说谎；能认真负责地完成其所接受的任务；爱护身边的环境，注意节约资源等。

道德类规矩。这类规矩集中于对其自己或别人的伤害上，如身体上的伤害（推人，挤人，打人等），心理上的伤害（取笑别人，骂别人或伤害别人的情感等），公平和权利（独占玩具，破坏财物，偷窃等），等等，同时也涉及一些积极的行为，如帮助有需要的人，关爱，谦让等。

安全健康类规矩。这类规矩与幼儿的安全与健康等有关，如在教室里不要跑，小心撞到桌角；走楼梯时，要看好脚下，不能推别人；身体不适、跌倒、摔伤要及时告诉大人；能说出自己的姓名，家长姓名电话，住址；不要将小玩具、小饰物等衔在嘴里玩，也不要放进自己或小朋友的鼻子里和耳朵里等。

2. 孩子是学习规矩的主人

接下来,我们将讨论如何引导幼儿在生活中学习规矩。在日常的教育中,我们常常会刻意地对孩子们灌输规矩条文,如"必须高高兴兴上幼儿园","见到客人要问好","不能乱扔玩具"……这些方式基本上是否定、命令式的,孩子的第一个感受就是无形的约束和控制。对于早期幼儿来说,可能无法理解大人为何要求他们遵守这些规矩,他们会将所谓的"规矩"与大人禁止他们做的事联想在一起,而没有意识到规矩的真正意义。为此,在规矩教育中一定要把孩子当作主人来对待,要带着问题与他们一起来讨论和制定规矩。

(三) 在规矩中给孩子最大的自由

由于受传统文化和各种因素的影响,"听话服从,安静乖巧"往往是"好孩子"的标签,对孩子有过多的约束是一种主流的现象,这不符合当代社会对人才的需求。所以,我们要在规矩中给孩子最大的自由,从小培养孩子自主、自立、自强、自尊、自信、自律的品质,保护好孩子的天性。主动意识和创造性精神是时代的要求,服从、听话已不再是最主要的教育目标。自由是规矩的边界,在规矩中我要给孩子最大的自由,让我们在平衡自由与规矩的艺术中培养既有个性又有活力和规矩的孩子。

三 自制力和创造性:规范教育需要呵护"两颗种子"

医学诺贝尔奖获得者罗伯特·巴拉尼出生后不久就患上了股节后病,导致膝关节永久性僵直。迎战病魔所带来的疼痛让自制力顽强的巴拉尼萌生了学习医术为他人解除病痛的理想。为了弥补身体残疾所带来的不便,更好地学习医术,他忍痛顽强地进行体育锻炼。正是凭着这种意志力,他为数以万计的病人解除疼痛,并且在研究中荣获了诺贝尔奖。甚至在晚年他中风偏瘫之后,还编写了一本治疗肌肉风湿病的专著。直到逝世之前,他仍坚持岗位,恪尽职守。它给我们的启示是:顽强的意志力和自制力是推动创造的"精神动力"。

早在14世纪,有个名叫罗纳德的贵族,因是世袭的正统公爵而无恶不作。他的弟弟朗德罗十分厌恶他的行为,便联合大臣,设计把罗纳德三世推翻。其弟弟想要摆脱公爵的干扰,但念及手足之情,又不想将其杀死,于是就命人将罗纳德三世关进了监狱。为了使哥哥不至于因为悲观失望而自杀，朗德罗专门派人把牢房的门改窄了许多，并且向哥哥许诺，如果他能成功减肥走出牢门，就可以获得自由和爵位。罗纳德三世身宽体胖，根本出不了牢门，加之他始终无法抵挡美食的诱惑，结果不但没能减肥，反而越来越胖了。它给我们的启示是：培养自制力，可以帮助你打开肉体和灵魂的枷锁，获得思想的自由与解放。

自制力和创造性是孩子从小应培养的两种重要品性，它们相辅相成，并不矛盾。心理学家吉尔福特在研究创造性人格时提出八条特征：

（1）有高度的自觉性和独立性。

（2）有旺盛的求知欲。

（3）有强烈的好奇心，对事物的运行机制有深究的动机。

（4）知识面广，善于观察。

（5）工作中讲求条理性、准确性、严格性。

（6）有文艺天赋。

（7）有丰富的想象力、敏锐的直觉和抽象思维能力。

（8）意志品质出众，能排除外界的干扰，长时间专注于某个感兴趣的问题。

在这八条中有两条强调的是自制力在创造性人格中的重要性，即第一、八条。我们可以得出的结论是：强自制力是创新性人格的重要组成部分。

1978年，75位诺贝尔奖获得者在巴黎聚会。人们对于诺贝尔奖获得者非常崇敬，有个记者问其中的一位："在您的一生里，您认为最重要的东西是在哪所大学、哪所实验室里学到的呢？"这位白发苍苍的诺贝尔奖获得者平静地回答："是在幼儿园。"记者感到非常惊奇，又问道："为什么是在幼儿园呢？您认为您在幼儿园里学到了什么呢？"这位诺贝尔奖获得者微笑着回答道："在幼儿园里，我学会了很多很多。比如，把自己的东西分一半给小伙伴们；不是自己的东西不要拿；东西要放整齐；饭前要洗手；午饭后要休息；做了错事要表示歉意；学习要多思考，要仔细观察大自然。我认为，我学到的全部东西就是这些。"所有在场的人对这位诺贝尔奖获得者的回答报以热烈的掌声。

让我们来分析一下这位白发苍苍的诺贝尔奖获得者的答案：把自己的东西分一半给小伙伴们——合理克制自己才会有分享的行为；不是自

己的东西不要拿——合理克制自己才会有正当的行为；东西要放整齐；饭前要洗手——合理克制自己才会有良好的行为习惯……而最终就是伟大的创造。

孩子生来就充满灵气，好奇、好问、好探究、充满想象是孩子的本性，可以说，孩子本身就是一个创造者；但孩子的无拘无束有时也会起破坏作用。合理规约孩子的行为，培养孩子的自制力不仅有利于其未来的生活，也是保护好充满"创造性种子"的需要。总而言之，学会自制，创造人生。

第二节 同伴与集体：幼儿社会规范习得的主场域

人际交往和社会适应是幼儿社会学习的主要内容，也是其社会性发展的基本途径。幼儿在与成人和同伴交往的过程中，不仅学习如何与人友好相处，也在学习如何看待自己，对待他人，不断发展适应社会生活的能力。

一 在融入集体中进行规范学习

在日常生活中我们经常会看到幼儿从集体中退缩的现象。如某大班幼儿在集体跳长绳时经常举起胳膊跳，老师怕绳子打到她，便提醒她道："乐乐，把手放下！小心打到你！"两次提醒后，孩子还是因习惯了而一时改不了。老师又说："乐乐，把胳膊挨着身边放就好了，你看像某某同学那样！"孩子看了看，不高兴地到一边玩儿去了。在类似的集体活动中，如果老师提醒她或者没把她作为榜样，她就会退出，到一边自己玩去了。又如小朋友们在玩丢沙包的游戏，某幼儿在被沙包丢中罚出场时，表现得特别激动，哭着不愿意离场，大人一再告诫她要遵守游戏规则，她很生气地表示她不想玩这个游戏了。然后，她就跑到一边去看花草了。孩子为什么会从集体活动中退缩呢？孩子在集体活动中的退缩不利于其规则的学习。

（一）幼儿从集体活动中退缩的缘由解读

1. "自我中心"的心理特点，是造成孩子从集体活动中退缩的主要

原因

"自我中心"是学前儿童和小学低年级儿童客观存在的一种心理现象，它的主要特征是孩子还没有真正学会换位思考，还不能很好地站在他人的角度上思考问题，不能真正理解他人的观点和意图。如上文所述，老师多次提醒乐乐应该如何做，并且告知这是为了绳子不打到她，但乐乐始终不领情，最后还是从集体活动中退出了。究其根本是乐乐缺乏换位思考的能力，没有很好地站在老师的角度来理解老师的话语和保护乐乐安全的意图；又如某幼儿被沙包打中而哭着不愿意被罚出场，也是一种"自我中心"的表现，即她没能理解游戏规则是需要大家共同遵守的。她们的想法是你们一定要我按照你们说得做，或者遵守什么规则，那我就不玩了，孩子没有真正理解对方的良好意图。

2. 强烈的"自我存在感"导致孩子从集体活动中退缩

研究发现，4—6 岁是儿童自我意识发展的加速期，有着强烈的自我存在感，她希望得到大人的注意、认可和称赞，同时儿童对他自己的认识偏向于"乐观主义"，即对自我的认识比较乐观、积极，甚至会过分地高估自己。一旦她的自我存在感得不到满足，不良情绪甚至不良行为就会产生。在上文中，老师指出了乐乐的不足，并用做得好的同伴进行示范，这带给她的感受是："你指出了我的缺点，我没有得到重视，所以我不玩了。"下面我们通过一个案例《不愿意参加家庭聚会的乐乐》来说明。

"爷爷，看看我的裙子！" 5 岁多的乐乐叫着，她正在参加中秋佳节的家庭聚会。"这个上面有小蝴蝶、小花…"乐乐的声音逐渐变小，因为她发现所有的人都在关注她 1 岁的堂弟可可正要跨出人生的第一步。没有人，包括最喜欢她的爷爷，都没有注意乐乐和她的新裙子。乐乐转身走进房间，把毯子盖在头上后走出房间。她从毯子缝里窥视着外面的情况，然后故意推倒可可，可可哭了起来。

脱下毯子，乐乐很快就看到了妈妈不快的表情。"妈妈，我看不见他，毯子遮住了我的脸。"妈妈坚持要她扶起可可，并立即向他道歉。可乐乐却不同意参加家庭聚会了。

在这里，乐乐表现出强烈的自我存在感，即我要被关注、认可和称赞，但问题是就连平时最喜欢她的爷爷都没有关注她，于是她就把毯子盖在头上，故意推倒可可，以引起大家的关注，但接下来她受到批评和指责，于是她就不愿意参加聚会了。所以，究其根本，还是儿童强烈的自我存在感所导致的。

3. 没有掌握较好的交往技能也会导致孩子从集体活动中退缩

集体生活需要孩子掌握倾听、表达、换位思考、问题解决、分享与合作等交往的技能，没有较好地掌握这些技能，会导致孩子从集体活动中退缩。我们看下面的情境：

小区里，有三个小朋友在玩"抓坏人"的游戏，A小朋友二话不说，就直接闯入他们的游戏区域，然后说："我要当老大。"结果是A小朋友遭到大家的一致反对，同时把A小朋友赶出了他们的"领地"，小朋友A失望地离开了。过了一会儿，小朋友B来到旁边，他看了看三个小朋友的情况，然后说道："你们好厉害哟，特别是你（指向C小朋友），你们在玩什么啊？"C说："我们在'抓坏人'。""'抓坏人，'太好玩了，我爸爸是警察，我知道怎么抓。"C说："你爸爸是警察，那肯定知道怎么抓，那你快来抓吧。"B顺利地加入了团体游戏中。

在这里，A为什么遭到拒绝，关键在于他直接闯入别人的游戏区域，且要当老大，即没有掌握较好的交往技能；而B则不同，他掌握了较好的交往技能，他先是观察三个小朋友在做什么，然后赞扬别人，最后还利用自身的优势"我爸爸是警察，我知道怎么抓"这一有效信息，最终是别的小朋友主动邀请他加入游戏。

(二) 引导孩子思考融入集体活动的策略

1. 引导孩子学会换位思考，逐步走出"自我中心"状态

学会换位思考是孩子平衡自身与同伴、与集体关系的前提。因为学会了换位思考，孩子就能理解别人的玩具你抢过来，别人会伤心的，集体的规则你不遵守，会给别人造成影响的，这种能力带来的是孩子更多的亲社会行为，孩子在集体中就会更受欢迎。所以，在日常生活中加强

孩子换位思考能力的培养至关重要。下面我们来看个案例《要妈妈陪我玩》。

>   红红每天晚上都会和妈妈一起游戏，一起看书。可是妈妈今天接了一个重要的任务，晚上要写一些重要的资料。当妈妈在书房工作时，红红就跑过去说："妈妈，你陪我玩吧。"妈妈说："宝贝，妈妈今天晚上要做事，没时间陪你玩，你让爸爸陪你玩，好吗？"红红只好去找爸爸。没过几分钟，红红又跑进来找妈妈："妈妈，爸爸什么都不会玩，我就是要你陪我玩。你不陪我玩，我就不喜欢你。"红红的妈妈都不知该怎么办了。

红红的行为很明显是从她自己的角度来思考问题的。这种思考问题的方式是孩子成长过程中必定会经历的阶段。妈妈也不用着急，可以明确地告诉孩子："妈妈今天有工作要做，没时间陪你玩，你要是再不听话，妈妈也会不高兴的（重点是要让孩子知道妈妈工作没有完成，妈妈也会不开心的）。"同时告诉孩子："如果你不再来影响妈妈，今天完成了任务，明天就可以陪你玩了，那样的话宝宝开心，妈妈也高兴。"

2. 引导孩子逐步掌握交往的技能，让孩子体验到集体生活的乐趣

为什么有些孩子更受同伴欢迎？更能快速融入集体？答案就在于这些孩子掌握了较好的交往技能。为此我们要引导孩子掌握倾听、表达、换位思考、问题解决、分享与合作等交往策略，让孩子体验到集体生活的乐趣。下面以学会表达为例进行阐述。（1）"打电话"游戏：家长准备好玩具电话机或手机，和孩子共同游戏，如家长："喂，你好！我找×××小朋友。""我就是呀。""你在哪儿呀？""我在家里。""你在家干什么？""我在家看电视。""你能给我讲讲电视中的故事吗？"家长在不知不觉中发展了孩子的口语表达能力。之后家长可以鼓励孩子们一起玩。（2）"小老师"游戏：可让幼儿在家中扮演教师的角色，请家长扮演小朋友，由"教师"给"小朋友"上课，孩子最喜欢扮演教师，在他们主动表达的过程中发展其口语表达能力。（3）"小小录音师"游戏：成人可以用录音机将孩子所讲的故事、儿歌或唱的歌曲录下来，并放给家人或同伴听。当幼儿听到他自己的声音时会很开心，会激发他们讲更多的故事。

3. 鼓励孩子同伴交往，让孩子在自然后果中体验遵守规则的必要性

自然后果是指利用孩子违规行为所产生的自然结果，对孩子进行一定的合理惩罚的方法。如当一个孩子在某一项游戏活动中经常出现违规行为时，可以通过暂时剥夺其参与游戏的权利来惩罚他，其目的是让他知道参加集体活动是要遵守一定规则的。我们看案例《我们不和你玩了》。

四个小朋友正在一起玩传球游戏。可问题是 F 小朋友接到球后总喜欢在地上拍几下，然后再传给别的小朋友。于是，K 说："不要拍了，直接传给我。"F 在 K 的催促下，将球快速地传递给了 K，但在接下来的回合中 F 又出现了自己拍球的情况。这回 K 和其他几个小朋友急了，K 说："我们不和你玩了，走开。"K 就把球直接传给了别的小朋友。F 被排除在游戏之外，并且显得很失落。在家长的帮助和其他几个小朋友的威胁下，F 答应遵守规范，并和大家一起继续着游戏。

F 被排除在游戏之外是一种自然后果。相互式的约束力是同伴间一种无形的约束力量，它有利于孩子走出"自我中心"的状态，站在互利互惠的角度来为对方着想，它为幼儿同伴间契约式规范的生成和理解提供了良好的契机。

二　在同伴交往中进行规范学习

大班小朋友 A 从家中带来了他自己喜欢的奥运吉祥娃娃，B 也很喜欢它，于是他走向 A。B 说：噢，这娃娃真好看。A 说：是的，我妈妈给我买的。B 说：可以让我抱抱么？A 说：不行，你（昨天）带来的小公主（布娃娃）都不让我抱。B 说：求求你了。A 说：就不行，昨天我也求你了。B 因不能抱小娃娃而伤心地哭了起来。A 说：谁叫你昨天不给我玩小公主。B 说：那我明天给你玩（意思是说明天我带小公主来给你玩）。A 说：那好吧，你就抱一会儿，明天要带小公主来。

上述案例充分显示了同伴交往的重要价值。这里，小朋友 A 对 B 进行了"报复"——你昨天不把玩具给我玩，我今天也不把我的给你玩。这一过程的最大意义是让 A 和 B 体验到了过分的自我中心所带来的后果，有利于在真实的、平等的情境中推动幼儿换位思考，培养交往技能，学习解决人际交往问题。

同伴交往指孩子与年龄段相似的伙伴之间的交往，和孩子与成人交往对比，同伴交往具有年龄相近，兴趣相似，情感相通，权利平等，氛围宽松等特点。幼儿在与同伴交往中可以表达自我，肯定自己，在真正属于他们自己的社会中品味酸甜苦辣，体验各种角色，掌握交往技能，心理感受积极而愉悦。幼儿最初的 1—2 年主要集中于家庭成员间相互作用。随着年龄的增长，同伴交往发挥着越来越重要的作用。幼儿社会交往能力的培养虽然离不开成人，但主要还是幼儿平时自身体验和实践经验积累的结果。4—5 岁是幼儿获得有效交往技巧的关键期，良好的同伴交往具有重要的价值。

首先，同伴交往有利于培养幼儿健康的情绪情感。健康的情绪情感离不开孩子对生活中酸甜苦辣各种情感的体验。同伴交往的平等、自由与轻松的氛围决定其对孩子积极情绪情感发展的重要性。在同伴交往中幼儿会觉得有安全感和归属感，从而保障其心情轻松、活泼、愉快，如在同伴交往中孩子可以自由大胆地表达，选择他自己喜欢的角色，体现出愉快的情绪。在同伴交往中幼儿会体验到成就与自信，从而表现出快乐和满足，如孩子的建议被同伴采纳，共同搭建的作品被成人表扬，在交往中有许多创造快乐的因素。另外，同伴交往对于培养孩子的情感调节能力具有重要的意义。如幼儿因在与同伴的竞赛性交往中获胜而感到自豪，这是同伴所能接受的；但是继而产生骄傲的情绪，并在言行上表现出来就会引起其他小朋友的不满，这时幼儿不得不对他自己的情感进行调节，否则他将受到群体的排斥。

其次，同伴交往有利于培养幼儿良好的社交技能。幼儿的社交技能包括倾听、表达、换位思考、问题解决、分享与合作等。在同伴交往中，同伴丰富的、直接的反馈对幼儿社会技能的培养具有重要的作用。如果幼儿做出的是友好、合作、分享等积极行为，同伴便会产生肯定和喜爱的反应；而如果幼儿做出抢夺、抓人、独占等消极行为，同伴则会产生否定、厌恶和拒绝的反应。幼儿在同伴交往中尝试运用他自己学会的社交技能和策略,并随时根据对方的反应进行调整,使社交技能不断巩固、熟练、恰当。请看下面的案例:

  周末,4岁的小男孩亮亮正在家中焦急地等着比他大1岁的姐姐红红的到来。亮亮一边时不时问妈妈,她怎么还没到,一边仔细倾听着楼道中的脚步声。终于等到姐姐敲门的声音了,亮亮非常开心。刚把姐姐迎进家中,两个孩子马上就摆开玩具准备游戏。还没开始游戏,两人却发生了矛盾。原来亮亮想让姐姐陪他玩他最爱的"开公共汽车"游戏,而姐姐却想与亮亮一起玩"煮饭"的游戏。当对方都不肯满足他们各自的愿望时,两人就向大人告状,希望通过大人的帮助来满足各自的愿望。可是大人们都说不参与,让他们自己解决。过了几分钟后,两人开始愉快地进行游戏,即他们先玩在家"煮饭"的游戏,之后玩"开公共汽车"的游戏。这里,孩子们在学习协商、换位思考和问题解决等技能。

  最后,同伴交往有利于幼儿体验各种社会角色。体验各种社会角色是孩子后续适应社会的重要环节。孩子天生是游戏者和创造者,同伴交往为孩子体验各种社会角色提供了丰富的机会。在孩子的同伴游戏主题如超市、医院、美发屋、公共汽车、小吃店等中,幼儿扮演着各种角色,通过角色间的交往,了解不同角色的职责,体验到不同的角色在社会中所起的作用,激发儿童对他们的尊敬之情。孩子会坚持不懈地对他们所喜欢的社会角色进行模仿、探索、认识,为他们自己将来的社会角色做着积极的准备,而这一切的实现离不开同伴交往。曾经读到这样一个案例:

  3个5岁多的女孩为谁做"家"中的妈妈争执不休,忽然,A女孩找到了理由:"今天老师表扬我是能干的人,只有能干的人才能做妈妈。"B女孩马上顿悟:"今天老师也表扬了我,我也很能干,我也可以做妈妈。"C女孩只好认输:"好吧,我做小孩,你们俩猜拳,谁赢了谁就做妈妈。"结果B赢了,A很不服气,说:"我当外婆,反正外婆是妈妈的妈妈。

多么投入啊！在为社会角色做准备的过程中，她们不断地提高着自己对社会角色的认识。

总之，我们要充分意识到同伴交往在孩子学习交往和未来适应社会中的重大作用，鼓励孩子，创造机会，让孩子在同伴交往中体验生活和社会。

参考文献

任洪舜：《社会规范缺失与主观文化建设》，《西部学刊》2018 年第 1 期。

张巍、谭丹燕：《约定、社会规范与科学知识》，《自然辩证法研究》2018 年第 34 卷第 1 期。

林剑：《论社会规范的类型、功能及其历史变更》，《湖南社会科学》2017 年第 6 期。

李东红：《社会规范：从国家、民族到家庭和个人——白族传统伦理道德论纲》，《云南民族大学学报》（哲学社会科学版）2017 年第 34 卷第 5 期。

路奇：《幼儿社会环境与社会规范教育的目标设定》，《教育现代化》2016 年第 3 卷第 26 期。

戴圣鹏：《论文化的社会规范功能》，《华中师范大学学报》（人文社会科学版）2016 年第 55 卷第 4 期。

刘安韦：《社会生活的规范调整》，《法制博览》2016 年第 19 期。

蒋功亮：《作为社会规范的习俗、道德与法律》，《法制与社会》2015 年第 4 期。

马丽：《社会规范平等性的二维分析》，《人民论坛》2013 年第 2 期。

顾成东、贾冉冉：《社会规范何以可能——试论"恶"在社会规范形成中的作用》，《广西大学学报》（哲学社会科学版）2008 年第 S2 期。

马丽：《社会规范原创属性的回归》，《青海师范大学学报》（哲学社会科学版）2008 年第 3 期。

潘自勉：《社会规范的现代价值诉求》，《马克思主义与现实》2005 年第 4 期。

A. B. 查包洛塞兹、T. A. 马尔柯娃主编：《学前教育原理》，李子桌等译，人民教育出版社 1984 年版。

B. T. 涅切耶娃、T. A. 马尔柯娃主编：《幼儿园的道德教育》，黄希庭等译，人民教育出版社 1991 年版。

J. 莱夫、E. 温格：《情景学习：合法的边缘性参与》，王文静译，华东师范大学出版社 2004 年版。

阿·尼·列昂捷夫：《活动·意识·个性》，李沂等译，上海译文出版社 1980 年版。

埃德·拉宾诺威克兹：《皮亚杰学说入门——思维、学习、教学》，杭生译，人民教育出版社 1985 年版。

埃德华兹：《幼儿的一百种语文》，罗雅芬译，台湾心理出版社 1998 年版。

爱弥尔·涂尔干：《道德教育》，陈金光等译，上海人民出版社 2001 年版。

白波：《博弈游戏》，哈尔滨出版社 2004 年版。

北京师范大学教育系学前教研室编：《学前教育学参考资料》（上、下），北京师范大学出版社 1990 年版。

彼得斯：《道德发展与道德教育》，邬冬星译，浙江教育出版社 2003 年版。

布罗日克：《价值与评价》，李志林等译，知识出版社 1988 年版。

陈国眉、刘焱主编：《学前教育新论》，北京师范大学出版社 1996 年版。

戴安·泰尔曼、戴安娜·许：《3—6 岁幼儿生活价值训练广场》，周兆祥译，北京师范大学出版社 2003 年版。

杜威：《我们怎样思维：经验与教育》，姜文闵译，人民教育出版社 1991 年版。

杜威：《道德教育原理》，王承绪等译，浙江教育出版社 2003 年版。

杜威：《民主主义与教育》，王承绪译，人民教育出版社 1990 年版。

杜威：《学校与社会·明日之学校》，赵祥麟译，人民教育出版社 1994 年版。

古德：《透视课堂》，陶志琼等译，中国轻工业出版社 2002 年版。

郭本禹：《道德认知发展与道德教育：科尔伯格的理论与实践》，福建教育出版社 1999 年版。

郭元祥：《生活与教育》，华中师范大学出版社 2002 年版。

哈贝马斯：《交往与行为理论》，洪佩郁等译，重庆出版社 1994 年版。

哈耶克：《自由秩序原理》，邓正来译，生活·读书·新知三联书店 1997

年版。

何怀宏：《底线伦理》，辽宁人民出版社 1998 年版。

何晓夏主编：《简明中国学前教育史》，北京师范大学出版社 1990 年版。

赫尔曼·施密茨：《新现象学》，上海译文出版社 1997 年版。

黄人颂主编：《学前教育学》，人民教育出版社 1989 年版。

黄向阳：《德育原理》，华东师范大学出版社 2000 年版。

霍布斯：《利维坦》，商务印书馆 1985 年版。

霍尔、戴维斯：《道德教育原理》，陆有铨等译，浙江教育出版社 2003 年版。

教育部基础教育司组织编写：《幼儿教育指导纲要（试行）解读》，江苏教育出版社 2002 年版。

金含芬：《学校教育管理系统分析》，陕西人民出版社 1993 年版。

柯尔伯格：《道德教育的哲学》，魏贤超等译，浙江教育出版社 2003 年版。

肯·宾默尔：《博弈论与社会契约：公平博弈》，上海财经大学出版社 2003 年版。

拉瑞·P. 纳希：《道德领域中的教育》，刘春琼等译，黑龙江人民出版社 2003 年版。

莱斯利·P. 斯特费等主编：《教育中的建构主义》，高文等译，华东师范大学出版社 2002 年版。

劳丹：《进步及其问题》，方在庆译，华夏出版社 1990 年版。

劳拉·E. 贝克：《幼儿发展》，吴颖等译，江苏教育出版社 2002 年版。

李德显：《课堂秩序论》，广西师范大学出版社 2000 年版。

李军林：《制度变迁的路径分析》，经济科学出版社 2002 年版。

梁志：《学前教育学》，北京师范大学出版社 1990 年版。

刘晓东：《幼儿教育新论》，江苏教育出版社 1998 年版。

刘晓东：《幼儿精神哲学》，南京师范大学出版社 2003 年版。

刘焱：《幼儿游戏通论》，北京师范大学出版社 2004 年版。

刘焱：《幼儿教育概论》，中国劳动社会保障出版社 1999 年版。

刘焱：《幼儿园游戏教学论》，中国社会出版社 1999 年版。

卢乐山主编：《学前教育原理》，北京师范大学出版社 1991 年版。

卢乐珍、楼必生编：《幼儿道德启蒙理论与实践》，福建教育出版社 1991

年版。

卢梭：《社会契约论》，何兆武译，商务印书馆1980年版。

卢梭：《爱弥儿》，李平沤译，商务印书馆1978年版。

鲁洁、王逢贤编：《德育新论》，江西教育出版社2000年版。

路易斯·拉思斯：《价值与教学》，谭松贤译，浙江教育出版社2003年版。

罗伯特·科尔斯：《道德智商——成为灵魂健全的人》，姜鸿舒等译，北京出版社1999年版。

罗尔斯：《正义论》，何怀宏译，中国社会科学出版社1988年版。

马丁·L. 霍夫曼：《移情与道德发展》，杨韶刚等译，黑龙江人民出版社2003年版。

马克斯·范梅南：《幼儿的秘密》，陈慧黠等译，教育科学出版社2004年版。

马克斯·韦伯：《经济与社会》（上、下），商务印书馆1997年版。

麦迪·里德雷：《美德的起源：人类本能与协作的进化》，中央编译出版社2004年版。

麦考密克：《制度法论》，周叶谦译，中国政法大学出版社1994年版。

茅于轼：《中国人的道德前景》，暨南大学出版社1997年版。

蒙台梭利：《蒙台梭利幼儿教育科学方法》，任代文译，人民教育出版社1993年版。

米歇尔·福柯：《规训与惩罚》，刘北成译，生活·读书·新知三联书店1999年版。

密尔：《论自由》，程崇华译，商务印书馆1982年版。

纳卡穆拉：《健康课堂管理：激发、交流和纪律》，王建平等译，中国轻工业出版社2002年版。

庞丽娟主编：《教师与幼儿发展》，北京师范大学出版社2002年版。

沛西·能：《教育原理》，王承绪译，人民教育出版社1992年版。

皮亚杰：《幼儿的道德判断》，傅统先等译，山东教育出版社1984年版。

皮亚杰：《幼儿心理学》，傅统先译，商务印书馆1981年版。

皮亚杰：《教育科学与幼儿心理学》，傅统先译，文化教育出版社1981年版。

皮亚杰：《发生认识论原理》，王宪钿等译，商务印书馆1981年版。
片冈德雄：《班级社会学》，贺晓星译，北京教育出版社1993年版。
普拉伊特·K.杜塔：《策略与博弈》，施锡铨译，上海财经大学出版社2005年版。
戚万学：《冲突与整合》，山东教育出版社1995年版。
琼斯：《全面课堂管理：创建一个共同的班集体》，方彤等译，中国轻工业出版社2002年版。
施惠玲：《制度伦理研究论纲》，北京师范大学出版社2003年版。
石中英：《教育学的文化性格》，山西教育出版社1998年版。
檀传宝：《德育美学观》，山西教育出版社1997年版。
檀传宝：《学校道德教育原理》，教育科学出版社2000年版。
唐纳德·里德：《追随科尔伯格——自由和民主团体的实践》，姚莉等译，黑龙江人民出版社2003年版。
唐淑等：《幼儿园班级管理》，南京师范大学出版社1999年版。
滕尼斯：《共同体与社会》，商务印书馆1999年版。
涂尔干：《道德教育》，陈金光译，上海人民出版社2001年版。
王海明：《伦理学方法》，商务印书馆2001年版。
王文举：《博弈论应用经济学发展》，首都经济贸易大学出版社2003年版。
威廉·K.弗兰克纳：《善的求索——道德哲学导论》，黄伟合等译，辽宁人民出版社1987年版。
维果茨基：《维果茨基教育论著选》，余震选译，人民教育出版社1994年版。
项贤明：《泛教育论——广义教育学的初步探索》，山西教育出版社2002年版。
肖川：《主体性道德人格教育》，北京师范大学出版社2002年版。
谢维和：《教育活动的社会学分析：一种教育社会学的研究》，教育科学出版社2000年版。
休谟：《人性论》（上、下），关文运译，商务印书馆1983年版。
亚当·斯密：《国民财富的性质和原因的研究》（上、下），郭大力译，商务印书馆1972年版。

亚里士多德：《尼各马可伦理学》，廖申白译，商务印书馆2003年版。
杨国荣：《伦理与存在》，上海人民出版社2002年版。
杨丽珠、吴文菊主编：《幼儿社会性发展与教育》，辽宁师范大学出版社2000年版。
袁贵仁：《马克思的人学思想》，北京师范大学出版社1996年版。
袁桂林：《当代西方道德教育理论》，福建教育出版社1995年版。
约翰·D.布兰思福特等编：《人是如何学习的——大脑、心理、经验及学校》，程可拉等译，华东师范大学出版社2002年版。
约翰·马丁·里奇：《道德发展的理论》，姜飞月译，黑龙江人民出版社2003年版。
约翰·威尔逊：《道德教育新论》，蒋一之译，浙江教育出版社2003年版。
张立文：《理》，中国人民大学出版社1991年版。
张燕编著：《幼儿园管理》，北京师范大学出版社1997年版。
赵祥麟、王承绪编：《杜威教育论著选》，华东师范大学出版社1981年版。
中国学前教育史编写组：《中国学前教育史资料选》，人民教育出版社1989年版。
中国学前教育研究会编：《中华人民共和国幼儿教育重要文献汇编》，北京师范大学出版社1999年版。
钟启泉：《班级管理》，上海教育出版社2001年版。
周辅成编著：《西方伦理学名著选辑》（上、下），商务印书馆1964年版。
周世中：《法的合理性研究》，中国人民大学出版社2004年版。
邹吉忠：《自由与秩序——制度价值研究》，北京师范大学出版社2003年版。
陈杨力：《小班幼儿游戏交往规范遵从状况的人格分析及其对教育的启示》，《学前教育研究》1996年第5期。
陈真：《实践理性和道德的合理性》，《华中科技大学学报》（社会科学版）2003年第4期。
陈忠：《"规范何以可能"的存在论》，《东南学术》2004年第3期。
程广云、韩璞庚：《社会博弈理论及其应用》，《社会科学研究》2003年第2期。
程广云：《博弈伦理及其意义》，《求索》2003年第5期。

程新英:《西方社会冲突理论评析》,《河北师范大学学报》(哲学社会科学版) 2000 年第 3 期。

戴圣鹏:《论文化的社会规范功能》,《华中师范大学学报》(人文社会科学版) 2016 年第 55 卷第 4 期。

樊富珉、张翔:《人际冲突与冲突管理研究综述》,《中国矿业大学学报》(社会科学版) 2003 年第 3 期。

冯源、苏彦捷:《孤独症幼儿对道德和习俗规范的判断》,《中国特殊教育》2005 年第 6 期。

顾成东、贾冉冉:《社会规范何以可能——试论"恶"在社会规范形成中的作用》,《广西大学学报》(哲学社会科学版) 2008 年第 S2 期。

黄振定:《当代西方合理性哲学述论》,《湖北大学学报》1996 年第 2 期。

姜芃:《社区在西方:历史、理论与现状》,《史学理论研究》2000 年第 1 期。

蒋功亮:《作为社会规范的习俗、道德与法律》,《法制与社会》2015 年第 4 期。

金盛华:《现代社会挑战与教育变革导向》,《北京师范大学学报》(社会科学版) 1999 年第 6 期。

鞠亮、邹泓:《同伴冲突解决策略及其影响因素的研究进展》,《心理发展与教育》2004 年第 2 期。

李伯聪:《规律、规范和规范遵循哲学研究》,《哲学研究》2001 年第 12 期。

李东红:《社会规范:从国家、民族到家庭和个人——白族传统伦理道德论纲》,《云南民族大学学报》(哲学社会科学版) 2017 年第 34 卷第 5 期。

林剑:《论社会规范的类型、功能及其历史变更》,《湖南社会科学》2017 年第 6 期。

刘安韦:《社会生活的规范调整》,《法制博览》2016 年第 19 期。

刘传广:《简论合理》,《现代哲学》1999 年第 2 期。

卢乐珍:《让道德启蒙融入幼儿生活》,《学前教育研究》2004 年第 9 期。

路奇:《幼儿社会环境与社会规范教育的目标设定》,《教育现代化》2016 年第 3 卷第 26 期。

马丽：《社会规范平等性的二维分析》，《人民论坛》2013 年第 2 期。

马丽：《社会规范原创属性的回归》，《青海师范大学学报》（哲学社会科学版）2008 年第 3 期。

潘自勉：《社会规范的现代价值诉求》，《马克思主义与现实》2005 年第 4 期。

任丙强：《自由的领域及其界定：对约翰·斯图亚特·密尔自由原则的重新诠释》，《浙江学刊》2003 年第 5 期。

任洪舜：《社会规范缺失与主观文化建设》，《西部学刊》2018 年第 1 期。

司马云杰：《价值合理性与目的工具合理性》，《社会学研究》1995 年第 6 期。

檀传宝：《对道德发展理论的三点理解》，《教育发展研究》1999 年第 12 期。

童世骏：《没有"主体间性"就没有"规范"——论哈贝马斯的规范》，《复旦学报》（社会科学版）2002 年第 5 期。

童星：《社会规范的三种形式及其相互关系》，《江海学刊》2001 年第 9 期。

涂平晖：《人际冲突及其解决方法》，《长江论坛》2004 年第 3 期。

王炳书：《关于价值尺度的若干思考》，《贵州社会科学》1996 年第 1 期。

王锟：《工具理性和价值理性》，《甘肃社会科学》2005 年第 1 期。

王治东：《哲学与文化视角下隐私问题的探析》，《南昌大学学报》（人文社会科学版）2006 年第 1 期。

王颖：《当代中国公民教育历史性复兴的现实反思》，《教育理论与实践》2003 年第 2 期。

夏玉珍：《社会规范合理性问题探讨》，《江汉论坛》2004 年第 12 期。

杨育民：《德性与制度化规范》，《人文杂志》2002 年第 2 期。

殷开达：《德沃金对法律的"道德解读"》，《民主与法制》2003 年第 2 期。

袁祖社：《现代"公民文化"对传统"臣民文化"的扬弃与超越》，《齐鲁学刊》2003 年第 3 期。

曾莉：《哈特的法律思想述评》，《四川师范学院学报》（哲学社会科学版）2002 年第 7 期。

张华夏：《博弈论与霍布斯问题》，《自然辩证法通讯》2000 年第 5 期。

张其龙：《幼儿园小班常规探析》，《学前教育研究》1991 年第 1 期。

张巍、谭丹燕：《约定、社会规范与科学知识》，《自然辩证法研究》2018 年第 34 卷第 1 期。

张卫等：《我国 6—14 岁幼儿对道德规范和社会习俗的区分与认知》，《心理发展与教育》1998 年第 1 期。

张文新：《学前幼儿在园攻击性行为的观察研究》，《心理发展与教育》1996 年第 4 期。

张晓虎：《符号互动与社会规范的形成》，《学术论坛》2004 年第 12 期。

张燕：《从教师组织一日活动状况看其素质》，《学前教育》1995 年第 6 期。

张以明：《合理性与实践：启蒙理性批判和马克思主义哲学的当代价值》，《学术月刊》2004 年第 9 期。

赵士发：《关于合理性问题研究综述》，《人文杂志》2000 年第 2 期。

郑文先：《合理性问题讨论综述》，《武汉大学学报》（哲学社会科学版）1995 年第 5 期。

周建国：《人际交往·社会冲突·理性与社会发展》，《合肥联合大学学报》2002 年第 1 期。

Bernard Spodek. *Handbook of Research on the Education of Young Children*. New York：Macmillan Publishing Company，1993.

Carolyn Pope Edwards. *Promoting Social Moral Development in Young Children：Creative Approaches for the Classroom*. New York：Teacher College, Columbia University，1986.

Corsin, R. J. *Encyclopedia of Psychology*. John Wiley & Sons Inc.，1994，287.

Eduards, P. *The Encyclopedia of Philosophy*. New York：Macmilan Inc.，1967，382-329.

Gwin, R. P.，Norton, P. B. *The New Encyclopedia Britannica*. Encyclopedia Britannica Inc.，1993，765.

Irving Sigel & Ruth Saunders. "An Inquiry into Inquiry：Question Asking as an Instructional Model." *Current Topics in Early Childhood Education*

(Vol. 2, pp. 169 – 193), Norwood, NJ: Ablex, 1979.

Jaipul Roopnarine, & James Johnson. *Approaches to Early Childhood Education*. New York: Maxwell Macmillan International, 1993.

Janice J. Beaty. *Prosocial Guidance for the Preschool Child*. London: Prentice-Hall International Limited, 1999.

Kong Jenny Yau and Judith G. Smetana. "Conceptions of Moral, Social-Conventional, and Personal Events among Chinese Preschoolers in Hong." *Child Development*, May/June 2003, Volume 74, Number 3, 647 – 658.

Lamwrence Kohlberg, & Rheta Devries. *Programs of Early Education: The Constructivist View*. New York: Longman, 1987.

Maill, F. N. *International Encyclopedia of Sociology*. Salem Press Inc., 1995, 1328 – 1329.

Marian Marion. *Guidance of Young Children*. London: Prentice-Hall International Limited, 1999.

Nisan, M. "Moral Norms and Social Conventions: A Cross-Cultural Comparison." *Developmental Psychology*, 1987, 23, 719 – 725.

Nucci, L. "Morality and Personal Freedom." In E. S. Reed, E. Turiel, & T. Brown (eds.). *Values and Knowledge*. Mahwah, NJ: Erlbaum, 1996, 41 – 60.

Nucci, L., Camino, C., & Sapiro, C. M. (eds.). "Social Class Effects on Northeastern Brazilian Children's Conceptions of Areas of Personal Choice and Social Regulation." *Child Development*, 1996, 67, 1223 – 1242.

Nucci, L. "Conceptions of Personal Issues: A Domain Distinct from Moral or Societal Concepts." *Child Development*, 1981, 52, 114 – 121.

Nucci, L. P. & Turiel, E. "Social Interactions and the Development of Social Concepts in Preschool Children." *Child Development*, 1978, 49, 400 – 407.

Nucci, L. P., & Nucci, M. "Children's Social Interactions in the Context of Moral and Conventional Transgressions." *Child Development*, 1982, 53, 403 – 412.

Nucci, L. P., & Nucci, M. S. "Children's Responses to Moral and Social-

Conventional Transgressions in Free-play Settings." *Child Development*, 1982, 53, 1337 – 1342.

Nucci, L. P., & Turiel, E. (2000). "The Moral and the Personal: Sources of Social Conflicts." In L. P. Nucci, G. B. Saxe, & E. Turiel (eds.). *Culture, Thought, and Development* (pp. 115 – 137). Mahwah, NJ: Erlbaum.

Nucci, L. P., & Weber, E. K. "Social Interactions in the Home and the Development of Young Children's Conceptions of the Personal." *Child Development*, 1995, 66, 1438 – 1452.

Nucci, L., & Smetana, J. G. "Mothers' Conceptions of Young Children's Areas of Personal Freedoms." *Child Development*, 1996, 67, 1870 – 1876.

Nucci, L. *Education in the Moral Domain*. Cambridge: Cambridge University Press, 2001.

Rheta Devries. *Moral Classroom, Moral Children*. New York: Teacher College Press, 1994.

Ross M. with B. Lappin. *Community Organization: Principle and Practice*. New York, 1967.

Smetana, J. G. "Toddlers' Social Interactions in the Context of Moral and Conventional Transgressions in the Home." *Developmental Psychology*, 1989, 25, 499 – 508.

Smetana, J. G. "Toddlers' Social Interactions Regarding Moral and Conventional Transgressions." *Child Development*, 1984, 55, 1767 – 1776.

Smetana, J. G., & Bitz, B. l. "Adolescents' Conceptions of Teachers' Authority and Their Relations to Rule Violations in School", *Child Development*, 996, 67, 1153 – 1172.

Smetana, J. G., & Braeges, J. L. "The Development of Toddlers' Moral and Conventional Judgments." *Merrill-Palmer Quarterly*, 36, 329 – 346.

Smetana, J. G., Schlagman, N., & Adams, P. W. "Preschool Children's Judgments about Hypothetical and Actual Transgressions." *Child Development*, 1993, 64, 202 – 214.

Smetana, J. G. "Preschool Children's Conceptions of Moral and Social

Rules." *Child Development*, 1981, 52, 1333 – 1336.

Smetana, J. "Preschool Children's Conceptions of Transgressions: The Effect of Varying Moral and Conventional Domain-related Attributes." *Developmental Psychology*, 1985, Vol. 21 (1): 18 – 29.

Song, M. J., Smetana, J. G., & Kim, S. Y. "Korean Children's Conceptions of Moral and Conventional Transgressions." *Developmental Psychology*, 1987, 23, 597 – 582.

Tim Sprod. *Philosophical Discussion in Moral Education: The Community of Ethical Inquiry.* New York: Routledge, 2001.

Tisak, M. "Children's Conceptions of Parental Authority." *Child Development*, 1986, 57. 166 – 176.

Tisak, M. "Preschool Children's Judgments of Moral and Personal Events Involving Physical Harm and Property Damage." *Merrill-Palmer Quarterly*, 1993, 39, 375 – 390.

Tisak, M. S., Crane-Ross, D., & Tisak, J. "Mothers' and Teachers' Home and School Rules: Young Children's Conceptions of Authority in Context." *Merrill-Palmer Quarterly*, 2000, 46, 168 – 187.

Turiel, E. The Culture of Morality: Social Development, Context, and Conflict. Cambridge, England: Cambridge University Press, 2002,

Turiel, E. The Development of Social Knowledge: Morality and Convention. Cambridge: Cambridge University Press, 1983.

Weber, E. K. "Children's Personal Prerogative in Home and School Contexts." *Early Education and Development*, 1999, 10, 499 – 515.

附 录

附录1

一 关于各规范事件的操作性定义

道德性事件：由于忽视行为的内在后果而造成他人身体或心理的伤害、不公正或侵犯别人权利的事件（如打人，踢人，偷窃，取笑别人等）。

制度性事件：与团体秩序，违背某一团体组织的统一规范有关的事件（如不睡午觉，用完玩具没有放回原处等）。

个人事件：常常指向个人合理特权和喜好，不会影响别人的自由选择的行为事件（如游戏活动、伙伴的选择、个人的独处时空等）。

二 关于对道德规范与制度进行区分的标准的操作性定义

行为的严重性：违背某种规范的行为在多大程度上是不对的？

规范的一致性：某一行为之所以错误是因为支配性的规范或社会准则的存在吗？

规范的普适性：在别处或社会文化中没有相应的规范或准则，某一行为是否合理？

惩罚量：对某一违规行为所给予惩罚的轻重度。

三 关于个人领域理解判断的标准的操作性定义

顺从性：对某一行为的选择是基于自己的决定还是基于权威或规范。

决定权：对于某一选择应该由谁来决定。

一致性：选择某一行为是因为支配性的规范或社会准则的存在吗？

四　幼儿访谈的故事内容（结合图片）

道德性事件：

打人：A 正在积木区玩，B 不小心把 A 所搭的积木弄倒了，A 非常生气，狠狠地打了 B 一下。

取笑别的小朋友：C 看到 B 长得胖胖的，就取笑 B 说："你是个大胖子，长得真难看。"

抢占别人的玩具：这是 A 从家里带来的玩具，B 好喜欢这一玩具，B 在 A 不在时把它藏起来以后自己玩。

制度性事件：

用手吃饭：小朋友正在吃午餐，小朋友 H 吃饭比较慢，为了加快速度，小朋友 H 开始用手吃饭。

没有把茶杯放在规定的位置：小朋友 S 喝完水后，把杯子放在桌上，而没有把茶杯放回它原来的位置。

没有把玩具放回原处：在户外活动时，小朋友 C 拍完皮球后，没有把皮球放回原来的箩筐里。

个人领域事件：

食物选择：这里有一个苹果和一根香蕉，A 想吃苹果，而 A 的老师叫 A 吃香蕉。

同伴选择：这里有两个小朋友 J 和 H，B 想和 J 一起玩游戏，而老师却叫 B 和 H 一起玩游戏。

游戏活动选择：现在是自选游戏时间，A 想去玩积木，老师却叫 A 去画画。

五　访谈提纲

（一）关于道德性事件与制度性事件访谈提纲

对于每一个故事（故事排列的顺序由道德性事件与制度性事件两个领域交叉进行），按以下维度和顺序对幼儿进行访谈：

"你认为他的某某行为好，有点坏，还是很坏？""为什么？"（要求幼儿在三个情绪脸上进行选择）（行为的严重性）

"如果没有某某规定，或没有教师的要求，他的某某行为是对，还是

不对?""为什么?"(行为的一致性)

"假如在家里或在别的幼儿园,某某行为是不是允许的?""为什么?"(规范的普遍性)

"你认为老师要不要惩罚他?"若小朋友回答"要",则追问"是给一点点,还是给重重的惩罚?"(惩罚量)

关于个人领域事件访谈提纲:

(二)按以下维度和顺序对幼儿进行访谈

"如果他(小朋友)确实不想做某某事,他也必须这样做吗?"比如,"如果小朋友 A 确实不想吃香蕉,而老师要求他吃,他也必须吃香蕉吗?"(顺从性)

"为什么?"(顺从或不顺从的理由)

"你认为应该由老师还是由他自己来决定选择什么?"(选择决定权)

"为什么?"(由老师或他自己决定的理由)

"如果没有老师的要求,由他自己决定选择什么,可以吗?"(规范的一致性)

"如果在家里,他的爸爸要求他做某事,他必须做某事吗?"比如,"他家里来了好多小朋友,他想和 J 玩而他爸爸却要求他和 H 玩,那他必须和 H 玩吗?"(父母希望的顺从性)

"你认为在家里,应该由他父母还是由他自己来决定他想做什么?"(家庭中的选择决定权)

附录2

一 关于事件类型和对事件反应的操作性定义

事件类型分类	操作性定义	举例
个人事件	教师选择提供: 教师向幼儿提供选择的机会。 教师向幼儿提供相关的暗示,这是由你自己决定的事情,这是你的特权。	"你想在积木区玩还是想去画画?" "这是你的画,你来决定涂什么样的色彩吧!"

续表

事件类型分类	操作性定义	举例
个人事件	幼儿选择宣称： 用口语和非口语的方式从所提供的选择机会中做出或宣称某种选择。 声称某一在被提供选择的机会中没有的要求。 对自己的某种需要、兴趣等未得到满足的宣称。	"我要去积木区玩而不想去画画。" "我能用大积木玩吗？" "我想讲故事。"
道德性事件	由于忽视行为的内在后果，而造成他人身体或心理的伤害，不公正或侵犯别人的权利的事件。	打人、踢人、拒绝轮流、偷窃、取笑别人等。
制度性事件	与社会秩序，违背某一团体组织的统一规范等有关。	不睡午觉，用手吃饭，用完玩具没有放回原处等。
混合事件	某一事件具有多重领域的属性或交叉； 教师出于谨慎健康或其他的缘故而对幼儿的个人选择进行一定的约束。 教师误把某一领域的事件纳入别的领域的事件。	"在吃蛋糕之前，先把苹果吃掉。" "有哪些小朋友愿意去美工区，先举手的6个小朋友去。" "你必须坐在某某小朋友旁边。" "你现在只能去娃娃家玩，那里刚好少一人。"

事件反应分类	操作性定义	举例
对个人领域事件的反应	教师支持幼儿的选择宣称：教师对幼儿的选择宣称和欲望表达给予支持。 教师忽视幼儿的选择宣称：教师拒绝幼儿的选择请求，或提出不符合幼儿需求的建议等。 幼儿选择宣称：幼儿宣称他的某一选择或某一需要。 幼儿拒绝教师的选择提供：幼儿不接受教师给予的选择。	"好的，某某小朋友你可以去积木区玩。" "我认为你不能去积木区，你去娃娃家扮演病人吧！" "我要去积木区玩而不想去画画。" "我想讲故事。" "我不想去娃娃家玩。"

续表

事件类型分类	操作性定义	举例
对道德和制度性事件的反应	教师内在反应： 对某违规行为的内在属性给予理性的解释。表达出受害者的感受。 陈述权利和公正要求。 要求受害者表达其感受。 教师维护秩序： 对吵闹、无序等混乱局面的宣称。 教师直接宣称某一特定的规范来约束幼儿的行为。 教师发布指令：直接发布命令要求幼儿停止或做某事，而不给予任何理由的解释。 教师其他类反应。	"因为你打了他，他受到了伤害，感到了疼痛，他还哭了。" "你拿了他的玩具，这不公平！" "你们要轮流玩这玩具，否则他会很伤心的。" "你们接水喝时，不排队会很乱的，会把水洒到别人身上的。" "积木只能放在积木区，这是我们的规定。" "你别玩了！"
	幼儿内在反应： 表达行为对其的伤害。 出现哭、悲伤、难过等情感的表达。 陈述权利和公平等。 幼儿发布指令：直接要求停止某一行为，而不给出理由或对规范进行陈述。 幼儿其他类的反应。	"你打疼我了！" "你这样，我心里好难过！" "你们这样不公平，现在应该轮到我玩了！" "不要那样做！"

教师反应的性质分类	操作性定义	举例
直接信息	涉及发出指令、对某一规范的宣称、理论陈述或直接运用某种手势等。	"你伤害别人了。" "你不应用手吃饭。"
间接信息	指向对所期望的行为的提醒，涉及暗示、建议、提供选择、提问或用非言语的手势提醒等。	"你喜欢玩什么游戏？" "你还要再加点饭吗？"
协商	是指教师基于幼儿的愿望来开展互动，要求教师放弃专制控制，表现出一定的妥协。	"你现在不能玩这玩具了，但等户外活动回来后，你可以继续玩。"
非协商	教师忽视幼儿的愿望，对幼儿往往表现出专制的方式。	"没什么好选择的，就到美工区去。"

二 对个人领域事件反应的观察记录表

个人领域事件							备注
幼儿的反应		教师的反应		教师反应的性质			
幼儿选择宣称	幼儿拒绝教师的选择提供	教师支持幼儿的选择宣称	教师忽视幼儿的选择宣称	直接性信息	间接性信息	协商	非协商

三 对道德或制度性事件反应的观察记录表

道德事件								制度事件								备注
幼儿的反应		教师的反应		教师反应的性质				幼儿的反应		教师的反应		教师反应的性质				
内在反应	发布命令	其他反应	内在反应	维护秩序	发布命令	直接性信息	间接性信息	协商	非协商	内在反应	发布命令	其他反应	内在反应	维护秩序	发布命令	直接性信息	间接性信息	协商	非协商